Ulrich Stange

17 / 08 / 2009

Anna Maria Sigmund

»Das Geschlechtsleben
bestimmen wir«

Anna Maria Sigmund

»Das Geschlechtsleben bestimmen wir«

Sexualität im Dritten Reich

HEYNE ‹

FSC

Mix
Produktgruppe aus vorbildlich
bewirtschafteten Wäldern und
anderen kontrollierten Herkünften

Zert.-Nr. SGS-COC-1940
www.fsc.org
© 1996 Forest Stewardship Council

Verlagsgruppe Random House FSC-DEU-0100
Das für dieses Buch verwendete
FSC-zertifizierte Papier *Munken Premium Cream* liefert
Arctic Paper Munkedals AB, Schweden.

Redaktion: Johann Lankes

Printed in Germany 2008
Satz: C. Schaber Datentechnik, Wels
Druck und Bindung: GGP Media GmbH, Pößneck

ISBN 978-3-453-13728-8

Inhalt

Vorwort

»Wie sind wir zu diesem Zusammenbruch auf geschlechtlichem Gebiet gekommen, wie wir ihn heute haben?«, klagte der Reichsführer SS, Heinrich Himmler. »Mir ist absolut klar, daß das deutsche Volk sexuell absolut in Unordnung ist. Wenn ein Volk in seinen allernatürlichsten Lebensgesetzen nicht in Ordnung ist, so ist das für das Ganze Dynamit.«

Bei ihrem Machtantritt fanden die Nationalsozialisten nicht das gewünschte deutsche Volk vor. Die 1933 durchgeführte große Bestandsaufnahme in Form einer Volkszählung bestätigte ihre schlimmsten Befürchtungen, daher gingen sie – gestützt auf Ideen der Eugenik, die alle aus dem 19. Jahrhundert stammten – zielstrebig ans Werk.

Wie Phönix aus der Asche sollte nach dem Willen der NS-Machthaber eine neue deutsche Gemeinschaft entstehen: reinrassig arisch, schön, gesund, arbeitsam, »Führer«-treu und kinderreich – der ideale, sich rasch vermehrende »Homo Germanicus« des idealen 1000-jährigen Reichs. Zur Erreichung dieses utopischen Züchtungsziels hatte die Sexualität dem Volkswohl zu dienen, sie durfte nicht länger Privatangelegenheit bleiben. Aus diesem Grund widmete die NS-Führung dem Liebesleben der Deutschen größte Aufmerksamkeit. Stellte doch die Fortpflanzung nach den Kriterien der NS-Ideologie den Grundpfeiler dar, auf dem das Fundament des Staates ruhen würde. Der »Führer« formulierte es unverblümt: »Das Geschlechtsleben bestimmen wir!« Der in der Geschichte Europas einzigartige Angriff auf die Intimsphäre der Menschen ließ nicht mehr lange auf sich warten. Das ambitionierte Vorhaben besaß Priorität, denn es stand, wie Heinrich Himmler meinte, sehr schlecht um Moral und Sitten der Volksgenossen.

Der Plan sah die Kontrolle der Sexualität der Deutschen aus rassepolitischen Motiven, zur Schaffung eines homogenen, nordischen und fruchtbaren Volkskörpers vor. Dies erforderte strenge Regeln für die Partnerwahl, das Zusammenleben der Geschlechter und ihre Anpassung an die neue nationalsozialistische Staats- und Kulturordnung. Ein »Fortpflanzungs«-Gesetz sollte lauten: »Wer öffentlich den Willen des deutschen Volkes zur Fruchtbarkeit lähmt oder zersetzt, wird mit Gefängnis bestraft.«

Die Revolution des Sexuallebens umfasste ein weites Spektrum: Keuschheit und Jungfräulichkeit spielten keine Rolle mehr. Heterogene Beziehungen wurden liberalisiert. Das Monopol der Ehe sollte aufgebrochen und durch andere Formen des Zusammenlebens ersetzt werden. Mehrehen, Nebenehen, Vielweiberei standen ebenso zur Diskussion wie die massive Förderung der Zeugung. Artfremde und Volksfeinde, vor allem Juden und Homosexuelle sowie »Lebensunwerte« galt es gnadenlos »auszumerzen«. Uneheliche Kinder – ein jahrhundertealtes Tabu – verloren ihren Makel. »Das öffentliche Leben muß von dem erstickenden Parfum unserer modernen Erotik befreit werden, wie von jeder Prüderie«, lautete der Befehl des »Führers«. Abtreibung und Aufklärung waren – jedoch nur den Ariern – streng verboten. Der neue Sittenkodex für den neuen deutschen Menschen richtete sich gegen die »Seelen verachtende Überschätzung des Trieblebens« und forderte den »Adel der menschlichen Seele«. Nebenresultate, wie soziale Harmonie und die Beseitigung aller Klassenkonflikte, sollten sich für die Auserwählten von selbst einstellen.

Die von einem funktionstüchtigen Verwaltungsapparat unterstützte NS-Maschinerie zur Schaffung eines »sauberen« Reichs mit hoher Geburtenrate lief an. Massive, raffinierte, teils offene, teils versteckte Propaganda animierte die Deutschen arischer Abstammung mittels mannigfacher Anreize im Sinne »positiver Eugenik« zur Intensivierung ihres Geschlechtslebens und vermittelte die Ziele der Sexualpolitik: Vier-Kinder-Ehen, Frauen zurück an den Herd, keine weibliche Berufstätigkeit.

Es waren griffige Slogans, an denen das Dritte Reich bis heute gemessen wird.

Doch welcher Erfolg war der ambitionierten Totalreform des Sexuallebens tatsächlich beschieden? Wie weit konnten die Nationalsozialisten ihre Vorstellungen verwirklichen? Wie verhielten sich Theorie, Postulate und Praxis? Und wie weit gehorchten die Deutschen ihrem »Führer« auf einem Gebiet, wo der nackte Terror versagte?

Bereits 1933 ordnete Hitler, wie er es schon in »Mein Kampf« angekündigt hatte, die Schließung aller Bordelle an. Dann rief er zum »Kleinkrieg« gegen Präservative auf. Er fügte sich damit selbst seine erste Niederlage zu, denn wenig später wich er dem Zwang der Realität. Schließlich genehmigte der »Führer« – gegen seine persönliche Überzeugung – die Schaffung eines flächendeckenden Netzes von Freudenhäusern. Der NS-Staat wurde zum größten Bordellbetreiber Europas. Während des Krieges fiel das Verbot von Verhütungsmitteln. Auch die Bevölkerungspolitik scheiterte. Die Deutschen vermehrten sich nicht in dem gewünschten Ausmaß, die Vier-Kinder-Ehe blieb Utopie – vor den Schlafzimmern endete die Macht der Nationalsozialisten. Die verbotenen Abtreibungen gingen nicht zurück. Trotz aller Förderung wurden nicht mehr uneheliche Kinder geboren als in der Weimarer Republik.

Der Trend zur weiblichen Berufstätigkeit setzte sich ungebrochen fort und ließ sich nicht stoppen – die Frauen kehrten nicht mehr an den Herd zurück. Die Zahl arbeitender Frauen nahm während des »Dritten Reichs« nicht ab, sondern zu.

Die große Revolution im Zusammenleben der Geschlechter fand nicht statt und der NS-Staat stieß sehr bald an die Grenzen seiner Macht. Obwohl man im Sinne der »negativen Eugenik« die »Ausmerze« von »Volksschädlingen« aller Art fanatisch betrieb, traten bei der »Reinhaltung der Rasse« immer neue Probleme auf, die immer drakonischere Maßnahmen forderten: gegen Fremdarbeiter und deutsche Frauen, die »Blutschande« betrieben, gegen »artvergessene« Mädchen, die mit Juden verkehrten, gegen die »Bastarde vom Rhein«, gegen verwahrloste Jugendliche.

Der notorische Kompetenzendschungel der NS-Diktatur verhinderte im Kampf um die Rassen- und Sexualpolitik die Erstellung klarer Konzepte. Es blieb bei martialischen Gesetzen, vielen Widersprüchen und der Hoffnung auf günstigere Gelegenheit. So kam das »Fortpflanzungs«-Gesetz nicht über erste Entwürfe hinaus – man vertagte es auf die Zeit nach dem Endsieg.

Auch zehn Millionen penibel angelegte »Erbkarteien« mit »negativen, belastenden Daten der Deutschen« warteten vergeblich auf ihre Auswertung. Sitte und Moral wurde zwar oft zitiert, aber nie definiert.

In dem Chaos der Sexualreform ergriffen viele NS-Bonzen die Initiative, um ihre eigenen Vorstellungen zu verwirklichen. Julius Streicher kämpfte mit seinem pornografischen Hetzblatt *Der Stürmer* gegen Rassenschande mit Juden sowie jüdische Sexualtäter. Heinrich Himmler schuf den »Lebensborn« für »Mütter guten Blutes«. Das SS-Blatt

Das Schwarze Korps definierte die »reine, germanische« Aktmalerei und schrieb gegen undeutsche Prüderie.

Hinter den Kulissen herrschte ein NS-Sündenbabel mit Doppel- und Dreifachmoral. Mit Wissen und Billigung Hitlers lebten die Bonzen ihre oft exzessiven Sexualvorstellungen aus – die von moralischen Floskeln starrenden »Führer«-Reden galten nur dem Volk.

Der »Führer« und die Sexualität

»Das Primitivste ist das Fressen und die Fortpflanzung: Instinkte, die jedem Wesen gegeben sind«, meinte Adolf Hitler ganz privat.[1] Er selbst sei in letzterer Hinsicht während seiner Jugend »eher ein für sich gehender Sonderling« ohne Gesellschaft gewesen.[2] Dies hätte sich, eigenen Angaben zufolge, jedoch bald geändert und er entdeckte seine Empfänglichkeit für weibliche Reize: »Auch in meiner Jugend in Wien bin ich vielen schönen Frauen begegnet.«[3] Konkrete Beziehungen aus dieser Zeit konnten nicht eruiert werden. Als Ausdruck seines gesteigerten Interesses am anderen Geschlecht führte Hitler auch als deutscher Reichskanzler sehr bescheidene Wünsche an: »Jetzt kann ich gar nicht mehr allein sein! Am schönsten finde ich es, mit einer Frau zu speisen ...«[4]

Schon im Dritten Reich tauchte die Frage auf, ob dem geliebten »Führer« das Interesse an und die Fähigkeit zu Sex gänzlich fehle. Das Tabuthema wurde heimlich, aber heftig diskutiert. Nahm Adolf Hitler tatsächlich, wie er selbst und die Propaganda verkündete, nur Germania als seine Geliebte? Wollte er Millionen deutscher Frauen die Illusion bewahren, eines Tages die Frau an seiner Seite zu werden? Und wieso hielt er diesen Schein auch als absoluter Diktator noch aufrecht? Allzu gern hätten die Volksgenossen einen Blick hinter die Kulissen geworfen und gewusst, ob der stets einsam Auftretende im Verborgenen Liebes-

Adolf Hitler mit »Arbeitsmaiden« im Führerhauptquartier
»Tannenberg« im Schwarzwald, Ende Juni 1940

15

verhältnisse hatte wie jeder andere auch. Viele bezweifelten dies.

Tatsächlich hat das Intimleben keines anderen Diktators – und zwar weltweit – je so viel Interesse und Neugier erweckt wie das des »Führers«!

Als sich ein korrekt gekleideter Hitler mit Mussolini in Badehose an einem Strand zeigte, machte in Deutschland sofort ein Witz die Runde: »Adolf will den letzten Arbeitslosen verbergen, Benito will herabschauen auf den letzten Rebell.«[5]

Über Benito Mussolini wusste man genau Bescheid. Neben seiner Ehefrau Rachele, die ihm fünf Kinder schenkte, gab es zuerst die schöne, jüdische Geliebte Margherita Sarfatti und dann – nach Einführung der Rassengesetze – Clara Petacci, die mit ihm in den Tod gehen sollte.

Auch bei Hitlers bolschewistischem Feind Josef Stalin herrschten eindeutige, wenn auch schreckliche Verhältnisse – seine erste Frau starb schon, während ihr Mann als Berufsrevolutionär Banken überfiel, in jungen Jahren. Seine zweite beging auf dem Höhepunkt seiner Macht, zermürbt von den sadistischen Quälereien ihres Mannes, Selbstmord. Stalin hinterließ mindestens zwei Kinder.[6]

Bei Adolf Hitler jedoch, dessen unheilvolle Politik oft als Folge seiner physischen und psychischen Veranlagung gedeutet wird, blieb alles mysteriös und von Legenden umrankt. Dass er eine intensive sexuelle Ausstrahlung besaß, ist vielfach bezeugt und unumstritten. Sie zeigte sich nicht erst, als er zum »Führer« der Nationalsozialisten aufgestiegen war und Prestige, Personenkult, aber auch die Erotik der Macht eine Rolle spielten. Bereits den Schüler Adolf Hitler protegierte die reifere Hausfrau seines Linzer Elternhauses samt Tochter mit einem schwärmerischen Enthusiasmus, der bei dem gegenständlichen Anlass – ein simples Empfehlungsschreiben an einen Akademieprofessor – sehr übertrieben scheint.[7]

Auch Hitlers Bedürfnis nach weiblicher Gesellschaft ist dokumentiert. Schon in der Frühzeit der NSDAP, der sogenannten »Kampfzeit«, hat Hitlers Freund und Adlatus Emil Maurice in dessen Namen Mädchen angesprochen, mit denen man sich dann im Anschluss an die oft wüsten Parteiveranstaltungen traf. Wie weit diese Bekanntschaften gediehen, ist nicht überliefert. Maurice, der »Führer« und Reich um zwanzig Jahre überlebte, hat dazu eisern geschwiegen.[8]

Bei allen Frauen, die den jungen Politiker bewunderten, unterstützten und förderten, hegten und pflegten, war Erotik mit im Spiel. Hitler selbst war sich seiner Wirkung sehr wohl bewusst: »Von meinen mütterlichen Freundinnen war allein die alte Frau Direktor Hofmann[9] von einer stets nur gütigen Sorglichkeit. Selbst bei Frau Bruckmann[10] ist es mir begegnet, daß eine Dame der Münchner Gesellschaft nie mehr mit mir zusammen eingeladen wurde, nachdem die Frau des Hauses einmal einen Blick aufgefangen hatte, mit dem beim Abschied im Salon Bruckmann diese Frau mir begegnet ist, während ich mich noch einmal grüßend zu ihr hin verbeugt habe. Sie war sehr schön, und ich werde ihr interessant gewesen sein, weiter nichts! Ich habe eine Frau gekannt, deren Stimme vor Aufregung heiser wurde, wenn ich mit einer anderen Frau auch nur ein paar Worte gesprochen habe.«[11]

Auch besagte Gastgeberin, die verwöhnte Elsa Bruckmann, eine geborene Prinzessin Cantacuzene im 71. Lebensjahr, lauschte, wie ein unbefangener Zeitzeuge berichtet, Hitlers Ausführungen mit gefalteten Händen und beinahe religiöser Verzückung. Den jungen Politiker verschlang sie mit innigen Blicken.[12]

An Gelegenheiten zu Abenteuern aller Art mangelte es dem »Führer« beileibe nicht. Junge Mädchen, Damen der Gesellschaft, Künstlerinnen und Schauspielerinnen, Hochintelligente und Dumme, Junge und Alte bedrängten den interessanten, unverheirateten NS-Politiker und späteren Reichskanzler mit den strahlend blauen Augen. Die Liste der – bekannteren – Frauen, die intensiv um Hitler buhlten, ist lang und abwechslungsreich: die attraktive 16-jährige Berchtesgadenerin Maria Reiter, die schöne Baronin Sigrit von Laffert, die stets Pistolen tragende Eugenie Haug aus der »Frühzeit« der Bewegung, Winifred Wagner, die Herrin von Bayreuth, die Sängerin Margarete Slezak, die Architektin Gerdy Troost, die Regisseurin Leni Riefenstahl sowie die englische Adelige Unity Mitford stellen nur eine kleine Auswahl jener dar, die gern ihr Leben mit dem »Führer« verbunden hätten. Tausende Briefschreiberinnen machten ihrem einsamen Idol – schon während seiner Haft in Landsberg – Avancen.[13] Ohne Scheu brachten sie ihre mehr oder weniger deutlichen Anträge zu Papier. Viele priesen ihre Reize mittels beigelegten Fotos. Viele wünschten sich nichts sehnlicher, als mit dem NS-Politiker ein Kind zu zeugen. Und manche fielen in Ohnmacht, wenn sie das Objekt ihrer Begierde in der Öffentlichkeit erblickten.

Manchmal geriet auch Hitler angesichts weiblicher Schönheit ins Schwärmen. »Was gibt es doch für schöne Frauen! Wir saßen im Ratskeller in Bremen. Kam da eine Frau herein: Da hat man wirklich geglaubt, der Olymp hat sich aufgetan! Einfach strahlend! Die Gäste haben Messer und Gabel niedergelegt, und alle Augen haben an dieser Frau gehangen!«[14] Die Begegnung erfuhr keine Fortsetzung, ebenso wie eine weitere, von der Hitler direkt naiv berichtet: »Dann später in Braunschweig! Da habe ich mir nachher die bittersten Vorwürfe gemacht. Allen meinen Herren ist es ge-

gangen wie mir: Ein blondes Ding kam auf mich zuge-
sprungen zum Wagen, um mir einen Blumenstrauß zu überreichen; jeder hat sich des Vorgangs erinnert, aber keiner war auf den Gedanken gekommen, das Mädchen nach
seiner Adresse zu fragen, damit ich ihm hätte ein Dank-
wort schreiben können. Blond und groß und wunderbar!«[15]
Wahrhaft bescheidene, vor allem platonische Wünsche eines
mächtigen Diktators.

Der »Führer« widerstand den Verlockungen und »hielt
sich«, wie er sich ausdrückte, ganz im Verborgenen das un-
spektakuläre, unproblematische Fräulein Braun, ein junges,
hübsches Mädchen aus bürgerlicher Familie. Er reagierte
auch nicht auf die – vermutlich im übertragenen Sinn ge-
meinten – homoerotischen Beteuerungen, die Joseph Goebbels seinem – zur Veröffentlichung bestimmten – Tagebuch
anvertraute. »Wie lieb ich ihn!«, schrieb das kleinwüchsige,
hinkende NS-Propagandagenie.[16]

Nach der nüchternen Sichtung des Materials zu dem sen-
siblen Thema, der Ausblendung von Klatsch, Tratsch, Gerüchten und manipulierten Quellen bleibt nur wenig übrig,
das ein objektives Licht auf Hitlers Sexualleben wirft. An
erster Stelle der glaubwürdigen Quellen stehen die schrift-
lichen Aufzeichnungen von Eva Braun, der langjährigen
Lebensgefährtin und eintägigen Gattin des »Führers«. In
ihrem Tagebuch findet sich eine Passage, die auf tatsächlich
vollzogenen Sexualverkehr schließen lässt. Sie lautet: »Er
braucht mich nur zu bestimmten Zwecken, es ist nicht anders möglich, wenn er sagt er hat mich lieb, so meint er nur
in diesem Augenblick.«[17]

Trotzdem vermuteten manche der Eingeweihten – allen
anderen blieb die Existenz von Fräulein Braun verborgen –,
dass Hitler seine Freundin, mit der er in biederer Zweisam-

keit seine karge Freizeit verbrachte, nur zur Kaschierung seiner sexuellen Abstinenz benutzte. Auf jeden Fall erzählte er seinen Gästen, dass er sich nach dem siegreichen Krieg von den Staatsgeschäften zurückziehen werde. Er gedenke in Linz zu leben: nur er, Fräulein Braun und sein Hund.[18] Manchmal änderte er auch die Reihenfolge – zuerst der Hund, dann Fräulein Braun. Keine der Konstellationen wurde umgesetzt, die Fronten brachen zusammen und Hitler verdammte die Deutschen als seiner unwürdige Schwächlinge. Niemand, außer Fräulein Braun und seinem Hund, halte ihm noch die Treue, klagte er nun – nur diese beiden gehörten zu ihm.[19]

Die Aussagen von Maria »Mitzi« Reiter, einer frühen Freundin Hitlers aus Berchtesgaden, die sich gern ihres intimen Verhältnisses zum »Führer« brüstete, erscheinen manchen unglaubwürdig, obwohl sie notariell bescheinigen ließ, »Hitler sei ein ganzer Mann gewesen«. Als Beweis für eine Liaison wies »Mitzi« Schmuck und Geschenke des jungen Hitler vor.[20] Die Briefe, die sie von ihm erhielt, klingen liebevoll, lassen jedoch keinerlei Schlüsse auf Intimität zu.

Für ein exzessives Sexualleben, Orgien, wilde Amouren, Homosexualität oder abartige Veranlagung, wie sie fantasievolle und sensationslüsterne Publikationen in großer Zahl detailliert beschreiben, fehlen Beweise. Ausschweifende Liebeseskapaden des »Führers« wären den vielen Mitarbeitern und dem zahlreichen Personal nicht verborgen geblieben.

Weder auf seinem Landsitz auf dem Obersalzberg noch in der Privatwohnung in München oder den Privaträumen der Berliner Reichskanzlei empfing Hitler – abgesehen von Eva Braun – Besuch für intime Stunden. Viele Zeugen und Zeu-

ginnen, die Hitlers Tiraden jeden Abend bis zum Morgengrauen mit Geduld lauschten, bekunden, dass er während des Krieges bei seinen langen Aufenthalten in den diversen Führerhauptquartieren keine Geliebte hatte.[21]
Er verführte auch keine aus dem Kreis seiner meist jungen und hübschen Privatsekretärinnen, die mit ihm auf engster Tuchfühlung lebten, ihn auf allen Reisen begleiteten und an seinen privaten Gesellschaften teilnahmen. Anzügliche Bemerkungen oder sexuelle Belästigungen fanden nicht statt.[22]
Die meisten NS-Politiker verbargen ihr Sexualleben nicht vor der Öffentlichkeit. Hitler bildete eine Ausnahme. Er hielt sein wie immer geartetes Verhältnis mit Eva Braun krampfhaft geheim. Damit erhob er sich über seine zügellosen Adlaten, stilisierte sich zum »Führer« ohne Privatleben, der alles dem hehren Dienst an seinem Volk opferte. Als ihn sein Marineadjutant Karl Jesco von Puttkamer im März 1938 um Heiratserlaubnis bat, seufzte Hitler, der die Rolle des einsamen Retters der Deutschen bereits vollkommen verinnerlicht hatte: »Auch ich würde gerne heiraten, wäre es nicht so schlecht für Deutschland.«[23]
Erfüllt von seiner Sendung charakterisierte er seine eigene Lebenssituation: »Ein Mann gehört seiner Pflicht, und nur ab und zu schweift ein Gedanke zur Frau hinüber!«
Besessen vom Gedanken der Rettung des deutschen Volks vor der jüdischen Weltverschwörung, konzentrierte Hitler seine gesamten Kräfte auf die NS-Politik. Überzeugt, von der Vorsehung auserkoren zu sein, opferte er sich fanatisch der Mission, Deutschland zu Größe und Ruhm zu führen. Auf dem Höhepunkt seiner Macht vereinte er in seiner Person die Funktionen des Reichskanzlers, Reichspräsidenten und Obersten Kriegsherrn – eine ungeheure Machtfülle. Der »Führer« war die letzte Instanz in allen wichtigen politi-

schen und militärischen Angelegenheiten. Sein Wort stand über jedem Gesetz. Im Zweiten Weltkrieg bestimmte der glühende Militarist – basierend auf seiner Erfahrung als Gefreiter im Ersten Weltkrieg – auch die Militärstrategie bis ins Detail. Wahnwitzige Pläne zur Erringung der Weltherrschaft kompensierten den Wegfall eines normalen Lebens. Sein Privatleben diente der Politik. Und die Begierde auf Realisierung der Ideen aus »Mein Kampf« stellte alle anderen Begierden in den Schatten. Ein Einfluss seiner sexuellen Veranlagung auf die Politik ist nicht nachweisbar. Auf jeden Fall erleichterte Hitlers anscheinend nur schwach ausgeprägter Geschlechtstrieb seine fanatisch betriebene Mission, der er alles unterordnete, durch die er seine Gesundheit ruinierte und frühzeitig alterte.

Trotz Händeküssen, altmodischer Höflichkeit, Blumenspenden und Galanterie – »wir im alten Österreich sind … vor allem Frauen gegenüber zu achtungsvoller Rücksicht erzogen worden« –, hielt sich Hitlers Bedürfnis nach dem weiblichen Geschlecht in engen Grenzen. Er hatte keine leidenschaftliche Affäre, besaß niemals eine enge Vertraute, stand niemals unter dem Einfluss einer Frau und erachtete keine als intelligent genug, um seine Politik zu verstehen. Im Allgemeinen hielt er sich an Nietzsche: »Der Zauber und die mächtigste Wirkung der Frauen ist, um die Sprache der Philosophen zu reden, eine Wirkung in der Ferne, eine *actio in distans:* dazu gehört aber, zuerst und vor Allem – Distanz!«[24]

Ob Hitler, der sich jeden sexuellen Wunsch hätte erfüllen können, zölibatär lebte, wie es manche meinen, oder er – wie es andere meinen – mit Fräulein Braun oder anderen Frauen normale oder perverse, stets jedoch geheime Verhältnisse pflegte, bleibt in allerletzter Konsequenz unbeantwortet und Spekulation.

Seine persönliche Einstellung zur Sexualität, die oft in eklatanter Weise von seinen offiziellen Maßnahmen und Reden abwich, ist jedoch kein Geheimnis geblieben. Derbe sexuelle Anspielungen und ordinäre Witze hat sich der »Führer« stets verbeten. In seinen Reden forderte er ungeniert die Ausrottung aller »Untermenschen« und die Entvölkerung ganzer Länder in drastischen Worten. Unanständige, schlüpfrige Äußerungen erregten jedoch seinen Unmut. Bei seiner Ankunft verstummten die in Militärkreisen beliebten gewagten Herrenwitze. Kommentierte er selbst Affären, dann vermied er derbe Ausdrücke. »Hat sich einen Liebsten genommen«, meinte er delikat, als das Stadtgespräch in München um die reiche Erbin einer Bierbrauerdynastie kreiste, die ihren eingeheirateten, älteren Gatten mit einem jungen Mann betrog.

In der Frau seines Auslandspressechefs Helene Hanfstaengl und dessen Schwester Erna sowie in Mary Stuck, der Frau des Malers Franz von Stuck – alle mit fein geschnittenen, ebenmäßigen Zügen, guter Figur und elegant – sah Hitler das klassische Schönheitsideal der deutschen Frau. Zu seinem großen Bedauern hat es später im biederen BDM (Bund Deutscher Mädel) keinen Niederschlag gefunden! »Im ›Bayerischen Hof‹ war ich einmal bei einer Festlichkeit zugegen, der viele schöne Frauen im Schmuck ihrer Brillanten Glanz gaben. Da trat eine Frau herein, so schön, daß neben ihr alles verschwand! Schmuck trug sie nicht: Es war Frau [Helene] Hanfstaengl. Bei Erna Hanfstaengl hab ich sie dann einmal mit Mary Stuck zusammen gesehen. Drei Frauen, eine schöner wie die andere – das war ein Bild!«[25] Es ist kein Fall bekannt, in dem sich der »Führer« – in Ausnützung seiner Macht und Stellung – den Frauen seiner Mitarbeiter genähert, sie bedrängt oder verführt hätte.

Prüderie war Hitler fremd. Bei seinen Klagen über die – tatsächlich erstaunliche – Ineffizienz der deutschen Geheimdienste schlug er handfeste Maßnahmen vor. »So eine Gesandtschaft müßte vor allem ein halbes Dutzend junger Attachés haben, die sich sofort an einflußreiche Weiber heranmachen. Das ist der einzige Weg, etwas zu erfahren. Wenn das [die Diplomaten] aber lauter verträumte Philosophen sind, die nur das reine Glück suchen, dann ist das ... schlecht. ... Wenn ich mir unsere Vertreter anschaue da draußen, dann kann ich nur sagen: Au weh! ... Es hat doch niemand fertiggebracht von diesem Auswärtigen Amt, die wirklich zugängliche Tochter des früheren amerikanischen Botschafters Dodd so richtig in Beschlag zu nehmen. Die vom Auswärtigen Amt sind doch dazu da! ... Dieses Mädel, die mußte nach kurzer Zeit vollständig eingesponnen sein! Sie ist auch eingesponnen worden, aber leider nicht von lauter anderen ... Den alten Dodd, der ja ein Trottel war, den hätten wir über die Tochter kriegen können ...« Auf den Einwurf seines Adjutanten Karl Jesko von Puttkamer, dass Fräulein Dodd hässlich und widerwärtig sei, meinte Hitler nicht ohne Witz: »Ja, das muß man überwinden, lieber Freund, da muß man schon so was in Kauf nehmen, für was werden die Leute bezahlt! Wäre es anders, so ist das kein Dienst mehr, sondern Wollust und damit zu verurteilen!«[26]

Das weibliche Schönheitsideal des »Führers« ist bekannt. Ihm gefielen sehr junge, nordisch-blonde, hübsche, gepflegte, mittelgroße Mädchen. »Malweiber« – er meinte damit Malerinnen, aber auch Künstlerinnen – waren für ihn »am schlimmsten«, da sie sich nicht pflegten, »gar nichts auf sich geben«.[27] Auch dominierende »Mannweiber«, die wie Ilse Hess oder Anneliese von Ribbentrop[28] ihre Ehemänner beherrschten, waren ihm ein Gräuel.

In Gesellschaft überdurchschnittlich großer Frauen, zu denen er – wie bei Zarah Leander – aufschauen musste, litt sein männliches Ego, beschlich ihn Unbehagen. Weibliche, vollschlanke Kurven zogen ihn an, Dicke mochte er nicht. Seine Lebensgefährtin Eva Braun notiert in ihrem Tagebuch, von dem sich nur ein Fragment erhalten hat, eine Vorliebe für üppige Körperformen, wie sie zum Beispiel die englische Adelige Unity Valkyrie Mitford besaß: »… heißt Walküre und sieht so aus die Beine mit eingeschlossen. Aber diese Dimensionen hat er [Hitler] ja gern …«[29]

Oft zog der »Führer« Vergleiche zwischen den Frauen einzelner Nationen: »Die Holländer sind eine wunderschöne Rasse. Die Mädeln sehen phantastisch aus. Wenn die gekapert werden, da kann ich nur sagen: ja! Für die Verbindung mit den Malaien [in den holländischen Kolonien] war wohl bestimmend die sexuelle Not …«[30]

Auf seinem Staatsbesuch in Italien im Mai des Jahres 1938 registrierte er schöne – und auch hässliche – Frauen. »Vorn eine Flucht von lauter, grauen, ganz alten Wachteln – hinten standen die Generäle! – vertrocknet, verdörrt, jede tief dekolletiert und ein Kruzifix zwischen den welken Brüsten. Warum soviel Armseligkeit preisgeben! Nur im Palazzo Venezia, da wimmelte es von schönen Mädeln, derentwegen man später glaubte, sich bei mir entschuldigen zu müssen: Hoffentlich würde ich das nicht übelnehmen, es sei damals ein faux pas passiert, unter anderen seien auch Damen eines römischen Modehauses anwesend gewesen! Das Traurige ist, daß der Duce seiner Sache da etwas untreu werden mußte. Ich würde mir Bauernmädel aus der Campagna einladen: Blitzschöne Mädel habe ich da gesehen, in endloser Folge!«[31]

Den Ungarinnen konzedierte er Leidenschaft: »Diese ungarischen Mädel haben schon ein riesiges Temperament!

Die Tabody hat den Teufel in sich, ein rabiates Frauenzimmer! Der Csàrdàs ist was Schönes …«[32]

Hitlers Hass auf Juden hat schon sehr früh pathologische Formen angenommen. Noch mehr als jüdische Männer hasste er aber jüdische Frauen, die jüdische Kinder in die Welt setzten. Er beklagte ihre Anwesenheit in der von ihm geliebten Wiener Oper: »Nun saß da an der gleichen Stelle [des Wiener Publikums vor dem Ersten Weltkrieg] ein Judenpöbel! Die Jüdinnen haben ihre Hände herabhängen lassen, damit man ihren Schmuck sieht; es war furchtbar! … Da saß jetzt dieses Pack, etwas Widerwärtiges!«[33]

Die Spanierinnen charakterisierte er als geistesschwach: »… ich halte diese Weiber für blitzdumm.«[34]

Diese Einschätzung basierte nicht auf persönlichen Erlebnissen, sondern entsprang dem Ärger über den durch Francisco Franco erlittenen politischen Rückschlag.[35] Zu Beginn des spanischen Bürgerkriegs hatte das Dritte Reich Transportflugzeuge bereitgestellt, mit denen Francos Truppen von Nordafrika nach Spanien eingeflogen wurden. Erst mit seiner Armee und der deutschen »Legion Condor« konnte Franco den Krieg gegen die – von Stalin unterstützten – Truppen der Republik gewinnen. Der Generalissimus dankte es Hitler nicht. Bei einem Treffen, zu dem der »Führer« extra bis zur französisch-spanischen Grenze gereist war,[36] weigerte er sich beharrlich, an der Seite Deutschlands in den Zweiten Weltkrieg einzutreten – Spanien blieb neutral. Darüber hinaus traf Franco, kaum dass er mit deutscher Hilfe an die Macht gelangt war, reaktionäre innenpolitische Maßnahmen, die Hitler erzürnten: Er stellte den traditionellen Einfluss der Kirche auf den Staat wieder her, ordnete den obligatorischen Religionsunterricht wieder an, verbot zivile Eheschließung und suspendierte die Scheidungsgesetze der spanischen Republik.

26

Intellektuelle Damen aller Nationen duldete Hitler nicht in seiner Nähe. Überhaupt missfielen ihm Ratschläge von Frauen, die »neunundneunzig Prozent aller Beratungsgegenstände« doch nicht beurteilen könnten: »Mir ist ein hübsches Kocherl [Dummerl] sympathischer wie eine politisierende Dame!«[37] Meist stellte er die Ratgeberinnen durch übertriebene Höflichkeit kalt: »Je galanter man einer Frau gegenüber ist, desto mehr wird man die Frau davon zurückhalten, Dinge zu versuchen, die ihr nicht liegen.«[38] Die Überzeugung vom inferioren weiblichen Intellekt bezog Hitler von Friedrich Nietzsche, den er zeit seines Lebens mit Begeisterung las. »So entsteht eine nicht geringe Gefahr, wenn ihnen die Politik und einzelne Teile der Wissenschaft anvertraut werden. … Denn was wäre seltener als eine Frau, welche wirklich wüßte, was Wissenschaft ist?«, meinte der berühmte Philosoph 1878.[39]

Frauen sind in Hitlers Vorstellungswelt fast geschlechtslose Wesen. Ohne sexuelle Begierde, Triebe oder eigene Bedürfnisse scheinen sie den Wünschen der Männer, die sie formen, untertan. »Es gibt doch nichts Schöneres, als sich ein junges Ding zu erziehen, ein Mädel mit 18, 20 Jahren ist biegsam wie Wachs. Einem Mann muß es möglich sein, jedem Mädchen seinen Stempel aufzudrücken. Die Frau will auch nichts anderes!«[40] Mit seiner Ansicht war Hitler nicht allein. Sie entsprach weitgehend dem Zeitgeist. So lässt Hugo von Hofmannsthal seine Arabella in der modernen gleichnamigen Oper von Richard Strauss (Uraufführung 1.7.1933 in Dresden) bekennen: »Und du wirst mein Gebieter sein und ich dir untertan …«

Auf sexuellem Gebiet hatten Frauen keine Initiative zu entwickeln. »In der Umbruchzeit [Pubertät] kommt für die Frau das Problem des Mannes; bekommt sie ihn nicht oder verliert sie, so will sie nichts mehr vom Leben, lieber geht sie da in ein Kloster.« Im Übrigen plädierte er für frühe Partnerschaften »vor allem des Mannes, denn die Frau ist ja ohnehin nur der passive Teil«.[41]

Mit galanten Höflichkeitsfloskeln und Wiener Charme kaschierte der NS-Politiker seine tief sitzende Geringschätzung alles Weiblichen. In den Frauen sah er infantile, in keiner Weise ernst zu nehmende zweitrangige Menschen, denen man – innerhalb gewisser Grenzen – Narrenfreiheit gewähren konnte. »Die Welt der Frau ist klein, im Vergleich zu der des Mannes«, denn diese kindlichen Wesen würden nie erwachsen. Sie verfügten über einen erstaunlich engen Horizont, sodass er sie bei näherer Bekanntschaft nur mit »Mein Kind!« ansprach. Abgesehen von einigen lebenden und toten »Paradefrauen«[42] seien sie alle – im Vergleich zu Männern – dumm und einfältig. Doch man könne beruhigt sein: »Auf den Intellekt kommt es bei einer Frau gar nicht an!«[43] Zum Ausgleich dafür besäßen sie metaphysische Neigungen, die sie durch Verinnerlichung befriedigten. Und da die armen Idiotinnen nicht anders könnten – es auch völlig ohne Bedeutung sei –, sollte man ihnen, im Gegensatz zu Männern, diese religiösen Schwärmereien gestatten. »Bei Frauen bin ich dagegen, daß man mit Gewalt eingreift: sie können ein anderes Leben nicht mehr führen, sie sind hilflos«,[44] erklärte er kategorisch, denn »der einfache Mensch klammert sich empfindungsmäßig an eine überirdische Hülle.« Und die weibliche Hälfte der Bevölkerung wäre eben recht einfach!

Großmütig plädierte er, ihre als Tratschsucht und harmlose Boshaftigkeit eingeschätzten Äußerungen zu tolerieren. »Es ist ganz zwecklos, die Frauen auf dem Gebiet bessern zu wollen, lassen wir doch diese kleinen Schwächen!

Wenn man damit schon eine Frau glücklich machen kann, ausgezeichnet! Tausendmal besser, eine Frau beschäftigt sich damit, als sie fängt mit metaphysischen Sachen an. Wenn eine Frau in den Fragen des Daseins zu denken beginnt, das ist schlimm, da können sie einem auf die Nerven gehen.« Auch damit orientierte sich Hitler an dem von ihm verehrten Nietzsche, der über die »Widersprüche in weiblichen Köpfen« schrieb, »weil die Weiber so viel mehr persönlich als sachlich sind«.[45]

An seine Geschlechtsgenossen appellierte der »Führer« – deutschen und arischen – Frauen mit Ritterlichkeit zu begegnen, sie unter ihre schützende Obhut zu nehmen. »Die Frauen wollen [richtige] Männer haben! Die Männer in den nordischen Ländern sind derart schlapp, daß die schönsten Frauen dort weggehen, wenn sie einen Mann von uns kriegen … Irgendwie lieben die Frauen doch die wirklichen Männer. Das ist der Naturinstinkt, der im Weib liegt. Was hätte denn in der Vorzeit die Frau gemacht ohne den Helden! Bei ihm fühlte sie sich sicher. Jedes Geschöpf in der Natur wartet ab, wer Sieger bleibt, wenn zwei Männer [!] sich um die Frau raufen. Auf Wilderer sind die Mädel ganz wild!«[46]

Hitler machte sich dabei die Erkenntnisse der darwinistischen Evolutionstheorie zu eigen. Diese besagt, dass für die Fortpflanzung im Hinblick auf die Überlebenschancen des Nachwuchses der fitteste Partner gewählt wird. In Hitlers Vorstellung waren dies bei den Menschen starke, mutige, moderne germanische Recken, die, ganz wie in der Nibelungensage, zum Schutz ihrer schwachen Gefährtinnen antraten. Die Krönung der Hitler'schen Gedankengänge lautete: »Der Mann ist das Universum der Frau. An anderes denkt sie nur ab und zu.« Friedrich Nietzsche meinte dazu warnend, es heißt, »einen Mann gering schätzen, wenn man an-

nimmt, daß es nur eines Mädchens bedürfe, um ihn glücklich zu machen«.[47]

Auf dem »Parteitag der Freiheit« im Jahre 1935 stilisierte der »Führer« seine privaten Ansichten zur offiziellen
»Männlichkeit des Nationalsozialismus«: »Ich glaube, wenn
unsere gesunden, unverdorbenen Frauen in diesen Tagen
den Marschkolonnen zugesehen haben, diesen strammen
und tadellosen jungen Spatenmännern, so müssen sie sich
sagen: Was wächst hier für ein gesundes, herrliches Geschlecht heran.«[48]

Vieles, was Hitler zu den Geschlechterbeziehungen von sich
gab, klingt wie die naive Romantik der Trivialliteratur.
Frauen, so glaubte er, könnten tiefer lieben als Männer. Dass
sie auch tiefer hassen, wusste er von Nietzsche. »Im Zustande des Hasses sind Frauen gefährlicher als Männer ...
[sie sind] eingeübt, wunde Stellen zu finden ... und dort
hinein zu stechen«, formulierte der Philosoph.[49] »Die Frauen
haben da eine Fähigkeit, die uns Männern abgeht, der
Freundin einen Kuß zu geben und sie gleichzeitig mit einer
Nadel zu stechen«, formulierte es Hitler.[50]

Sexuelle Befriedigung – auch das wusste Hitler genau –
ist bei Frauen vollkommen unwichtig und immer an Ge-
bären gekoppelt. »Die Natur will, daß die Frau ein Kind bekommt; manche Frauen werden krank, wenn sie keine Kinder kriegen. Wenn die Frau kein Kind hat, sagt alle Welt: so
ein hysterisches Frauenzimmer!«[51]

Konfrontierte man Hitler mit dem Argument, dass seine
NSDAP frauenfeindlich sei und die weibliche Bevölkerung
nur als Gebärmaschine oder Lustobjekt benütze, protestierte er vehement: »Das ist nicht der Fall: In der Jugendfürsor-
ge und auf caritativem Gebiet habe ich ihr viel Raum gegeben!«[52] Auch zum Einrichten von Wohnungen seien Frauen

gut zu gebrauchen. Sie hätten »praktisches Verständnis«. An echte Freundschaft oder weibliche Solidarität glaubte der »Führer« nicht.

»Wo mehr Frauen sind als Männer, muß die Frau immer die Rivalin ausstechen: Selbsterhaltungstrieb! Ihm wird alles andere untergeordnet. Die mildeste Frau kann zur Bestie werden, wenn eine andere ihr den Freund oder den Mann wegnimmt«, meinte er einmal.[53] Das stamme aus der Urzeit, in der die Frau ohne den Mann verloren war. Daraus hätte sich die weibliche Abhängigkeit und Heldenverehrung entwickelt. »... sie will den heroischen Mann!«

Dieses Gedankengut übernahm Hitler von dem jüdischen Wiener Philosophen Otto Weininger, der die Abhängigkeit – und notwendige Unterdrückung – der Frauen auf die »sexuelle Anbindung des Weibes an den Mann« zurückführt.[54] Weiningers 1903 als Buch erschienene, frauenverachtende Dissertation »Geschlecht und Charakter« erregte größtes Aufsehen. Darüber hinaus heizte seine Theorie, dass Judentum keine Rasse, sondern eine Geisteshaltung sei, den Antisemitismus stark an. Stefan Zweig hat den schwermütigen jungen Philosophen mit den radikalen Ansichten beschrieben: »Er sah immer aus, wie nach einer 30stündigen Eisenbahnfahrt, schmutzig, ermüdet, zerknittert, ging schief und verlegen herum, sich gleichsam an eine unsichtbare Wand drückend, und der Mund unter dem dünnen Schnurrbärtchen quälte sich irgendwie schief herab ... er blickte immer an einem vorbei ... aus dem gereizten Minderwertigkeitsempfinden, dem russischen Verbrechergefühl des Gepeinigten.«[55]

Hitler lobte den Tod Weiningers, der mit 23 Jahren an der Welt verzweifelte und Selbstmord beging, als die Tat eines »anständigen Semiten, der erkannte, daß der Jude von der Zersetzung anderen Volkstums lebt«.[56] Dies hinderte ihn

31

nicht am häufigen Zitieren von Weiningers – negativ besetztem Ausspruch von der gefährlichen – »Verweiblichung der Kultur«.

Lesbische Beziehungen »invertierter Frauen« nahm Hitler kaum zur Kenntnis. Er wertete sie als harmlose Tändeleien und flüchtige Modeerscheinungen – Relikte der »wilden« und dekadenten, durch den Nationalsozialismus überwundenen Zwanzigerjahre. Solange diese »dualen« Geschöpfe kein öffentliches Ärgernis erregten, die Grenzen zwischen inniger und sexueller Freundschaft verflossen und sie ihrer Gebärpflicht im Dienst der deutschen Volksgemeinschaft fleißig nachkamen, sah Hitler keinen Grund zum Einschreiten. Homosexuelle Männer fielen als Volksschädlinge in eine andere Kategorie.

Viele Ansichten zum Zusammenleben der Geschlechter resultieren aus den Sitten, Gebräuchen und Strömungen, die den jungen Adolf Hitler an der Wende des 19. zum 20. Jahrhundert prägten.

Als Hitler im Jahre 1889 zur Welt kam, trugen die Damen bodenlange, wallende Kleider, in denen man nicht ging, sondern schritt. Der seltene Anblick verborgener weiblicher Knöchel galt als hocherotisch und kurbelte die männlichen Fantasien an. Korsettgeschnürte Busen, Zeichen der Mütterlichkeit, aber auch herausgestrichener Blickfang, taten das Ihre im Umgang der Geschlechter. Eine üppige Haarpracht, möglichst so lang, dass sie bis zur Taille reichte, züchtig aufgesteckt und in intimen Situationen locker gelöst, war ein Bestandteil des damaligen Schönheitsideals, der Stolz der Weiblichkeit und das Entzücken der Männerwelt. Riesige Hutkreationen betonten das Gesicht in vorteilhafter Weise.

Frauenverachtung und -diskriminierung durchzog alle Bevölkerungsschichten. Mit Werken wie »Über den physiologischen Schwachsinn des Weibes« suchte man die aufkeimenden Emanzipationsbestrebungen zu ersticken.[57] In einer Welt, in der die Mädchen des Bürgertums strickten, Klavier spielten und sich in häuslichen Fähigkeiten übten, aber keinen eigenen Beruf erlernten, gehörte die optimale Vermarktung weiblicher Reize zur Überlebensstrategie. Das Schicksal mittelloser, sogenannter alter Jungfern war bitter und nicht erstrebenswert. Zur Sicherung der Zukunft bot sich eine möglichst günstige Eheschließung als bequemste Lösung. Dem Zeitgeist entsprechend, präsentierte sich das »schwache« Geschlecht des Bürgertums – von wenigen aufmüpfigen Ausnahmen abgesehen – als schutzbedürftig, sentimental, züchtig und romantisch. Dies kaschierte den harten Konkurrenzkampf um einen passenden Ehemann, der willens und fähig war, die lebenslange Versorgung seiner Gattin zu übernehmen. Viele – Dienstboten, Arbeiter, Taglöhner – nahmen an diesem Kampf der Geschlechter allerdings überhaupt nicht teil. Ihnen blieb gegen Ende des 19. Jahrhunderts die Gründung einer Ehe aus sozialen Gründen, vor allem jedoch aus Geldmangel verwehrt. Ihre sexuellen Bedürfnisse befriedigten sie – zum Leidwesen der katholischen Kirche – ungeniert auch ohne Gottes Segen.

Hitler beeinflussten die Moralbegriffe seiner eigenen Familie, in der patriarchalische Verhältnisse herrschten. Als erfolgreicher, pensionsberechtigter Beamter im gehobenen Zolldienst ernährte und unterdrückte der herrische Vater die Familie. Seine Mutter hatte keinen Beruf erlernt und widmete sich ebenso wie ihre im gemeinsamen Haushalt lebende Schwester Johanna dem Wohl der Familie. Man lebte sehr bürgerlich, pflegte auch den starken Bezug zu den Waldviertler Wurzeln – Hitlers Eltern war die erste Generation, die dem bäuerlichen Milieu den Rücken kehrte.

Ihre für das Bauerntum typischen, liberal-pragmatischen Sexualvorstellungen haben sie nicht abgelegt und an Sohn Adolf weitergegeben. Hitlers Mutter Clara hatte ein Verhältnis mit ihrem verheirateten, nahe verwandten Dienstgeber, wurde von ihm schwanger, als seine Ehefrau im Sterben lag, und heiratete ihn anschließend. Hitler hat dies seiner Mutter, die er sehr verehrte, nie als unmoralisch oder unzüchtig angekreidet. Ein gutes Beispiel für Moral und Sittenstrenge konnte das Elternhaus dem kleinen Adolf jedoch nicht vermitteln. Dazu war die wirre Familienchronik mit Geschwistern, Halbgeschwistern und nachträglich anerkannten Kindern zu zerrüttet. Romantische Sentimentalität war den Hitlers fremd. Eheliche Treue hat man nicht überbewertet, Untreue geduldet und Doppelmoral gelebt.

Schon Hitlers als Müllergeselle durch das Waldviertel ziehender Großvater väterlicherseits hatte es weder mit den Moralbegriffen noch mit den Gesetzen genau genommen. Als er Hitlers Großmutter schließlich heiratete, verschwieg er den Behörden nicht nur seine erste Ehe, sondern gab auch ein falsches Alter an.[58] Das gemeinsame, uneheliche Kind – Alois, Hitlers Vater – legitimierte er nicht. Auch der Lebenswandel des Alois kann nicht als prüde bezeichnet werden. Seine erste Ehefrau heiratete er des Geldes wegen, mit seiner zweiten und dritten Ehefrau lebte er gleichzeitig, fast in Bigamie.

Adolf Hitler äußerte niemals Kritik an seinem Vater. Er litt nie unter dessen unehelicher Geburt, noch schämte er sich dafür.

Hitlers persönliche, sehr freizügige Einstellung zur Sexualität, seine kritische Haltung zur Ehe, seine große Toleranz für Ehebrecher und seine Förderung unehelicher Kinder erklärt sich demnach teilweise aus der eigenen Familiengeschichte, von der er vorgab, nichts zu wissen: »Von Familiengeschichte habe ich gar keine Ahnung. Auf dem Gebiet bin ich der Allerbeschränkteste. Ich habe auch früher nicht gewußt, daß ich Verwandte habe. Erst seit ich Reichskanzler bin, habe ich das erfahren. Ich bin ein völlig unfamiliäres Wesen, ein unsippisch veranlagtes Wesen. Das liegt mir nicht. Ich gehöre nur meiner Volksgemeinschaft ...«[59]

Seine Herrschaft über die deutsche Volksgemeinschaft suchte Hitler auch auf ihr Sexualleben auszudehnen. Von der Vorsehung – wie er glaubte – dazu ausersehen, diktierte er die Regeln für das Zusammenleben der Geschlechter – für die breite Masse, nicht für die NS-Elite. Bei der Erstellung des Konzepts blieben sämtliche Erkenntnisse der modernen Psychologie und Sexualforschung unberücksichtigt. Hitler verachtete Sigmund Freud, den jüdischen Begründer der Psychoanalyse. Er warf ihm vor, die Sexualität als Wurzel aller individuellen Phänomene zu betrachten, und bezichtigte ihn – wie viele NS-Autoren – der schmutzigen Fantasie. Freud deute die Sexualität selbst in Kinderseelen hinein! Und das »Es«, die unbewusste Macht, habe dieser nur ersonnen, um die Stimme des Gewissens, die sich bei Onanie in jedem nordischen Menschen regt, zu töten.[60] Hitler beschäftigte sich nie mit der Individualpsychologie von Alfred Adler, hielt nichts von der seiner Meinung nach dekadenten Tiefenpsychologie.

Vielmehr stützte sich Adolf Hitler auf den Hygieniker Max von Gruber, den er oft wortwörtlich zitierte. Mit einem – »nicht für unberufene Hände« bestimmten – Büchlein »Hygiene des Geschlechtslebens. Für Männer dargestellt« leistete Professor Gruber 1902 seinen Beitrag zur Volksaufklärung.[61] Diese weit verbreitete kleine Fibel für ein gesundes Sexualleben hat auch der junge Adolf Hitler gelesen. Den Inhalt des nur 95 Seiten starken Büchleins kannte er beinahe auswendig, denn noch als »Führer« hat er ganze Passagen daraus als eigene Meinung wiedergegeben.

Max von Gruber schrieb nur für erwachsene Männer: »Und den Knaben, dem es trotzdem in die Hände kommt, bitte ich, wenn sein Ohr bis dahin von unreinen Reden verschont geblieben ist und wenn er bis dahin noch nichts von den Regungen des Geschlechtstriebes verspürt hat, sich selbst zu beweisen, daß ein Mann in ihm steckt, seine Neugierde zu unterdrücken und es ungelesen wegzulegen.«[62] Der knappe, aber präzise Ratgeber des Professors für Hygiene bot – auf nur wenigen Seiten – Aufklärung für männliche Jugendliche, um sich dann sehr drastisch den verschiedensten Aspekten des Sexuallebens zu widmen.

Grubers Gedankengänge inspirierten und beeindruckten den jungen Adolf Hitler. Sie beflügelten seine Vorstellung vom idealen Geschlechtsleben der Menschen. Professor Grubers konservative, 1902 niedergeschriebene Thesen, Erkenntnisse und praktischen Ratschläge sollten nach dem Wunsch der Nationalsozialisten die Sexualität der Deutschen regeln. Sie lauteten:

»Keine Sexualität vor Beendigung der körperlichen Entwicklung [Männer 24 Jahre, Frauen 20 Jahre]. Das Individuum ist nur Werkzeug zur Erhaltung der Art! Keine unmäßige Sexualität! Regeln für den ehelichen Geschlechtsverkehr! [Zweimal wöchentlich empfohlen.] Keine Verhütungsmittel! Keine künstliche Verhinderung der Befruchtung! Keine Verirrungen des Geschlechtstriebes! Abstinenz als Schutz vor venerischen Krankheiten! Frühe Ehe, statt freier Liebe! Zeugung und Aufzucht von Kindern, die mit großer Wahrscheinlichkeit geistig oder körperlich behindert sind, ist ein Verbrechen!«

Als der 28-jährige Hitler nach dem Ersten Weltkrieg abrüstete, hatte sich ein tief gehender – und wie sich herausstel-

36

len sollte – irreversibler sozialer Wandel vollzogen. Viele Frauen ließen sich von den Arbeitsplätzen, die sie in Abwesenheit ihrer an der Front dienenden Männer eingenommen hatten, nicht mehr verdrängen. Mit dem neuen weiblichen Selbstbewusstsein nahm die in der Spätzeit der österreichischen Monarchie und dem deutschen Kaiserreich vergeblich geforderte Emanzipation der weiblichen Bevölkerung Gestalt an. Und zwar derart, dass in der Zwischenkriegszeit der parteienübergreifende »Bund für Männerrechte« zur Wahrung männlicher Interessen gegründet wurde. »Genug der Schmach der Weiberherrschaft, der Frauendiktatur, es lebe der Bund für Männerrecht!«, schrieb eine Zeitung im März 1926.[63] »Da die Despotie des weiblichen Geschlechts einfach nicht mehr auszuhalten war, da die Männer seit Jahr und Tag geächzt haben unter dem Joch der weiblichen Cäsaren, da das starke Geschlecht nur noch der Sklave des schwachen war, der reine Niemand, … ist nun endlich eine befreiende Tat gesetzt …«[64]

Die Tatsache, dass es auch in seiner engsten Verwandtschaft berufstätige, tüchtige Frauen gab, die sich eine eigene Existenz aufbauten und selbstständig lebten, zeigte keine Auswirkung auf Hitlers spätere Ideologie von der häuslichen Frau. So hatte seine ältere Halbschwester Angela, verwitwete Raubal, der finanziellen Not gehorchend und nicht etwa zur Selbstverwirklichung, einen Posten als Vorsteherin eines Lehrlingsheims angenommen und war nach Wien gezogen. Später sollte sie die jüdische Mensa der Universität Wien führen. Jahrelang bestritt sie ihren Lebensunterhalt, zog sie alleine drei Kinder groß. Hitlers jüngere Schwester Paula verdiente ebenfalls in Wien als kleine Beamtin ihren Lebensunterhalt. Eine seiner Tanten arbeitete als Volksschullehrerin.

Damit lag die Familie mit den bäuerlichen Wurzeln im modernen, von Frauenrechtlerinnen forcierten Trend. Dieser besagte, dass die Emanzipation der Frauen und ihre sexuelle Befreiung nur durch höhere Bildung und eigenes Einkommen zu erreichen sei. Auch die Hitlers legten großen Wert auf die Schulbildung ihrer weiblichen Verwandten. Beide Schwestern Hitlers, sowohl Angela als auch Paula, hatten das Lyzeum für Mädchen in Linz besucht. Angelas gleichnamige Tochter, Hitlers Nichte Angela Raubal, musste sich sogar, schlechte Schülerin, die sie war, auf expliziten Wunsch ihrer Mutter als eines der ersten Mädchen durch das Humanistische Gymnasium in Linz, die Eliteschule der oberösterreichischen Landeshauptstadt, quälen. Ihr Onkel Adolf begrüßte sowohl die Ausbildung als auch die Berufstätigkeit seiner weiblichen Angehörigen. Gegen das geplante Medizinstudium seiner Nichte hatte er nichts einzuwenden. Nur das für Frauen im Januar 1919 eingeführte aktive und passive Wahlrecht lehnte er als Absurdität sofort ab: »Einen Großteil der Politik kann eine Frau nicht verstehen.«

Trotz gegenteiliger Erfahrungen im Familienkreis und gegen den Zeittrend – 1925 waren von 32 Millionen Arbeitskräften 11,5 Millionen Frauen – bemühte er sich später als »Führer« der Deutschen, das Rad der Geschichte für die weibliche Bevölkerung zurückzudrehen.

Als Hitler 30 geworden war, ließen die Frauen ihrer beruflichen Emanzipation eine Emanzipation ihrer Sitten und Gebräuche folgen. Der junge Politiker betrachtete den in vielen Gazetten und Illustrierten propagierten neuen Lebensstil mit Desinteresse. Der Verfall der alten Regeln von Anstand und Sitte, der Traditionen und Leitbilder der Jahrhundertwende, an denen das Kleinbürgertum auch weiterhin zäh festhielt, schien ihm nebensächlich. Die neuen weiblichen Freizügigkeiten in allen Lebensbereichen nahm er mit Gelassenheit hin. Auch die neue Mode störte ihn nicht. Die bodenlangen Rocksäume waren in Kniehöhe gerutscht, kunstvolle Haartrachten wichen über Nacht dem kurzen Bubikopf, der Garçon-Look mache – wie Hitler lapidar meinte – die Unterscheidung von Männern und Frauen schwer. Diese oberflächliche Toleranz schlug ins Gegenteil um, als Hitler die lockeren Sitten der Inflationsperiode für seine politische Agitation entdeckte. Er brandmarkte sie als amoralischen Ausdruck sozialistisch-marxistischer Dekadenz zur Zersetzung und Zerstörung des Deutschtums. Hitlers Einstellung zur Ehe erscheint ambivalent. Als bürgerliche Institution war ihm dieser heilige Stand höchst suspekt. Die Toleranz der deutschen Kirchen für Heiraten von Partnern mit verschiedener ethnischer Herkunft kritisierte er scharf:»Katholiken zum Beispiel dürfen eine Negerin heiraten, wenn sie Katholikin ist, aber keine Deutsche, die Protestantin ist. Monatelang redet der Pfaffe, wenn eine Katholikin einen Protestanten heiraten will. In den Bauerndörfern wurde bis vor kurzem eine Mischehe noch als eine Schande von der Kanzel verlesen. Ob aber Bastarde kommen, die Farbe, das war ganz egal.«[65]

Und in »Mein Kampf« stellt er die ketzerische Frage, »warum eine solche [die Institution der Ehe] ... noch besteht und welchen Zweck sie haben soll«.[66] Als deutscher Reichskanzler hingegen plädierte er im Interesse der deutschen Volksgemeinschaft für frühes Heiraten. Die Familie wurde in pseudochristlicher Terminologie ein »völkisches Sakrament«.

Um sich von der tristen Lage an der russischen Front abzulenken, wälzte Hitler im Bunker Nr. 13 seines Führerhauptquartiers »Wolfsschanze« in Ostpreußen[67] sentimental-romantische Gedanken zur Ehe. So erzählte er dem Reichsführer SS Heinrich Himmler, dessen Mordkommandos damals hinter der Ostfront massenhaft grauenvollste Liquidationen durchführten: »Man muß sich vorstellen, wie wenig die Ehe … ist, was von der Natur gewollt wurde: die Erfüllung der großen Lebenssehnsucht! Das größte Glück ist, daß sich die zwei finden, die von Natur aus zueinander gehören, aber es sind so viele Momente, die Leute zusammenführen oder sie hindern zusammenzukommen. Wie viele Mädels stecken im Kloster, weil sie den nicht bekommen haben, den sie haben wollten; soweit sie nicht versprochen sind, werden doch zwei Drittel aller Mädel in unseren Klöstern unglücklich Liebende gewesen sein. Wie wenigen Menschen ist praktisch die Möglichkeit gegeben, ihr Lebensrecht durchzusetzen!«[68]

Für sein eigenes Junggesellendasein hat sich Hitler selbst auf der Höhe seiner Macht häufig entschuldigt. »Es ist ein Glück für mich, daß ich nicht geheiratet habe: Das wäre eine Katastrophe geworden! Es gibt einen Punkt, wo die Frau den Mann nie versteht, das ist, wenn in einer Ehe der Mann die Zeit nicht aufbringt, welche die Frau für sich glaubt, beanspruchen zu müssen. … Man muß das verstehen: Eine Frau, die ihren Mann liebt, geht doch ganz auf in ihm; erst wenn sie Kinder hat, erfährt sie, daß es noch etwas anderes für sie gibt; … Der Mann jedoch ist der Sklave seiner Gedanken, seine Aufgaben und Pflichten beherrschen ihn, und es mag Augenblicke geben, wo er wirklich sagen muß: ›Was schert mich Weib, was schert mich Kind!‹«, meinte Hitler.[69] Dieses Schlusszitat entnahm er der Ballade »Die Grenadiere« des ihm verhassten jüdischen Dichters Heinrich Heine. Es scheint ihm dabei nicht bewusst gewesen zu sein, dass dieser eigentlich den Heroenkult um Napoleon persiflierte. Lässt Heine doch den todgeweihten Grenadier sagen: »Was schert mich Weib, was schert mich Kind, / Ich trage weit beßres Verlangen; / Laß sie betteln gehn, wenn sie hungrig sind – / Mein Kaiser, mein Kaiser [Napoleon] gefangen!« Oft sinnierte Hitler über das harte Los seiner hypothetischen Ehefrau nach:»Während des Jahres 1932 würde ich doch nur wenige Tage überhaupt zu Hause gewesen sein. Aber auch da wäre ich nicht mein eigener Herr gewesen. Du bist ja gar nicht bei mir, klagt die Frau, wenn die Gedanken unversehens vom Mann Besitz ergriffen haben!«[70]

Gern deklarierte sich der »Führer« als profunder Frauenkenner. »Gewiß, man braucht nicht immer beisammen zu hocken! Auch der Trennungsschmerz bringt der Frau eine Art Wohlgefühl, dann kommt die Freude, sich wiederzusehen, und wenn ein Seemann nach Hause kommt, ist es nicht anders, als feierte man von neuem Hochzeit …«, drückte er sich delikat aus.[71] »So wäre das bei mir nie gewesen. Mir würde die Frau immer mit dem Vorwurf begegnet sein: Und ich?! Dazu das Quälende, mit welchem man sich belastet, weil man der Frau doch gern zu Willen wäre! Für mich hätte es stets nur ein vergrämtes, verkümmertes Gesicht gegeben, oder ich hätte meine Pflichten versäumen müssen! Darum ist es besser, nicht zu heiraten.«[72]

Arg sei auch, dass die Eheschließung Rechtsansprüche begründe. Für den Mann sei es daher vorteilhafter, eine Geliebte zu haben:»Die Last fällt weg und alles bleibt ein Geschenk.«[73]

Das Thema Ehe beschäftigte ihn dermaßen, dass er selbst in seinem Testament, einen Tag vor seinem Selbstmord, darauf Bezug nahm. Als die Rote Armee bereits gegen die Berliner Reichskanzlei vorrückte, diktierte Hitler:»… ich in den Jahres des Kampfes glaubte, es nicht verantworten zu können, eine Ehe zu gründen …«[74]

Für die große Masse der Volksgenossen dürfe die Ehe, so meinte Hitler, kein Selbstzweck sein. Nicht das Glück der

Partner stehe im Vordergrund. Eine nationalsozialistische Idealehe diene dem größeren Ziel, der Vermehrung und Erhaltung von Art und Rasse. »Nur das ist ihr Sinn und ihre Aufgabe«, bekräftigte Hitler seine Doktrin, die er bereits in »Mein Kampf« formuliert hatte. Damit stellte sich der »Führer« gegen die vom Rassenpolitischen Amt der NSDAP für alle Volksgenossen verbindlichen »10 Leitsätze für die Gattenwahl«, wo es unter Punkt 5 heißt: »Heirate nur aus Liebe!«[75] Trotzdem ließ der »Führer« jedem Paar auf dem Standesamt ein Exemplar seines Werkes überreichen.

Mit seiner Ansicht zur idealen Ehe näherte sich Hitler bewusst oder unbewusst den Gepflogenheiten adeliger oder großbürgerlicher Kreise des 18. Jahrhunderts, in denen man Liebe, Mätressen, sexuelle Abenteuer und Seelengemeinschaften einerseits und Fortpflanzung zum Erhalt von Dynastie, Vermögen oder Familie anderseits streng rational zu trennen pflegte und außereheliche Beziehungen – meist auf männlicher Seite – als normalen Bestandteil des Lebens akzeptierte. Selbst in der Romantik zu Beginn des 19. Jahrhunderts blieb diese Trennung aufrecht. Und auch das prüde Viktorianische Zeitalter hatte keinerlei Probleme mit einer doppelbödigen Moral, die Beziehungen aller Art gestattete – solange der äußere Schein notdürftig gewahrt blieb. So hatte der österreichische Kaiser Franz Joseph neben seiner jungen schönen Gemahlin Elisabeth eine jahrelange Affäre, der drei Kinder entstammten.[76] Später spazierte er mit seiner Freundin Katharina Schratt durch die Gärten von Schönbrunn, ohne dass jemand Anstoß nahm.[77] Ludwig I. von Bayern pflegte seine Beziehung zu Lola Montez in aller Öffentlichkeit, und solange sich die Tänzerin nicht in die Politik mischte, wurde es toleriert.[78] Die englische Königin Victoria ließ sich als Witwe von ihrem Kammerdiener trösten, was ihr den Spitznamen »Mrs. Brown« eintrug.

Erst die engen Moralvorstellungen nach dem Aufstieg des Kleinbürgertums und der Einfluss von Kirche und Staat an der Wende zum 20. Jahrhunderts brachten einen Wandel. Die Ehe als allein selig machende Institution erhielt eine Monopolstellung, die sie über alle anderen menschlichen Beziehungen erhob. Man wertete sie auf und überfrachtete sie mit gloriosen Verheißungen: sexuelle Erfüllung, wahres Glück, Kinder ohne illegitimen Makel sowie Partnerschaft und Versorgung, alles für jene, die sich für den heiligen Stand der staatlich und kirchlich abgesegneten Ehe entschieden. Mit sanftem Nachdruck beschränkte der Staat seine allmählich gewährten sozialen Wohltaten auf legalisierte Verhältnisse und engte damit den Spielraum seiner Untertanen ein. »Hagestolze« und »alte Jungfern« wurden belächelt und verachtet – sie fristeten ein Leben am Rande der Gesellschaft.

Nach dem Ersten Weltkrieg lösten sich die starren Wertvorstellungen in Nichts auf. Sozialdemokraten und Kommunisten propagierten im Zuge der weiblichen Emanzipation eine neue sexuelle Freiheit.

Hitler legte stets großen Wert darauf, seine Getreuen durch Beweise persönlicher Wertschätzung auszuzeichnen. Zwar tanzte er aus Imagegründen – »Gesellschaftstänze sind etwas maßlos Weibisches« – nicht auf Hochzeiten, fehlte aber bei keiner Eheschließung in seinem Bekanntenkreis. Dabei war es ihm völlig egal, ob sie nach katholischem, protestantischem oder SS-Ritus geschlossen wurde. Auf diese Weise erwies er Hermann Göring, Martin Bormann, Reichsminister Hans Kerrl, Rudolf Hess und vielen anderen die Ehre. Für seine Teilnahme an der protestantischen Eheschließung von Joseph Goebbels mit Magda Quandt, einer geschiedenen Frau, hat ihn die katholische Kirche ernsthaft verwarnt. Im engen Kreis äußerte sich der Religionshasser und Katholik Hitler, der bis an sein Lebensende pünktlich Kirchensteuer entrichtete,[79] zu den diversen Zeremonien: »Ich habe noch nie einer Hochzeit beigewohnt, die feierlich war. Hochzeit ist ein heiliger Akt, die Verbindung von Menschen verschiedenen Geschlechts, für den Mann vielleicht nicht so bewegend wie für die Frau, aber immerhin.«[80]

Manchmal setzte Hitler Ehen sogar mit Prostitution gleich. Manchmal schienen ihm Eheschließungen als ideales Mittel zur Ausrottung der weit verbreiteten Praxis der käuflichen Liebe. »Die erste [Maßnahme gegen Prostitution] aber ist und bleibt die Möglichkeit einer der menschlichen Natur entsprechenden frühzeitigen Heirat vor allem des Mannes, denn die Frau ist ja hier ohnehin nur der passive Teil.«[81] Vor der »Prostituierung der Liebe« konnte er nicht genug warnen. Diese würde immer mehr die einzige Voraussetzung unserer Ehen, denn »die Liebe tobt sich woanders aus«.

Die Zahl der Straßendirnen war nach Hitlers Angaben – vor dem Einschreiten der Nationalsozialisten – Legion. Er schätzte sie in Wien nach dem Ersten Weltkrieg auf ca. 40 000 und in Berlin auf 20 000.[82] Dies dürfte der Realität entsprochen haben. »Von der ungeheuren Ausdehnung der Prostitution in Europa bis zum Weltkriege hat die heutige Generation kaum mehr eine Vorstellung«, schrieb der österreichische Schriftsteller Stefan Zweig in seinen autobiografischen Erinnerungen.[83] »… waren damals die Gehsteige derart durchsprenkelt mit käuflichen Frauen, daß es schwerer fiel, ihnen auszuweichen, als sie zu finden … in jeder Preislage und zu jeder Stunde war damals weibliche Ware offen ausgeboten, und es kostete einen Mann eigentlich ebenso wenig Mühe, sich eine Frau für eine Viertelstunde, eine Stunde oder Nacht zu kaufen, wie ein Paket Zigaretten oder eine Zeitung.«

Als »Führer« ordnete Hitler die Schließung aller Freudenhäuser an. Er erließ auch ein Verbot der Straßenprostitution, um später – ganz gegen seine Überzeugung – die Einrichtung staatlicher Bordelle zu genehmigen.

Ein persönliches Anliegen war Hitler der Kampf gegen die gefürchtete Geschlechtskrankheit Syphilis. Vor 1900 kannte man dagegen nur die Heißbedampfung der Genitalien und die Quecksilbertherapie, eine schreckliche Prozedur, die ein Zeitgenosse beschrieb: »Durch Wochen und Wochen wurde der ganze Körper eines ... Infizierten mit Quecksilber eingerieben, was ... zur Folge hatte, daß die Zähne ausfielen und sonstige Gesundheitsschädigungen eintraten ... kein Wunder, daß viele junge Leute sofort, wenn bei ihnen die Diagnose gestellt wurde, zum Revolver griffen ...«[84] Um 1900 fand man heraus, dass die Krankheitserreger Temperaturen von 41 Grad Celsius nicht überleben, und infizierte die Syphilitiker auch noch mit Malaria, die hohe Fieberschübe hervorrief.[85] Aus seiner Jugendzeit in Wien und München kannte Hitler die verheerenden Folgen der Seuche. Sie wüte derart, dass sie ganze Großstädte vernichte, meinte er in maßloser Übertreibung. Im Deutschland der Vorkriegszeit hätte man davor die Augen verschlossen, sich in den Heiligenschein einer ebenso lächerlichen wie verlogenen Prüderie gehüllt. Man bat Gott – wenn möglich nach dem eigenen Tod –, in dieses ganze Sodom und Gomorrha Pech und Schwefel regnen zu lassen und an der Menschheit ein Exempel zu statuieren.

Mit den Ursachen der Krankheit setzte sich Hitler ausführlich auseinander und prangerte gesellschaftliche Missstände an. An der Spitze des Übels stand für ihn die »Prostituierung der Liebe«[86], die vor allem die großstädtische Bevölkerung erfasst hätte. Immer weitere Kreise fielen daher der Syphilis anheim, die sichtbaren Resultate dieser Massenverseuchung bevölkerten die Irrenanstalten. Und viele Kinder seien das Elendserzeugnis der unaufhaltsamen Verpestung des Sexuallebens.

In Hitlers Gedankenwelt waren die Juden für alles Elend dieser Welt verantwortlich. So wurde auch die »Französische Krankheit«, wie die Syphilis seit dem 18. Jahrhundert hieß, im Dritten Reich zur »Jüdischen Krankheit«. Hatten es doch die Juden auf die Infizierung des wertvollen deutschen Blutes abgesehen! »Die Verjudung unseres Seelenlebens und die Mammonisierung unseres Paarungstriebes werden früher oder später unseren gesamten Nachwuchs verderben, denn an Stelle kraftvoller Kinder eines natürlichen Gefühls werden nur mehr die Jammererscheinungen finanzieller Zweckmäßigkeit treten.«[87]

Der Adel sei dafür ein abschreckendes Beispiel. Hier sehe man die Ergebnisse einer Fortpflanzung, die auf rein gesellschaftlichen Überlegungen und auf finanziellen Gründen ruhe. Laut Hitler war »jede Warenhausjüdin geeignet, die Nachkommenschaft seiner Durchlaucht – die allerdings dann danach aussieht – zu ergänzen«. Aber auch das deutsche Bürgertum lade mit seinem Bestreben, seine Söhne mit den Töchtern reicher Juden zu verheiraten, große Schuld auf sich. Dies gelte es abzustellen.

Aus Hitler klingt der Volksmund seiner Kindheit, wenn er über die Ehepraxis der »besseren Kreise« räsoniert: »Wie verirrt, ja unverständlich die Menschen heute ... schon geworden sind, ... nicht selten ... Mütter reden hört, sie wären dankbar für ihr Kind einen Mann zu finden, der sich die Hörner bereits abgestoßen habe.« Die bei Prostituierten gemachten und mit einer Geschlechtskrankheit gepaarten Er-

fahrungen schleppe der junge Mann in die Vernunftehe ein!
»Ist es [diese Ehe] dann nicht genau dasselbe wie die Prostitution an sich?«, fragte sich Hitler.

Der »Führer« interessierte sich für Geschichte, Geografie
und Militärkunde, Gebiete, auf denen er sich aufgrund seines guten Gedächtnisses und ausgedehnter Lektüre große
Kenntnisse aneignete. Ein Freund der Naturwissenschaften
war er nicht. Viele seriöse medizinische Forschungen zwei-
felte er an. Alle Errungenschaften jüdischer Wissenschaftler
lehnte er pauschal und vehement ab. So schien ihm auch
das von Paul Ehrlich zur Heilung von Syphilis entwickelte
Salvarsan[88] als ein »Heilmittel fraglicher Art«, das nur der
abstoßenden jüdischen Geschäftemacherei diente.[89] Tatsächlich war das 1909 entwickelte und 1910 im Handel er-
hältliche Arsenpräparat ein Meilenstein in der Arzneimittel-
forschung. Zum ersten Mal stand der Medizin ein gezielt
antimikrobielles Mittel gegen Syphilis zur Verfügung. Und
sein Erfinder war keineswegs – wie Hitler insinuiert – ein
dubioser Scharlatan, sondern einer der bedeutendsten Gelehrten seiner Zeit. Der Mediziner und Serologe Paul Ehrlich (1854–1915), Sohn eines jüdischen Likörfabrikanten
und Lotterieeinnehmers, wurde aufgrund seiner überragen-
den Begabung bereits 1884 mit dem Professorentitel ausgezeichnet. 1908 erhielt der Mitarbeiter von Robert Koch den
Nobelpreis für die Wertbestimmung des Diphtherieserums.
Ehrlich wirkte als Professor in Göttingen und als Direktor
des Kaiserl. Instituts für Serumforschung und Serumprü-
fung in Berlin. Salvarsan blieb bis zur Mitte des 20. Jahrhunderts in Gebrauch, bis es schließlich von modernen
Antibiotika wie Penicillin verdrängt wurde.

Hitlers Rezepte zur Ausrottung der Syphilis waren einfa-
cherer Natur. Außer für die Frühehe plädierte er für Prä-
vention. »In zweiter Linie aber hat Erziehung und Ausbil-

dung eine ganze Reihe von Schäden auszumerzen, um die man sich heute überhaupt fast nicht kümmert.«[90] Gesunder Geist nur im gesunden Körper, lautete sein Motto. Während jedoch die Römer Gesundheit als Voraussetzung für geistige Betätigung meinten, zog Hitler gegenteilige Schlüsse: Man dürfe nicht gegen den Körper durch einseitige Ausbildung des Geistes sündigen. Von der sogenannten Intelligenz finde deswegen kein Widerstand gegen die »Judenkrankheit« statt, weil sie körperlich verkommen sei. »Die ausschließlich geistige Einstellung … in den oberen Schichten macht diese unfähig in Zeiten, in denen nicht der Geist, sondern die Faust entscheidet …«[91] Durch die übermäßige Betonung des geistigen Unterrichts und die Vernachlässigung der körperlichen Ausbildung werde in viel zu früher Jugend die Entstehung sexueller Vorstellungen gefördert. Die durch Sport und Turnen abgehärteten Jungen – Mädchen zog der »Führer« nicht in Betracht – hätten weniger Bedürfnis nach sinnlicher Befriedigung als der ausschließlich mit geistiger Kost gefütterte Stubenhocker. Eine vernünftige Erziehung hat dies zu berücksichtigen. Sie darf ferner nicht aus den Augen verlieren, dass die Erwartungen des gesunden jungen Mannes von der Frau andere sein werden als die eines vorzeitig verdorbenen Schwächlings.[92]

Wie sich die sexuellen Ansprüche von Sportlern und Schwächlingen unterschieden, hat Hitler nicht näher erläutert. Sicher ist, dass Heinrich Himmler als Voraussetzung für Heiraten von SS-Männern von beiden Partnern die Ablegung des Sportabzeichens verlangte. Sicher ist auch, dass Hitler mit der Unterschätzung der mit »geistiger Kost gefütterten Schwächlinge« einen folgenschweren Irrtum beging. Nicht die kraftstrotzenden Sportler sollten den Ausgang des Zweiten Weltkriegs bestimmen. Die im Dritten Reich als Weichlinge verfemten und verfolgten, meist unsportlichen, oft »rassisch minderwertigen« intellektuellen Mathematiker, Physiker und Chemiker, wie Albert Einstein und Kurt Gödel, emigrierten in die USA. Dort trugen die Forschungen der »Stubenhocker« maßgebend zur technischen und militärischen Überlegenheit der Alliierten im Kampf gegen NS-Deutschland bei. Und in Großbritannien schuf der sensible, kränkliche, homosexuelle Logiker und Mathematiker Alan M. Turing mit seiner »Turingmachine« die Grundlagen für jene Informations- und Computertechnologie, mit der er den bislang unentzifferbaren Code der deutschen Chiffriermaschine »Enigma« knackte. Die Entschlüsselung der Funksprüche der deutschen U-Boot-Flotte im Atlantik und der für Nordafrika bestimmten Versorgungsschiffe im Mittelmeer spielte eine große Rolle.[93]

Während die katholische Kirche jahrhundertelang die Sublimierung des Geschlechtstriebs durch Askese predigte, sah der höchste NS-Politiker in der körperlichen Erschöpfung ein probates Heilmittel für frühreife Jugendliche.[94] Diese hätten, wie er es delikat ausdrückte, »soviel Mannbarkeit« in sich, die sie am Stillsitzen in der Schule hindere. Derartige Burschen empfänden die Lehrer oft als »kleine Satane«, man müsse ihnen jedoch die Möglichkeit der Bewährung geben.

Die nationalsozialistische Praxis sah anders aus. Unangepasste Kinder – und zwar Buben und Mädchen – wurden mit Asozialen gleichgestellt. Sie verschwanden sehr schnell in Heimen für Schwererziehbare, schlimmstenfalls in Vernichtungsanstalten wie dem berüchtigten »Spiegelgrund« in Wien.[95]

Unberührtheit und Jungfräulichkeit maß Hitler keine Bedeutung zu. Auch hier orientierte er sich an den Sitten und Gebräuchen seiner bäuerlichen Vorfahren. »Es ist falsch, wenn man sich einbildet, daß eine unberührt [auf dem Land] besonders gesucht ist. Da heißt es höchstens: Da kann schon nicht viel dran sein! Wenn da eine noch christliche Jungfrau ist, so sagen sie – ich kann das jetzt gar nicht ausdrücken! Das Köstliche ist, wenn von der Kanzel verlesen wird, daß die christliche Jungfrau Kreszenzia in den heiligen Ehestand getreten ist, dann feixen sich unten fünf, sechs Burschen an, die die christliche Jungfrau in- und auswendig kennen. Es erklärt sich das so: Wenn bei jungen Leuten keine Kinder kommen, dann ist das dort eine Katastrophe. Die Güter sind derart, daß man sich fremde Dienstboten nicht halten kann. Die 12–13jährigen Buben müssen schon arbeiten wie Knechte. Es heißt: Er geht auf die Probier! Nur wenn einer zu lange probiert, wird er schief angesehen. Man erwartet, daß er das Mädel dann auch heiratet.«[96]

Die Ergebnisse der Untersuchung junger Fremdarbeiterinnen erstaunten den »Führer«: »Die Mädel, die von mir aus dem Osten geholt werden, werden alle ärztlich untersucht. Es hat sich herausgestellt, daß 25 % gänzlich unberührt sind! Das würde in Oberbayern nicht der Fall sein.«[97] Dass 75 Prozent der Mädchen auf voreheliche sexuelle Erfahrungen zurückblickten, schien ihm bemerkenswert gering.

Viele der privaten Ansichten Hitlers standen in eklatantem Widerspruch zur offiziellen Linie des NS-Staates. Geradezu ketzerisch waren sie dazu angetan, prüde NS-Gemüter zu schockieren. Einfache Parteigenossen hätten derartige Ergüsse ins Verderben, sprich KZ gebracht. Hitlers private Äußerungen zum Ehebruch fallen in diese Kategorie.

»Pfeffer [SA-Führer Salomon von Pfeffer] ging partout darauf aus, nachzuweisen, daß wenigstens seine Frau von Karl dem Großen abstammt. Ich sagte ihm, das kann höchstens ein Fehltritt gewesen sein! Ein Seitensprung von Napoleon ist interessant, aber bei einem anderen – das ist doch eine traurige Angelegenheit! Nur den Frauen muß man den Seitensprung eigentlich hoch anrechnen. Sie haben damit die Erbfolge immer wieder gerettet! Bei ihnen hat man das aber gar nicht gern gehört, weil der Seitensprung mit Leuten erfolgte, die nur über animalische Kraft verfügten, dem absterbenden Stamm das primitive Leben zu sichern«, höhnte der »Führer«.[98]

Auch weniger historische Ehebrüche hat Hitler toleriert. Im November 1937 las er in der *Berliner Morgenpost* den Artikel »Gefängnis für Ehebrecherin«.[99] Der Fall erregte sein Interesse und er ließ den Akt über die Reichskanzlei beim Reichsjustizminister anfordern. Es ging um den Fall einer wegen mehrfachen Ehebruchs schuldig geschiedenen Frau, die – nach Versöhnung, Heirat, und erneutem Fremdgehen – abermals vor dem Scheidungsrichter gelandet war. Das Gericht hatte die unsittliche Wiederholungstäterin bereits zu einem Monat Gefängnis verurteilt, als der »Führer« in seiner Eigenschaft als oberster Gesetzeshüter einschritt und die Strafe aussetzte. Seine Begründung, dass es sich um eine reine Privatsache der Eheleute handle, verblüffte die Richter.[100]

Danach ließ Hitler die obligatorische Strafe für Ehebrecher aus dem Entwurf zum »Deutschen Strafgesetzbuch« streichen. Ausnahmen von dieser Regel gab es nur im öffentlichen Interesse. Ebenso sollten uneheliche Mütter nicht mehr zur Preisgabe des Kindesvaters verpflichtet sein. Selbst auf die Gefahr der Verschleierung etwaiger nicht arischer Abstammung hin![101] »Daß eine Frau zur Aussage über intime Dinge gezwungen ist, das darf nicht sein. Ich habe das abgeschafft!«, brüstete sich Deutschlands oberster Richter.

Belustigt und sehr verständnisvoll zeigte sich der »Führer«, wenn die Sprache auf die Unmoral von Priestern kam: »Auf dem Land geht es so weit, daß der Vorwurf gegen einen Pfarrer, daß er [sexuellen] Umgang hat, auf das Volk gar nicht wirkt. Wenn der mit seiner Kathl einen Umgang hat, ist das ganze Volk beruhigt: Die Kinder, die anderen Frauen haben eine Ruh! Beim Hirn kann er es auch nicht herausschwitzen!«[102]

Oder: »Nie habe ich in Bayern einen Vorwurf darüber gehört, daß ein Pfarrer etwas mit seiner Kathl hat. Die ganze Gemeinde war saufroh, daß er seine Triebe so abreagiert. Na ja, der Herr Kaplan is ja a no jung, aus dem G'hirn kann er's a net rausschwitz'n! Deshalb wäre es auch verfehlt gewesen, hätten wir den Umgang der geistlichen Herren mit ihren Kocherln als Argument im politischen Kampf verwendet; das Volk findet nichts dabei, im Gegenteil!«[103]

Diese scherzhaften, volksnahen Bonmots riefen meist angestrengte Heiterkeit unter den Zuhörern hervor. Doch die Freizügigkeit endete bei der Politik, dem vom NS-Regime geführten Kampf gegen die Religionsgemeinschaften. Anfang 1937 fanden Sittlichkeitsprozesse gegen Geistliche statt, die mit der Verurteilung einiger katholischer Priester endeten. Der Gauleiter von Köln-Aachen zog daraufhin die politische und propagandistische Verwertung der Gerichtsakten in Erwägung. Der Reichsminister für Justiz protestierte. Die Sache wurde Hitler vorgelegt, der die Benutzung der Unterlagen aus den Sittlichkeitsprozessen einem geschlossenen Kreis von Schriftleitern, politischen Leitern der Partei sowie anderen Persönlichkeiten gestattete.[104]

Ein besonderes Faible hatte Hitler, der in seiner Jugend in einer Laienaufführung selbst einen Wilderer gemimt hatte, für die Gesetzesbrecher der Berge – vor allem für ihr Liebesleben. Nach der grotesken Beteuerung seiner Unpartei-

lichkeit – er sei weder jemals Jäger noch Wilderer gewesen –
brach er eine Lanze für die jugendlichen Wilderer, die nicht
der unfreiwilligen Komik entbehrt. »In den Bergen, da ist das eine Leidenschaft. So ein Junge kraxelt zehnmal in der Nacht da hinauf, um seine Gams
zu kriegen. Dazu kommt der Gamsbock, den er seiner Zenzl
oder Marei schenkt. Das wertet ihn bei den Madeln auf. …
Genauso [wie auf der illegalen Jagd] treibt es sie [Wilderer
und Forstgehilfen] herum, daß sie zu ihrem Mensch [Mäd-
chen] kommen. Der arme Teufel muß drei Stunden laufen,
eine Leiter, eine schwere, mittragen. Er muß auf sich nehmen, daß ein Hund ihn packt oder daß er einen Kübel Wasser draufkriegt …«[105]

Am 28. April 1945 trat der »Führer« trotz seiner negativen Einstellung selbst in den Stand der Ehe und erfüllte damit den sehnlichsten Wunsch seiner Gefährtin Eva Braun,[106]
belohnte damit ihre Liebe und Loyalität.[107] Hitlers Einführung in seine neue Verwandtschaft bestand darin, dass
er fünf Stunden nach der Hochzeit den Schwager seiner
Frau[108] wegen Fahnenflucht erschießen ließ.

Für ca. 40 Stunden war Adolf Hitler ein verheirateter
Mann, bis er samt neu angetrauter Gattin am Nachmittag
des 30. April Selbstmord beging.

Im Mai 1945 erstellte der amerikanische Geheimdienst Richtlinien für die Einvernahme hoher nationalsozialistischer
Funktionäre. Die Frage nach Hitlers Sexualleben erhielt
Priorität. Die Antworten der NS-Bonzen entpuppten sich als
wenig ergiebig. Man erzählte bereitwillig von der Bewunderung des »Führers« für schöne Frauen, von näheren Verhältnissen wussten sie – abgesehen von Eva Braun – nichts
zu berichten. Der auf homosexuelle Neigungen Hitlers an-
gesprochene Freund aus der »NS-Kampfzeit« Emil Maurice

gab an:»Derartige Kreaturen verachtete der ›Führer‹!«[109]
Die Neugier ging weit. Nach 1945 ging sie so weit, dass
Herbert Döhring, der langjährige Verwalter von Hitlers
Landsitz auf dem Obersalzberg bei Berchtesgaden[110], der
unbeschadet das Dritte Reich überlebte, befragt wurde,
ob die Bettwäsche Spuren eines Sexualverkehrs zwischen
Adolf Hitler und seiner Eva Braun aufgewiesen hätten. Döhring verneinte dies:»… extra die Wäsche nachgeschaut,
vorm Waschen, wenn Hitler weg war. Nix, nix, nix festgestellt …«[111] Wilhelm Schneider, langjähriger, dem persönlichen »Führer«-Dienst zugeteilter Diener und Mitglied des
Führerbegleitkommandos, gewann einen anderen Eindruck.
Das benachbarte Zimmer bewohnende Paar hätte ein ganz
normales, wenn auch sehr geheimes Eheleben ohne Trau-
schein geführt.[112]

Auch alle der – seriösen und unseriösen – Hitler-Memoi-
ren, die während des Dritten Reichs und nach dessen Ende
erschienen, beschäftigen sich ausgiebig mit Hitlers kargem
Sexualleben. So auch Albert Speer, Hitlers Lieblingsarchi-
tekt und Rüstungsminister, der seine eigene Rolle im NS-
Staat mit viel Geschick verschleierte.[113] Es gab jedoch für
den engen Vertrauten Hitlers keinen Grund, sein eventuel-
les Wissen über das Sexualleben des »Führers« einer interessierten Leserschaft zu verbergen. Von Hitlers Verhältnis
zu Frauen berichtete er bereits in einem Verhör am 1. Oktober 1945:[114]»Gerüchte, daß er [Hitler], wie viele seiner
Mitarbeiter, ein Freund der Frauen gewesen sei, sind falsch.
Er war zwar im Frieden gern gesellschaftlich mit Frauen zusammen, die er für schön hielt und die vom Film oder Theater kamen. Die ›Sammlung‹ wurde meist von Goebbels vorgenommen. Aber er scheint der Frau, die er liebte, Fräulein
Eva Braun, immer treu geblieben zu sein, sie bedeutete ihm
sehr viel, von ihr sprach er mit großer Achtung und innerer

Verehrung. Er wußte, daß er andere Frauen in großer Zahl haben könne. Er lehnte dies ab; denn er wüßte nicht, wie er spaßend sagte, ob sie ihn als ›Reichskanzler‹ oder als Adolf Hitler bevorzugten.« Auch ein weiterer Intimus, der Reichsbildberichterstatter Heinrich Hoffmann, der Hitler jahrzehntelang kannte, weiß in seiner Nachkriegsbiografie – ebenfalls abgesehen von der Erwähnung Eva Brauns – nichts Konkretes über das Liebesleben seines Idols zu berichten. Die angebliche Liaison Adolf Hitlers mit seiner Nichte Geli Raubal erwies sich mit dem Auftauchen des Maurice-Nachlasses als Chimäre. Geli liebte, wie aus einem ihrer Briefe ersichtlich, Emil Maurice. Der Onkel beendete die heimliche Verlobung, da Maurice aus einer jüdischen Familie stammte und ein politisches Risiko darstellte. Pornografische Aktzeichnungen Adolf Hitlers entpuppten sich als Fälschungen.[115]

Bücher, die Hitler Homosexualität oder abartige sexuelle Praktiken bescheinigten, erwiesen sich als nicht stichhaltig.[116]

Josef Stalin überlebte seinen Gegenspieler und ließ nach der Einnahme Berlins durch die Rote Armee dessen sterbliche Überreste nach Moskau bringen – viel später bildete Hitlers Schädel das Prunkstück einer Ausstellung gegen den Faschismus. 1945 jedoch interessierte sich der Sowjetdiktator brennend für das Privatleben des »Führers«. Man schritt zur Befragung einiger Getreuer Hitlers, die sich in russischer Haft befanden. Mit Folter half man ihrem anfangs schwachen Erinnerungsvermögen nach. Bald lagen interessante Berichte von Otto Günsche, dem persönlichen Adjutanten Hitlers, und des Kammerdieners Heinz Linge vor. Sie wurden zu einem Prachtwerk gebunden und Stalin überreicht.[117] Dieser fand dann bestätigt, was er bei den nationalsozialistischen Klassenfeinden schon immer vermutet hatte: Dekadenz und Perversion, Orgien und Ausschweifungen auf Kosten der arbeitenden Klasse, die Sexspiele des »Führers«. Nach der – nur Väterchen Stalin zugänglichen – Lektüre verschwand das wertvolle Dokument in einem Tresor. Nach Stalins Tod und seiner Demontage durch Genosse Nikita Chruschtschow wurde das Kuriosum entdeckt und publiziert.

Moral in der NS-Elite

»Sollen etwa meine Gauleiter ihren Lüsten entsagen?«, fragte Hitler, nachdem die Skandale vieler NS-Funktionäre hohe Wellen schlugen.[1] Diese teilten voll und ganz die Meinung ihres »Führers« – auch sie verstanden nicht, warum sie ihren ausschweifenden Lebenswandel ändern sollten. Die hohen Vertreter der neuen NS-Elite fütterten die Deutschen mit griffigen Parolen, wie »Bescheiden, ehrlich und treu, stehst Du am Webstuhl des neuen Deutschlands«. Selbst woben sie nicht, legten sie sich keine Zügel an, genossen ohne Unrechtsbewusstsein Macht und Geld. Sie bereicherten sich schamlos und lebten ihre teils kriminellen Sexualtriebe hemmungslos aus. Trotz der strengen Pressezensur drangen viele ihrer Exzesse an die Öffentlichkeit und schädigten das Ansehen der Partei. Drastische Strafen – nicht etwa gegen die Übeltäter, sondern gegen die Verbreiter unliebsamer Wahrheiten – sollten Abhilfe schaffen. Viele Gauleiter kämpften rigoros, blieben aber meist erfolglos, wie Jakob Sprenger, der Gauleiter von Hessen-Nassau, der befahl: »Gegen stark auftretende Gerüchte über führende Persönlichkeiten der Partei ist mit aller Schärfe vorzugehen, jeder Verbreiter muß aufgegriffen, der Polizei übergeben und gebrandmarkt werden.«[2]

Die NS-Kader boten der deutschen Volksgemeinschaft kein sittliches Vorbild. Niemand aus der Führungsspitze war, wie es der Nationalsozialismus forderte, ehrlich, prinzipientreu, sportlich und spartanisch. Musterehen bilde-

57

Julius Streicher, der Herausgeber des antisemitisch-pornografischen Hetzblattes »Der Stürmer«

ten rare Ausnahmen, eheliche Treue spielte überhaupt keine Rolle. Auf dem »Parteitag der Freiheit« im Jahre 1935 war die gesamte Führungsriege angetreten. Gauleiter, Minister und hohe Reichsfunktionäre lauschten andächtig der zündenden Rede Hitlers. Ihren Inhalt bezogen sie nicht auf sich. »Die Gegenleistung, die der Nationalsozialismus der Frau für ihre Arbeit schenkt, besteht darin, daß er wieder Männer erzieht, wirkliche Männer, die anständig sind, die geradestehen, die tapfer sind, die ehrliebend sind!«, schrie der »Führer« mit sich überschlagender Stimme.[3]

Einer der aufmerksamen Zuhörer, der kahlköpfige, stiernackige Gauleiter von Franken, war das lebende Musterbeispiel für den Gegensatz zwischen der irrealen Scheinwelt der Nationalsozialisten und den – oft buchstäblich – nackten Tatsachen. Julius Streicher[4], der berüchtigte Herausgeber der vulgären, antisemitischen und pornografischen Zeitschrift *Der Stürmer*, hatte 1920 die Deutschsozialistische Partei gegründet und in Franken die Führung übernommen. Im Oktober 1922 unterstellte er sich samt seiner Organisation Adolf Hitler und verdoppelte damit die Mitgliederzahl der jungen NSDAP. Der »Führer« ernannte Streicher zum Gauleiter in Franken (1925–1940), war ihm zu Dank verpflichtet und hing an ihm mit sentimentaler Nibelungentreue.[5] »Es gäbe kein nationalsozialistisches Nürnberg, wenn Julius Streicher nicht gekommen wäre! Er hat sich mir als Führer unterstellt zu einer Zeit, wo andere das nicht getan haben, und er hat die Stadt der Parteitage restlos erobert; es ist sein unvergängliches Verdienst«, lobte ihn Hitler.[6]

Mit der Nürnberger Bäckerstochter Kunigunde Roth, die er in aller Öffentlichkeit schlug, führte Streicher eine problematische Ehe. Ansonsten prahlte der Gauleiter bereits in der Weimarer Republik, als sich die NSDAP noch Wahlen stellen musste und um jede Stimme rang, ungeniert mit seinen zahlreichen Sexabenteuern. Die Affäre mit der jungen Anni Seitz erregte die Gemüter vieler Zeitgenossen. Streicher, der mit dem *Stürmer* sowie zehn weiteren Zeitungen sehr rasch zum Millionär geworden war, verschaffte dem jungen Mädchen bei der *Fränkischen Zeitung* einen fiktiven Posten mit realem Gehalt. Er scheute sich nicht, ihr auf Parteikosten ein behagliches Landhaus einzurichten. Es diente als Liebesnest für trauliche Aufenthalte zu zweit. Die Geliebte erhielt originelle Geschenke, von denen ganz Nürnberg sprach. So ließ er von seiner Gefolgschaft Eheringe requirieren, um ihr daraus, quasi als symbolischen Ehe-Ersatz, ein Schmuckkästchen fertigen zu lassen.[7]

In Nürnberg residierte der »Frankenführer« selbstherrlich in dem von ihm arisierten Cramer-Klett-Palais. Als ungewöhnliche Demonstration der Macht und als Warnung an seine zahlreichen Gegner, beorderte er 30 »Arbeiter der Stirn« – den Polizeipräsidenten, einige Staatsanwälte, Direktoren und Verleger – zu sich, versah sie mit Hacken und Schaufeln und ließ sie arbeiten. Täglich ab 6 Uhr früh schuftete dann die Nürnberger Prominenz – und dies ohne Murren – beim Aushub der Fundamente des Schwimmbades der Streicher-Residenz. Sein Amt nutzte der Gauleiter, der bald als »Blutiger Zar« schreckliche Berühmtheit erlangte, zum Aufbau eines Günstlings- und Terrorregimes, um das ihn Mafia und Camorra beneiden konnten.

Streicher fühlte sich als Hüter der NS-Moral. Verbrechen nach dem § 218 des Strafgesetzbuches – der Paragraf gegen Abtreibungen – verabscheute er und ahndete sie mit fanatischem Eifer. Der von ihm 1923 gegründete *Stürmer* diente ihm als Tribunal.[8] Mit einer Auflage von beinahe 500 000 Exemplaren war er das führende antisemitische Blatt Deutsch-

lands, in dem Streicher als alleiniger Eigentümer seine perversen Sexfantasien ungehindert auslebte.[9]

Die etwas monotonen Sondernummern der Zeitschrift –
häufig zum Thema jüdischer Ritualmorde – mit ihren für
die damalige Zeit ganz ungewöhnlich freizügigen, pornografischen Illustrationen lehnte selbst Propagandaminister
Goebbels als »zu primitiv« ab. Derartige *Stürmer*-Ausgaben
mit Appellen an die niedersten Instinkte fanden mit bis zu
zwei Millionen Exemplaren reißenden Absatz. Die Dunkelziffer jener, die sich an den in allen Städten angebrachten –
auch für Kinder zugänglichen – speziellen Schaukästen
drängten, um sich an der ordinären Lektüre zu ergötzen,
war noch höher. Jugendschutz im Sinne der von Hitler geforderten Reinigung des öffentlichen Lebens war im Fall des
Stürmers kein Thema.[10]

Die pornografische Sexbesessenheit des Julius Streicher
richtete sich vor allem gegen Juden und alle, die mit jüdischen Mitbürgern verkehrten. Der »Frankenführer«, über
den bei den Parteigremien ständig Klagen wegen schwerer

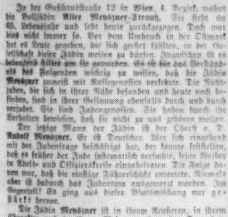

unsittlicher Belästigung von Frauen eingingen, war ein Spezialist im Aufdecken von – vermeintlichem und tatsächlichem – Geschlechtsverkehr zwischen Ariern und Juden. Ein Heer freiwilliger Spitzel unterstützte ihn voll Eifer. Um die Aufrechterhaltung der allgemeinen Moral besorgte Volksgenossen schrieben dem »Lieben Stürmer!« tausende Briefe, in denen sie ihre Mitmenschen hemmungslos denunzierten. »Da sieht man [im Familienbad] ahnungslose reinrassige

Mädchen (Namen bekannt!), an die sich der Jude mit schmeichlerischer Fratze heranmacht. Und da sieht man an der Seite von Judenbuben unselige Geschöpfe im Sand liegen, bei deren Anblick der Wissende erschüttert stehen bleiben muß …«[11] Aufgrund derartiger Zuschriften veröffentlichte Streicher Listen mit Namen, Adressen und Fotos jener »verworfenen« deutschen Frauen, die, wie er glaubte, das deutsche Volk besudelten und eine verseuchte Nachkommenschaft in die Welt setzten. Er zerrte die Verfemten vor Volksgerichte, die unter fadenscheinigen Beweisen Zuchthaus im Ausmaß bis zu zehn Jahren verhängten. Dieses Strafmaß schien Streicher als zu milde. Oft setzte er, wie in dem von einem Zeitzeugen geschilderten Fall, die Verhängung der Todesstrafe durch.[12] Demnach wurde ein monatelang bespitzelter, jüdischer Bürger beim Verlassen der Wohnung eines arischen Paars beobachtet und verhaftet. Die Anklage lautete auf Rassenschande mit einer Deutschen. In der Verhandlung sagte das betroffene Ehepaar unter Eid aus, dass es mit dem Besucher eine jahrzehntelange Freundschaft verbinde. Zu Intimitäten sei es nie gekommen. Die Richter bezichtigten daraufhin die Ehefrau des Meineids, erklärten ihre Aussage für ungültig und verurteilten den Angeklagten zum Tode. Die Vollstreckung des Urteils wurde in roten Lettern auf allen Litfaßsäulen der Stadt verkündet.

Im Ausland galt der *Stürmer* als Synonym für Antisemitismus, als Aushängeschild und Beweis für das wahre Gesicht des NS-Regimes. Auf Drängen der um den Ruf Deutschlands besorgten Innen- und Außenminister hat Hitler 1935 das Blatt, das er selbst gerne las, aus Staatsräson vorübergehend verboten. Im privaten Kreis meinte er jedoch: »Was Streicher im ›Stürmer‹ getan hat: er hat den Juden zeichnerisch idealisiert; der Jude ist viel gemeiner, viel blutgieriger, satanischer, als Streicher ihn dargestellt hat.«[13]

1938 feierte der *Stürmer* einen großen Erfolg. In einer Sondernummer deckte er nicht weniger als 358 Fälle von »Rassenschande« auf – komplett mit allen Details, Fotos und Auszügen aus den Strafregistern.

Der für Bestechung, Erpressung, aber auch sexuelle Ausschweifungen mit Minderjährigen bekannte ehemalige Lehrer Streicher, den man einst wegen Unfähigkeit aus dem Schuldienst entlassen hatte, vergaß seine pädagogische Ader nicht. Er warnte Kinder vor den allgegenwärtigen jüdischen Sexualtätern. »Köstlich!«, lobte der *Stürmer* den von dem Wiener Lehrer und späteren *Stürmer*-Chefredakteur Erwin Jellinek eingereichten Beitrag, in dem es hieß: »Der Jude bestrich sein Geschlechtsteil mit Schokolade und zwang die Kinder, die Schokolade abzuschlecken.«[14] Gleichzeitig bedauerte man, dass der Passus angesichts der politischen Lage nicht gebracht werden könnte. Das Propagandaministerium sah Ernst Hiemer, den Schriftleiter des *Stürmer*, zum damaligen Zeitpunkt bereits als staatsgefährdend an und strich ihn von der Berufsliste der Schriftleiter.[15]

Das ebenfalls von Streicher herausgegebene, hochgradig antisemitische Kinderbuch *Der Giftpilz* enthielt reich illustrierte Politmärchen.[16] Die einfachen Geschichten verbanden NS-Politik und NS-Moral. Mit Martin Luther nachempfundenen Merksätzen wie »Trau keinem Fuchs auf grüner Heid und keinem Jud bei seinem Eid!«[17] erzog man die Kinder zum Hass im Sinne des Regimes.

Selbst aus den höchsten Parteistellen langten wiederholt Beschwerden über den »radikalen Schreier«, »Sadisten« und »Pornojäger« ein.[18] Adolf Wagner, der Gauleiter von Südbayern, bemühte sich um den Ankauf von Fotos jener wilden Streicher-Orgien, auf denen sich Hanns König, der Adjutant des Gauleiters, als Nackttänzer produzierte.[19] Als Julius Streicher veröffentlichte, dass Edda, die einzige Toch-

»Trau keinem Fuchs auf grüner Heid und keinem Jud bei
seinem Eid!« – Hetzpropaganda in Kinderbüchern

ter Hermann Görings, das Produkt einer künstlichen Befruchtung war, sprach er die Wahrheit.[20] Damit enthüllte er
nicht nur ein streng gehütetes Geheimnis, sondern schuf
sich auch einen mächtigen Gegner, dem er nicht gewachsen
war. Auf Drängen Görings entstand eine Kommission zur
Aufklärung der Missstände unter dem »Blutigen Zaren«,
dem man Finanzkorruption, Bereicherung und Sexualver-
gehen zur Last legte. Die Herren des Ausschusses sollten un-
angekündigt am 5. Februar 1939 in Nürnberg eintreffen.

Am Abend davor begab sich Streicher ins Apollotheater.
Er hatte den Ehrenschutz für den Presseball »Die Nacht im
Blätterwald« übernommen und auf Befragen Wünsche für

die Kostümierung der Damen geäußert:»Mir wäre es am liebsten, wenn die Frauen im Evaskostüm kämen!«Er selbst saß mit einer nur durch einen dünnen Schleier verdeckten hübschen Künstlerin in seiner Loge und nahm Huldigungen entgegen, als ihn zu seinem Schrecken die Nachricht von der unmittelbar drohenden Ankunft eines Mitglieds des Untersuchungsausschusses ereilte.[21] Mitten im Festtreiben verließ Streicher hastig den Ball und schrieb seinem engsten Mitarbeiter und Adjutanten eine lapidare Note. Der Text umfasste nur vier Worte und war nur dem Empfänger verständlich:»König, es ist soweit ...!«Eine Pistole lag bei. Tags darauf wurde publik, dass sich Hanns König erschossen hatte. Der Tote hinterließ ein Schreiben, in dem er die alleinige Schuld an einer großen Abtreibungsaffäre auf sich nahm, in die sein Chef und andere Honoratioren der Stadt und zwei prominente Ärzte, alle offiziell Gegner von Schwangerschaftsunterbrechungen, verwickelt waren. Verbrechen einfacher Volksgenossinnen und -genossen nach dem § 218 des Strafgesetzbuches wurden strengstens verfolgt. So verurteilte man eine 40-jährige Frau aus Fürth, die mehr als 22 Abtreibungen vorgenommen hatte, durch ein Sondergericht zum Tode.[22]

Als Dank für den»freiwilligen«Selbstmord und die Errettung aus einer peinlichen Situation arrangierte Streicher für den alten Weggefährten, dessen allzu frühes Hinscheiden er zutiefst bedauerte, eine Trauerfeier im Stil eines Staatsbegräbnisses, wie Nürnberg noch keine gesehen hatte. König fand auf dem»Ehrenfriedhof der Partei«seine letzte Ruhestätte.

Die»Streicher-Kommission«listete zahlreiche Skandale des Gauleiters, insbesondere seine persönliche Bereicherung mit arisiertem Vermögen auf, begnügte sich aber mit milden Verweisen. Hitler schützte Streicher:»Wie oft habe ich in der Partei gehört: Den Posten muß man neu besetzen! Ich konnte immer nur sagen: Mit wem? ... Eines steht außer Zweifel: Einen vollgültigen Ersatz für Streicher haben wir nicht! Bei allen Schwächen, die er hat, es gibt keine so vollblütige Gestalt, wie ihn ...«[23]

Die »vollblütige« Gestalt wütete mit allerhöchster Billigung weiter, druckte im *Stürmer* Pornoartikel und betrieb Woche für Woche Menschenhatz.

Im privaten Leben lavierte Streicher, neben vielen kurzen Affären, hauptsächlich zwischen seiner Ehefrau Kunigunde, mit der er zwei Söhne hatte, und seiner jungen Sekretärin Adele. Gattin und Geliebte trugen ihren Kampf um den überaus hässlichen, kahlköpfigen und dicken Gauleiter mit Bitterkeit in aller Öffentlichkeit aus. »Das ist eine große Tragik«, bedauerte der als Mediator gerufene Hitler. »Der Konflikt ist ausgebrochen zwischen den Frauen, sie haben sich so auseinandergehaßt!«[24] Gerüchte von einer Geistesverwirrung Streichers infolge fortgeschrittener Syphilis machten die Runde. Hitler schenkte dem keinen Glauben: »Das eine ist nun mal ganz sicher: Was man behauptet von seiner Erkrankung, davon ist keine Rede! Der Mann hat nur eine einzige Erkrankung gehabt: die eines Mannes, der an der Wende der Jahre steht und noch einmal eine große Liebe faßt. In irgendeiner Weise muß das eines Tages eine anständige Lösung finden: Es ist unmöglich, daß ich einen Parteitag in Nürnberg abhalte, und der Mann steht beiseite, der Nürnberg der Partei erobert hat!«[25]

Bald wurden Hitler Fotos zugespielt, die den fetten Gauleiter mit seiner Sekretärin und Geliebten beim Geschlechtsverkehr zeigten. Doch der »Führer« wies die Verwendung derartigen Beweismaterials weit von sich. »Wenn ich einen Menschen aufnehme in einem Augenblick, wo er mit einem

Mädchen zärtlich ist, dann ist er vor der Welt unmöglich. Die Frage ist nur, ob einer das Pech hat, in einem solchen Moment aufgenommen zu werden! Diese Aufnahmen waren von einem Haus gegenüber als Beweismaterial gemacht worden; ich habe deshalb gleich abgelehnt, daß sie verwertet werden. Hinterher wird einem oft übel, wenn man sieht, wie so etwas eingeleitet ist!«[26]

1940 genehmigte Hitler auf neuerliches Drängen Görings voll Widerwillen ein streng geheimes Verfahren gegen Streicher in München vor dem Obersten Parteigericht (Untersuchungs- und Schlichtungsausschuss der NSADP = Uschla), das sich aus sechs Gauleitern unter dem Vorsitz von Walter Buch zusammensetzte. Das Tribunal befand Streicher am 13. Februar 1940 einstimmig für schuldig und »zur Menschenführung nicht geeignet«.[27] Trotz erwiesener schwerer Verbrechen lehnte Hitler jedoch eine Bestrafung nicht nur ab, sondern zeigte auch großes Verständnis:»Ganz normal sind wir wahrscheinlich alle nicht, sonst würden wir als Spießer in einer Wirtschaft sitzen.«[28] Schließlich wurde ein Kompromiss gefunden. Streicher behielt den *Stürmer* und seine Titel, musste aber aus Gesundheitsgründen, wie die offizielle Version lautete, alle seine Ämter niederlegen und sich ins Privatleben zurückziehen. Nach dem Tod seiner Frau heiratete er seine junge Geliebte und führte mit ihr auf dem stattlichen Gut Pleickershof bei Cadolzburg (Fürth) das behagliche Leben eines Landedelmannes.[29] Erst das Kriegsende, gefolgt vom Nürnberger Prozess gegen die NS-Verbrecher, in dem der von seinen Mithäftlingen gemiedene Streicher als Hauptangeklagter zum Tode verurteilt wurde, setzte der Idylle ein Ende.

Streicher war im Dritten Reich kein isolierter Einzelfall. Auch die Promiskuität vieler anderer NS-Potentaten, dubiose Typen, die mit der NSDAP oft aus kleinen Verhältnissen aufgestiegen waren, bereitete der Partei große Sorgen.

Im Gegensatz zu seinen mit Überzeugungskraft vorgetragenen Moralpredigten hat sich Adolf Hitler nie um Moral oder Unmoral seiner wichtigsten Helfer gekümmert, solange diese nicht mit seinen Plänen kollidierte. In puncto Sitte blieb der Volkstribun bewusst vage, ließ er sich noch weniger festlegen als in der Politik. Umsonst erwarteten seine verunsicherten Mitstreiter, von denen keiner je aufzubegehren wagte, auch für ihr Sexualverhalten klare »Führer«-Befehle. Diese blieben jedoch aus, und die NS-Bonzen lebten wie unter einem Damoklesschwert. Man wusste nicht, wo Hitlers Toleranzgrenze endete, und war seinem Wohlwollen auf Gedeih und Verderben ausgeliefert. Nur er bestimmte, ob und wann eine Verletzung der ungeschriebenen Moralregeln Bestrafung erforderte. Die hohen NS-Funktionäre standen demnach – ganz wie es ihrem Herrn dünkte – innerhalb oder außerhalb des Rechts.

Dies zeigte sich am Fall des Hermann Esser, der zu jenen problematischen NS-Führungspersönlichkeiten gehörte, die im Gerede standen.[30] Der Journalist mit der Parteinummer 2 (bei Neugründung der Partei) war einer der Ersten, die der aufstrebende Demagoge Hitler um sich geschart hatte. Essers Name stand für verleumderische Artikel und Radau-Antisemitismus. Mit zahlreichen Frauengeschichten erregte er Skandale. Ungeniert brüstete er sich, von seinen diversen Bräuten ausgehalten zu werden. Den politischen Köpfen der jungen nationalsozialistischen Bewegung erschien Essers schlechter Leumund von Anbeginn als unerträgliche Belastung. Doch Hitler, dem er loyal ergeben war, hielt seine schützende Hand über den Gefährten der »Kampfzeit der Bewegung«. Da sich dieser für höhere Ämter als untragbar erwies, hievte er ihn auf Versorgungspos-

ten mit hohem Einkommen, aber ohne politischen Einfluss.
Zu dem Zeitpunkt, als ihn sein Protektor 1939 zum Staatssekretär im Reichsministerium für Volksaufklärung und
Propaganda ernannte, war Esser in ein Scheidungsverfah-
ren verwickelt, das für große Aufregung sorgte. In Verken-
nung der Prominenz des Klägers bemühte sich das Gericht
um Objektivität nach den Buchstaben des Gesetzes. Gleichzeitig drangen Informationen nach außen, die tiefe Einblicke in die Szenen der Ehe des honorigen »Alten Kämpfers«
gewährten.[31]

Dieser hatte am 5. Juli 1923 am Münchener Standesamt IV die unbescholtene Therese Deininger geehelicht. 1924
und 1926 brachte sie jeweils einen Sohn zur Welt. Das hinderte Parteigenossen Esser nicht daran, bereits 1926 ein

intimes Verhältnis mit einer Frau namens Straßmaier einzugehen. Mit einer Geschlechtskrankheit behaftet, kehrte er zu seiner Ehefrau zurück. Frau Straßmaier fühlte sich bemüßigt, diese traurige Tatsache der Ehefrau mitzuteilen. Gekränkt von so viel Hinterhältigkeit, verließ Esser daraufhin 1933 sein Heim, um erst im Frühjahr 1934 nach dem Bruch mit der Geliebten wiederzukehren. Die wieder aufgenommene eheliche Gemeinschaft währte nur kurz, das neue Verhältnis hieß Anna Bacherl. Das erste von drei Kindern aus dieser Verbindung kam bereits Anfang 1935 zur Welt.

Nach vehementem Druck der NSDAP hatte Esser versucht, Ordnung in sein chaotisches Privatleben zu bringen, und bereits 1933 die Scheidung eingereicht. Gattin Therese verweigerte jedoch beharrlich ihre Zustimmung, und das Landgericht München wies nach den Statuten des herrschenden Gesetzes die Klage ab. Auch der nächste Versuch Essers im Jahre 1935 schlug fehl. So viel Insubordination und fehlende Sensibilität auf Seiten der NS-Gerichte erregte den Parteiapparat. Die Reichskanzlei des »Führers« schritt ein. Ihr Chef, Reichsminister Heinrich Lammers, erbat von Reichsjustizminister Franz Gürtner die Unterlagen zum Fall Esser. In einem Begleitschreiben erörterte Gürtner die Sachlage, wobei er sich hinter seine Richter stellte: »Das Gesetz konnte es nicht zulassen, daß ein Ehegatte die Scheidung seiner Ehe dadurch erzwingt, daß er die Ehe zerstört.«[32] Die Rechte der betrogenen Gattin müssten gewahrt bleiben. Ohne ihre Zustimmung gebe es nach der herrschenden Rechtslage keine Scheidung. Esser erreichte die Verlegung des Prozesses nach Berlin. Am 23. Dezember 1938 machte das Landgericht Berlin dem prominenten Parteigenossen ein Weihnachtsgeschenk – fußend auf dem neuen Scheidungsgesetz[33] präsentierte man ihm seine beschlossene Scheidung, er war ein freier Mann. Doch die Ehefrau legte Berufung ein, und das Verfahren wurde im März 1939 vor dem Berliner Kammergericht erneut aufgerollt. Der Staatssekretär des Propagandaministeriums vertrat sich selbst, das Kammergericht nahm mit erstaunlicher Unbestechlichkeit Stellung. Ein erbitterter, schmutziger Rosenkrieg begann. Esser hatte das Gesetz, das, wie sich bald herausstellte, explizit für seine Person novelliert worden war, genau studiert und fuhr schweres Geschütz auf: »Meine Ehefrau verkehrte mit dem Fabrikanten L. und dem Ingenieur St. in ehebrecherischer Weise.«[34] Gericht: »Können Sie Beweise vorlegen?« Esser: »Sie hat mittels Telegramm beim Wirtschaftsministerium 500 RM für einen Pelzmantel angefordert und mich damit zum Gespött gemacht.« Gericht: »Das entspricht nur teilweise den Tatsachen.« Esser: »Sie erzählte dem Dienstmädchen von meiner Geschlechtskrankheit.« Gericht: »Das fällt nicht unter die Verletzung ehelicher Pflichten.« Esser: »Sie hat meine Post geöffnet und die darin enthaltenen anonymen Spottverse über mich im Bekanntenkreis vorgelesen.« Gericht: »Das ist bei Ihrem Benehmen verständlich.« Esser: »Sie kümmert sich nicht um die Kinder.« Gericht: »Sie noch viel weniger.« Esser: »Und sie ist schmutzig.« Gericht: »Dafür fehlen die Beweise.« Esser: »Sie tratscht. Überall erzählt sie von dem peinlichen Missgeschick des Parteigenossen Schwarz.« Letztere Anschuldigung betraf einen wahren Skandal. Die Frau eines bekannten Münchner Professors hatte beim Geschlechtsverkehr mit dem korpulenten Reichsschatzmeister der NSDAP im abendlich kühlen Münchner Ausstellungspark einen Scheidenkrampf erlitten. Das Paar konnte sich nicht mehr trennen und musste in eine Klinik eingeliefert werden. Diese Streitsache entzog sich, wie das Kammergericht feststellte, seiner Kompetenz – im Übrigen hätte Reichsschatzmeister Franz Xaver Schwarz bereits beim Sondergericht

München eine Klage wegen übler Nachrede aufgrund des Heimtückegesetzes eingebracht.

Die Beweisaufnahme ließ das Berliner Kammergericht zu der Überzeugung kommen, dass Pflichtverletzungen nur auf der Seite des Klägers Esser vorlägen. Ihn treffe die alleinige Schuld. Therese Esser beurteilte das Gericht als »eine Frau von gutwilliger, offener Art und anständigem Charakter«.

Als sich für Esser ein neues Debakel anbahnte und vorauszusehen war, dass das Gericht auch eine Scheidung nach dem neuen Ehegesetz vom 6. Juli 1938 ablehnen würde, wandte sich der Chef der Reichskanzlei an Adolf Hitler. Der »Führer« zeigte sich verärgert. Er meinte, dass die Gerichte ihre Befugnisse überschritten und möglicherweise die Tragweite ihrer Entscheidung gar nicht erkannten. Wie leicht bestehe die Gefahr einer Überschätzung des Wertes eines formalen Fortbestands der Ehe! Privat drückte sich Hitler, dem kaum ein Berufstand so verhasst war wie der der Juristen, weniger gewählt aus. Für ihn waren sie – wenn sie gemäßigt Recht sprachen – »Volksverräter«, »Idioten« und »vollendete Trottel«.[35]

Lammers setzte im Reichsjustizministerium eine vertrauliche Sitzung an, um in dieser speziellen Causa die »richtige Auslegung des Gesetzes« zu diskutieren. Der Justizminister wurde aufgeklärt. Er erfuhr, dass Hitler bei der Neufassung des § 55 (1) des NS-Ehegesetzes (Auflösung der häuslichen Gemeinschaft)[36] den Fall des Parteigenossen Esser vor Augen hatte.

Welche Rolle Hitler und die Justiz im NS-Staat zu spielen hatten, definierte der Jurist und Reichsrechtsführer Dr. Hans Frank[37], der spätere berüchtigte Reichsgouverneur von Polen, schon 1936: »Gegenüber Führerentscheidungen, die in Form eines Gesetzes oder einer Verordnung gekleidet sind, steht dem Richter kein Prüfungsrecht zu. Auch an sonstige Entscheidungen des Führers ist der Richter gebunden, sofern in ihnen der Wille, Recht zu setzen, unzweideutig zum Ausdruck kommt.«[38] Lammers erinnerte den Justizminister auch an die Rolle des »Führers« nach der Formulierung von Professor Schmitt, dem Kronjuristen des Dritten Reichs: »Der Führer schützt das Recht vor dem schlimmsten Missbrauch, wenn er im Augenblick der Gefahr kraft seines Führertums als oberster Gerichtsherr Recht schafft.«[39] Und er schloss seine Ausführungen mit einer Drohung: »Falls sich die Gerichte bei der Anwendung des § 55 diese Auslegung, von der der Führer bei seiner Zustimmung zu dem Gesetz seinerzeit ausgegangen sei, nicht zu eigen machen, so bleibt nur übrig, eine Änderung der Fassung der Bestimmung in Erwägung zu ziehen.«[40]

Rechtsbeugung und willkürliche Gesetzesauslegung nach den Bedürfnissen und Wünschen Hitlers und seiner NS-Politiker ziehen sich wie ein roter Faden durch das Dritte Reich. Der Abbau sämtlicher Grundrechte und Schutzgarantien, die der Bürger gegenüber dem Staat besessen hatte, wurde von den namhaftesten Gelehrten für Deutsches Staatsrecht betrieben und in Gesetzesform gekleidet. Angesehene Wissenschaftler arbeiteten im Rahmen der »Akademie für Deutsches Recht«[41] an der Schaffung eines germanischen Rechtsstaates. Ihre skurrilen Erkenntnisse publizierten sie in einer Monatszeitschrift.[42] Vollkommen unberührt von der sie umgebenden Gewalt und der täglichen Willkür im NS-Polizeistaat, philosophierten sie über Recht und Gesetz im »Führerstaat«. Tatsächlich präsentierte sich die NS-Gesetzgebung mit Hitler als oberstem Hüter als Rückgriff auf die einstige willkürliche Herrenmoral vordemokratischer Zeiten. An die Stelle von Herrscher, Geld-

und Erbadel im Obrigkeitsstaat trat nun der hemmungslose Klüngel verdienter Parteiführer als Nutznießer des totalitären NS-Regimes.

Im Fall Esser wünschte Hitler, auch weiterhin informiert zu werden, und er bat um die Übersendung eines zufriedenstellenden Urteils. Justizminister Dr. Franz Gürtner verstand schließlich, und der Justizapparat passte sich geschmeidig an. Der Hohe Gerichtshof, der bereits ein gegenteiliges Resümee erstellt hatte, schwenkte um und bestätigte im Namen des Volkes den Spruch der ersten Instanz. Die Ehe sei zerrüttet, ihre Wiederherstellung nicht zu erwarten, denn der Kläger lehne sie ab. Die »Aufrechterhaltung der Ehe sei bei richtiger Würdigung des Wesens der Ehe … sittlich nicht gerechtfertigt« und stehe im Interesse der deutschen Volksgemeinschaft – Esser gedenke die Mutter seiner unehelichen Kinder zu heiraten, um ihnen einen Vater zu geben. Hermann Esser dankte dem »lieben Pg. Dr. Lammers« herzlich für seine Mühe. Den neuerlichen Einspruch von Therese Esser wies das Kammergericht ab, wobei es gegen § 55 (2) des Gesetzes verstieß: »Hat der Ehegatte, der die Scheidung begehrt, die Zerrüttung ganz oder überwiegend verschuldet, kann der andere der Scheidung widersprechen.« Wenig später musste sich die nunmehr geschiedene Frau vor dem Sondergericht München verantworten. Reichsschatzmeister Franz Xaver Schwarz verklagte sie wegen übler Nachrede nach dem Heimtückegesetz. Er bekam recht und Therese Esser wurde zu drei Monaten Gefängnis verurteilt.

Das Beispiel Esser machte unter den Reichsleitern und Reichsführern Schule. Der Scheidungsweg war nunmehr von höchster Stelle aus gebilligt und gefördert. Man brauchte den Mängeln der gealterten Ehefrau nur den eigenen Wunsch nach weiteren Kindern hinzuzufügen und lag ganz im Trend des Dritten Reichs. Die neuen, jungen, meist hochblonden Gattinnen der Führungsschicht entsprachen durchwegs dem NS-Schönheitsideal. Arbeitsame Hüterinnen der Herde und biedere Mütter waren sie nicht. Derartige Gestalten überließ man den einfacheren Volksgenossen – die herrschende Klasse bevorzugte Frauen mit Geist und Charme.

Man verzieh den jungen Gefährtinnen der Elite auch großmütig, dass sie – im Gegensatz zu den abgelegten Exfrauen – kaum Interesse an der NSDAP zeigten. Probleme schuf ihr meist sehr aufwendiger Lebensstil, mit dem sie sich das Leben an der Seite der prominenten, oft ältlichen und unattraktiven Parteigenossen verschönerten. So klagte der Reichsführer SS Heinrich Himmler in einem Schreiben: »Lieber Panke, ich kann mich des Eindrucks nicht erwehren, daß sich Ihre Frau ... nicht immer sehr glücklich benimmt. Ich bitte Sie, dafür zu sorgen, daß Ihre Frau so bescheiden als möglich lebt und ... als junge Frau ... nicht eine unnötig große Anzahl von Hausgehilfinnen und -angestellten hält ...«[43]

Am »Hofe« Hitlers gab es keine Mätressenwirtschaft. Zu offiziellen Anlässen erschienen die führenden Männer des Dritten Reichs mit Ehefrau oder allein. Man erwartete, dass sich Affären nicht direkt unter den Augen des »Führers« abspielten.

Junge Rechtsstudenten, die fürchteten, im späteren Berufsleben im Dschungel widersprüchlicher und amoralischer Gesetze selbst unter die Räder zu kommen, erhielten in Vorlesungen den guten Rat: »Denken Sie nach! Überlegen Sie, wie der Führer an Ihrer Stelle entschieden hätte! Sie können dann nicht fehlgehen!«[44] In ihrem eigenen Interesse urteilten viele nach dem Willen des Gesetzgebers, der im Dritten Reich nur aus einer Person bestand.

Manche Richter entschieden jedoch – sehr zum Ärger der NS-Machthaber – nicht nach den unausgesprochenen, aber gewünschten Intentionen, sondern genau nach dem Buchstaben des Gesetzes. In dem gegenständlichen Fall hatte ein Berliner Standesbeamter und Parteigenosse die Trauung eines 34-jährigen Mannes mit einer 47-jährigen Frau rundweg abgelehnt: der Altersunterschied laufe dem gesunden Volksempfinden und der nationalsozialistischen Auffassung vom Wesen der Ehe zuwider. Es seien keine Nachkommen mehr zu erwarten. Die empörten Brautleute wandten sich an die Gerichte, durchliefen den Instanzenweg und bekamen schließlich beim Oberlandgericht München recht. Ein großer Altersunterschied sei kein im Gesetz verankertes Ehehindernis. Die NS-Presse tobte, der »Führer« sah sein negatives Urteil über den Richterstand bestätigt, und der Reichsführer SS Heinrich Himmler sann auf Repressalien.[45] Auch in der steirischen Landeshauptstadt Graz, der »Stadt der Volkserhebung«, erteilte das angerufene, zuständige Gericht – im Gegensatz zum Standesbeamten – seine Zustimmung zu der Eheschließung eines 62-Jährigen mit einer 18-Jährigen. Hier mischte sich allerdings sofort das Gaurechtsamt in das Privatleben der Verlobten ein und verhinderte, wie es in der Begründung heißt, die unpassende Heirat im Namen und im Interesse der deutschen Volksgemeinschaft.

Propagandaminister Dr. Joseph Goebbels galt als der beste Redner nach Hitler. Scharf und überzeugend formulierte er die moralischen Begriffe des Dritten Reichs von Treue, Ehre, Moral und Rechtschaffenheit. Seine riesige Propagandamaschinerie verbreitete die Ideen mittels Volksempfänger und Leinwand. Als Chef der Filmindustrie boten sich dem kleinen, missgestalteten Fanatiker mit den großen braunen

Augen – mit Billigung des Gesetzeshüters Hitler – große
Möglichkeiten zur Auslebung seines überdurchschnittlich
ausgeprägten Sexualtriebs. »Jedes Weib reizt mich bis aufs
Blut. Wie ein hungriger Wolf rase ich umher«, hatte er als
unbekannter Nationalsozialist am Beginn seiner großen Karriere seinem Tagebuch anvertraut.

Als Minister für Volksaufklärung und Propaganda und
oberster Boss der Unterhaltungsbranche nutzte er sein Amt.
Der sehr intelligente, aber auch sehr unattraktive Goebbels
hielt sich für die frühen sexuellen Entbehrungen schadlos.
»Früher ging der Weg einer Schauspielerin durch die Betten
ihrer jüdischen Regisseure. Heute sind wir dran!«, legten
Spötter dem kleinen Goebbels in den Mund. Er wurde berüchtigt. Teils als »Bock von Babelsberg« (den Filmstudios
von Berlin), wenn er Nachwuchsschauspielerinnen en masse
verführte, oder als »Hahn von Schwanenwerder«, wenn er
junge und ehrgeizige Künstlerinnen in sein gleich bei seinem
Wohndomizil gelegenes Haus auf der Havelinsel Schwanenwerder bestellte. Nur wenige weibliche Filmschaffende
glaubten es sich leisten zu können, seinen zudringlichen
Avancen zu widerstehen. Eine davon war die schwedische
Sängerin und Schauspielerin Zarah Leander. Der groß gewachsene schwedische Superstar des Dritten Reichs wies die
Annäherungsversuche des kleinen Ministers, der ihr nur bis
zur Schulter reichte, mit Humor ab. In ihren Memoiren be-
scheinigte sie ihm, »interessant und klug« zu sein.

Dr. Goebbels betrieb in Ausübung seines Amtes – auch
nach NS-Recht – offenen Missbrauch. Dies wurde vom
»Führer« stillschweigend gebilligt und daher weder von der
Justiz noch der Partei geahndet. Die von Goebbels kontrollierte Presse hüllte sich in diskretes Schweigen, brachte rüh-
rende Bilder seines glücklichen Familienlebens im Kreis seiner sechs Kinder und versah sie mit seinem eigenen Zitat:

»Die Bedeutung der Familie kann gar nicht hoch genug eingeschätzt werden.«[46] Der in Witzen als »hinkender Satyr« und »Schrumpfgermane« verhöhnte Goebbels war, wie Psychiater nach dem Studium seiner Lebensgewohnheiten postum feststellten, kein bloß lustbetonter Mensch mit häufigen sexuellen Kontakten. Vielmehr ordnete man ihn in die Kategorie jener pathologisch Sexsüchtigen ein, die, getrieben von der maßlosen Sucht nach Lustgewinn und Entspannung durch Sex, nie ihr Ziel erreichen können. Diese bei ca. 6 Prozent der erwachsenen Bevölkerung auftretende, um 1930 Satyriasis[47] genannte Sucht gilt – sobald sie bei sich selbst oder anderen Leidensdruck erzeugt – als krankhafte Verhaltensstörung, die Behandlung erfordert.

Im Dritten Reich nahm die Goebbels'sche Karriere durch die Veranlagung des Propagandaministers keinen Schaden. »Bei Frauen ist Goebbels ein Zyniker«, kommentierte Hitler emotionslos.[48] Und dieser brüstete sich öffentlich: »Ich habe es nicht nötig, vor der verlogenen Moral der Spießer zu kuschen.« Hitler selbst ist nur einmal eingeschritten. Als die Affäre um die tschechische Schauspielerin Lida Baarova politische Dimensionen erreichte, sprach er ein Machtwort, mit dem er aus Staatsinteresse die Weiterführung der Ehe des Propagandaministers mit der bekanntesten Mutterkreuzträgerin des Reiches befahl.[49]

Heinrich Himmler, seit 1923 Mitglied der NSDAP, ging als berüchtigter Reichsführer SS, Chef der deutschen Polizei inklusive Gestapo und Chef der NS-Nachrichtendienste, vor allem jedoch als Herr aller Konzentrationslager in die Geschichte ein. Er trug die Verantwortung für die bestialische Ermordung von Millionen Menschen. Außerhalb seiner Wirkungssphäre bot der stille Brillenträger, dem ein grauenvoller Ruf vorauseilte, das Bild eines gehemmten, harmlosen

Spießbürgers. In den Reihen der SS galt er als integre Persönlichkeit. Korruption und Bestechung, Prunk und Luxus lehnte der Bürokrat des Schreckens ab. Überzeugten Nationalsozialisten galt der Reichsführer SS als das Musterbeispiel eines hochmoralischen NS-Funktionärs. Er lebte bescheiden und gesund, trank und rauchte nicht und hatte keine Frauenaffären. Seine Prinzipien brachte Himmler den Mitgliedern seiner SS, dem Totenkopf-Orden des Dritten Reichs, eindringlich nahe: »Ein Grundsatz muß für den SS-Mann absolut gelten: ehrlich, anständig, treu …«[50] Zur Vermeidung von Missverständnissen fügte er hinzu, dass diese hehren Grundsätze selbstverständlich nur für Angehörige des eigenen Blutes und wertvolle Rassen zu gelten hätten. Für die einfacheren Gemüter unter den Zuhörern formulierte er es drastisch: »Ob bei dem Bau eines Panzergrabens 10 000 russische Weiber an Entkräftung umfallen oder nicht, interessiert mich nur insoweit als der Panzergraben … fertig wird.«[51]

Frauen gegenüber verhielt sich der Chef des NS-Mordapparates mit der kraftstrotzenden, brutalen Diktion, wenn er nicht amtierte, sehr zurückhaltend. Er überschritt nie die Grenzen sittlicher Konventionen, war höflich und zuvorkommend, fast schüchtern. Seine prüde Art erweckte Heiterkeit. Engstirnig ermahnte er Eltern eines kleinen, nackten Mädchens, doch das Kind zur Schamhaftigkeit zu erziehen. Sittliche Reinheit ging dem Massenmörder über alles. Als eine der wenigen nicht korrupten NS-Größen bedauerte er zutiefst, dass ihm für eine Herzensangelegenheit, die Rettung gefallener Mädchen, nicht genügend Geld zur Verfügung stehe.

Deutsche, reinrassige Frauen verehrte er wie Göttinnen. Ehefrauen und Mütter zahlreicher Kinder stellte er auf ein Podest: »Und als Gattin, der man die Füße küssen muß, die einem Kraft gibt, durch weibliche Weichheit und kindlich reine Heiligkeit …«[52] Seine 1926 mit der blonden, blauäugigen Tochter eines preußischen Gutsbesitzers geschlossene Ehe war trotzdem nicht glücklich. Die um acht Jahre ältere Krankenschwester Margarete geb. Boden führte ein strenges häusliches Regime. Sie unterdrückte und schikanierte ihren »lieben Heini« bei jeder Gelegenheit, stellte ihn vor Gästen bloß. »Ich habe nie einen Mann erlebt, der so unter dem Pantoffel stand wie Heinrich Himmler. Der Chef der SS war zu Hause eine Null«, wunderte sich Henriette von Schirach.[53] 1929 kam ihre Tochter Gudrun zur Welt. Ganz gegen die von ihrem Vater vehement gepredigte NS-Doktrin der Vier-Kinder-Ehe blieb sie das einzige Kind.

Als Mitte der Dreißigerjahre eine junge, hübsche Kölnerin in seinen persönlichen Stab eintrat, wagte der Spießer aufzumucken. Das Mädchen brachte dem damals bereits verhassten Himmler jene Zuneigung entgegen, die er sowohl im ehelichen als auch im öffentlichen Leben vermisste. »Ich weiß«, sagte dieser 1935 in einer Rede über die SS, »daß es manche Leute in Deutschland gibt, denen schlecht wird, wenn sie diesen schwarzen Rock sehen; wir … erwarten nicht, daß wir von allzu vielen geliebt werden.«[54] Hedwig Potthast wurde nicht schlecht, sondern die Geliebte des Reichsführers SS. Privat rief sie ihn, in zarter Anspielung auf seinen Beruf, den »Schlimmen«.[55] 1942 brachte »Häschen«, wie sie von Himmler genannt wurde, den Sohn Helge, 1944 die Tochter Nanette Dorothea zur Welt. Um für die neue Zweitfamilie – Gattin Margarete duldete die Nebenfrau, auch Himmlers Mutter begrüßte die Verbindung – ein Heim zu schaffen,[56] nahm Himmler bei der Parteikanzlei der NSDAP einen Kredit auf, den er pünktlich in Raten abzahlte. Mit dem Geld erwarb er in Berchtesgaden-Schönau, einer Siedlung von Einfamilienhäusern am Fuße

des Obersalzbergs, ein bescheidenes Heim und nannte es
»Schneewinkellehen«. Abseits der Politik führte er ein friedliches, anscheinend sehr glückliches Familienleben, bastel-
te im Haus, bearbeitete den kleinen Garten und spielte mit
den Kindern. Er empfing Besuche. Sein Privatleben unterschied sich nicht von dem seiner Nachbarn. Das Mobiliar
des Anwesens ließ allerdings düstere Schlüsse zu. Gab es
doch aus Oberschenkelknochen ermordeter KZ-Häftlinge
geschnitzte Sessel und Lampenschirme aus Menschenhaut.
Gäste erhielten – wie sich Martin Bormann jun., der Sohn
des Chefs der Parteikanzlei, schaudernd erinnerte – zum
Abschied ein ganz besonderes Exemplar von »Mein Kampf«.
Das Pergament des handgeschriebenen Exemplars bestand
aus Menschenhaut.[57] Griff der Reichsführer SS, wenn er
fern vom schönen Berchtesgaden weilte, selbst zur Feder,
um seiner Geliebten zu schreiben, dann pflegte er zu scher-
zen: »Du bist ein Schelmchen!«[58] In einem anderen – erst
kürzlich aufgetauchten – Schreiben, hinter dem niemand
den millionenfachen Mörder vermuten würde, gibt sich
Himmler sentimental-nostalgisch: »Mein geliebtes, gutes
Häsi! Wenn Du diesen Brief bekommst, dann sind es fünf
Jahre her, daß wir in unserem späteren Nestchen in der ...
selig beisammen waren und unsere Verlobung feierten, so
wundervoll allein für uns. Du hast mir Dein liebes, geliebtes
Herz geschenkt und Dich selber ganz und gar und unsere
zwei süßen Lütten. Ich habe nur einen Wunsch, mögest Du
trotz allem Schweren, so glücklich sein, wie Du mich gemacht hast und zugleich machst! ... große Bilder [Himm-
ler-Porträts] sollen Dich von Deinem ›schlimmen‹ Teuren
grüßen, besser wie er es selber auf dem Papier kann. Ich
küsse Deine lieben guten Hände und Deinen süßen Mund!
Ein Küsschen für unser Sonnentöchterlein! Dein ...« [ge-
zeichnet mit Himmlers Geheimzeichen, der Hagalrune.][59]

Aufgrund der glücklichen Erfahrungen mit seiner Nebenehe wurde Himmler zum vehementen Befürworter der Bigamie. »Die heutige Form der Ehe ist ein satanisches Werk der katholischen Kirche, die Ehegesetze selbst sind unmoralisch«, beruhigte er sein Gewissen.[60] Und er registrierte mit Freude, dass Hitler der Umsetzung dieser Idee für die Zeit nach dem »Endsieg« durchaus nicht abgeneigt war. »Auch nach dem Dreißigjährigen Krieg gab es die Mehrfrauenehe«, ließ sich der »Führer« einmal vernehmen. Für die kurze Spanne des Übergangs betätigte sich Himmler als Pionier und setzte sein »Zweitehe«-Projekt mit Feuereifer im kleinen Rahmen der SS um. Bald hatte der »SS-Consigliore« einen Ruf als Helfer in sexueller Not erworben. Als Obergruppenführer Fritz Schleßmann Klage über seine zerrüttete kinderlose Ehe und seine verständnislose Frau führte, fragte Himmler voll Mitgefühl, ob er denn keine andere Frau kenne, die ihn zu lieben bereit sei. Schleßmann, der ein Verhältnis mit seiner bereits schwangeren Sekretärin hatte, bejahte dies. Himmler gab seinen SS-Segen.[61] Der Reichsführer SS scheute auch vor komplizierten Fällen nicht zurück. So schien ihm der Frauentausch zweier hochrangiger Funktionäre des »Rasse- und Siedlungshauptamtes«, denen die eigene Gattin reizlos erschien, als ideale Lösung zur Ankurbelung der Geburtenrate.

Ein typisches Beispiel für die Moral der Lenker des Dritten Reichs stellte auch der »Reichstrunkenbold« und »NS-Schürzenjäger« Robert Ley (1890–1945) dar. Der »Führer der Deutschen Arbeitsfront«[62] war der Sohn eines bankrotten Bauern, dessen Versicherungsbetrug – er hatte seinen Hof in Brand gesteckt – die Familie in Schande und Armut stürzte. Dieser Vorfall hinterließ bei dem damals Sechsjährigen ein tiefes Trauma. Der Ausbruch des Ersten Weltkriegs

unterbrach Leys Studium der Lebensmittelchemie kurz vor
dem Abschluss. 1917 wurde die Maschine des als Artillerie-
beobachter im Fliegerkorps Eingesetzten abgeschossen. Ley
erlitt eine schwere Gehirnverletzung. Anhaltende Schmer-
zen nach mehreren Operationen und ein als beschämend
empfundenes Stottern machten ihn zum Alkoholiker. Seine
zweite Heimat fand der psychisch labile Chemiker dann bei
Hitler und den Nationalsozialisten, die den begabten Agita-
tor trotz Frauengeschichten und Alkoholexzessen als Gauleiter im Rheinland einsetzten. Nach der Machtergreifung
schlug Leys Stunde. Als Reichsarbeitsführer zerschlug er die
Gewerkschaften, mit der Zwangsorganisation DAF (Deutsche Arbeitsfront) schuf er sich eine wichtige Machtbasis.

Ihm unterstanden 25 Millionen »Soldaten der Arbeit«. Leys Aktion »Kraft durch Freude« (KdF), quasi der Samthandschuh, der die eiserne Faust des NS-Regimes verschleierte,[63] war ein durchschlagender Erfolg. Bis Kriegsausbruch nahmen 85 Prozent aller deutschen Arbeiter an den kostengünstigen Veranstaltungen des Freizeitimperiums teil, die sowohl Wochenendausflüge als auch Kreuzfahrten umfassten. Zur Aufrechterhaltung der Moral auf den Schiffen – eines hieß »Robert Ley« – holte der bei anderen sittenstrenge DAF-Boss Beamte des Sicherheitsdienstes an Bord. Die Finanzierung von KdF erfolgte durch jene Beiträge – 5 RM pro Woche, insgesamt 260 Millionen RM –, die viele Deutsche in der – nie erfüllten Hoffnung – auf Zuteilung eines KdF-Wagens (Volkswagen) leisteten.

Seinen »Kraft durch Freude«-Slogan nahm der Säufer Ley – er lancierte 1939 eine Gesundheitskampagne unter dem Motto »Mäßigung genügt nicht, nur radikale Abstinenz« – auch für sich selbst sehr ernst. Er schöpfte Kraft und Freude aus dem konfiszierten Vermögen der verbotenen Gewerkschaften und finanzierte damit sein luxuriös-ausschweifendes Privatleben. Er vereinfachte sein Geschäftsgebaren, indem er die DAF-Mittel und Privateinkommen zusammenlegte. Mit sanfter Erpressung drängte sich der oberste »Soldat der Arbeit« dem SS-Blatt *Der Angriff* als Mitarbeiter auf – bald verfügte Ley über fast unbeschränkte Geldquellen. In einer Zeit, in der ein preußischer Staatsrat 400 RM verdiente, strich Ley nur für seine Kolumnen 50 000 RM jährlich ein. Sein schon vor 1933 in Polizeiberichten als »lose« bezeichneter Lebensstil wurde immer »loser«,[64] während er gleichzeitig von seinen Mitbürgern forderte: »Die Zeit, wo jeder tun und lassen konnte, was er wollte, ist vorbei.«[65]

Zwischen der »Machtergreifung« der Nazis im Jahre 1933 und 1935 sorgten Leys hemmungslose Frauenaffären mit meist sehr jungen Mädchen für Gesprächsstoff. Daneben bereicherte er sich derart hemmungslos, dass Walter Buch, der oberste Parteirichter, Hitler eine voluminöse Akte seiner Verfehlungen vorlegte.[66] Dieser entschied sich für eine Archivierung von Leys Verfehlungen.

1937 besuchten der Herzog und die Herzogin von Windsor Deutschland und begehrten, als offizielle Gäste der DAF die sozialen Errungenschaften der Nationalsozialisten zu sehen. Ley bestand darauf, das Paar selbst durch die neuen Arbeiter-Mustersiedlungen außerhalb Münchens zu fahren. In betrunkenem Zustand raste er durch die Gassen, durchbrach Schranken und gefährdete Arbeiter, die er wüst beschimpfte. Tags darauf wurde er von Hermann Göring als Gastgeber des illustren Paares abgelöst.

Seit 1935 verband den verheirateten Volksfrontführer eine Liaison mit der jungen, auffallend schönen Inga Spilker, die er bei einem ihrer ersten Engagements im »Theater des Volkes« kennengelernt hatte. Das offen zur Schau gestellte Verhältnis mit der Sopranistin und Tochter des Opernsängers Max Spilker dauerte drei Jahre. Als die Geliebte schwanger wurde, ließ sich Ley von seiner herzkranken Ehefrau Elisabeth, mit der er seit 1922 verheiratet war, im Sommer 1938 scheiden. Bereits am 20. August 1938 fand die Hochzeit in Anwesenheit des »Führers« statt. Im Oktober kam das erste Kind aus der neuen Verbindung mit der um 26 Jahre jüngeren Frau zur Welt.

Auf Kosten der Deutschen Arbeitsfront genoss Ley in seiner Villa in Grunewald mit Butler, Koch, Kinder- und Stubenmädchen, Gärtner und Hausverwalter das neue Eheglück. Die DAF bezahlte Ley noch drei weitere Residenzen, die er für wüste Feste im Rahmen wilder Trinkgelage benutzte, sowie ein Flugzeug und Luxuslimousinen. Man zahlte auch Wohnung und Unterhalt der geschiedenen Frau des

Arbeiterführers. Darüber hinaus ließ Hitler seinem treuen Paladin wegen seiner großen Verdienste um das deutsche Volk eine einmalige Dotation in der Höhe von 1 Million RM zukommen. Über Leys exzessive, meist berauschte Auftritte amüsierte sich der »Führer«, Augenzeugenberichten zufolge, königlich. So erschien der vollkommen unberechenbare Arbeiterführer, elegant gekleidet, im hochfeinen Maßanzug, mit Handschuhen und Hut in Begleitung glamouröser Damen in den Räumen der Münchner Stadtplanung, die nicht zu seinem Ressort zählte, und spielte den großen Manager und gab den Architekten Anweisungen zum Bau von Freudenhäusern: »Ich bebaue hier den ganzen Block ... ja, das baue ich ... und Nutten brauchen wir auch! Viele, ein ganzes Haus ...«[67]

Hitler hat seinen Arbeitsfrontleiter, dessen bürokratischer Apparat zur Umerziehung und Betreuung aller Deutschen bald 44 000 Mitarbeiter zählte und sich in alle Belange von Staat, Industrie und Partei mischte, nur milde vor den Folgen seines Alkoholkonsums gewarnt, ansonsten ließ er ihn gewähren.

Auf dem Land bevorzugte der Arbeiterführer, der gern zu Bescheidenheit und Mäßigung mahnte, einen fürstlichen Lebensstil. Sein als »Erbhof« deklarierter Besitz »Rottland« in der Nähe Kölns umfasste, Schätzungen zufolge, zwischen 110 und 125 ha. Zwei riesige Symbolfiguren aus Beton – ein SS-Mann und ein säender Bauer – bewachten den Eingang des im Stil der NS-Ordensburgen gehaltenen Herrenhauses, das eine kostbare Gemäldesammlung beherbergte. Der Kamin der Eingangshalle war mit Mosaikplatten belegt, mit Szenen aus dem Leben des Robert Ley. Den Wintergarten zierte ein lebensgroßes Gemälde der jungen Hausherrin. Kam Ley im eigenen Flugzeug angereist, signalisierte er dies mit einer Umkreisung des Hauses. Damit gab er dem livrierten Personal Zeit, sich zu versammeln und devot Aufstellung zum Empfang des Hausherrn zu nehmen. Offiziell predigte Ley die klassenlose Gesellschaft, privat sprach er zu seinen Landarbeitern huldvoll vom Pferd herab. Seine Frau bevorzugte Kutschenfahrten. Auf Rottland hegte Ley grandiose Machtträume. Er sah sich als Repräsentant eines neuen Rasseadels und plante die Gründung einer eigenen Dynastie mit ihm selbst als Stammvater.

Leys neue Ehe, der drei Kinder – Lore, Wolf und Gloria – entstammten, gestaltete sich anfangs glücklich. »Du umgibst mich mit Deiner Liebe, Deinem Charme und Deiner Schönheit. ... schön an Körper, Seele und Geist. Man wußte nicht, was man mehr an Dir bewundern sollte. Deine hoch gewachsene Figur, Dein edles Gesicht oder Dein lang wallendes blondes Haar. Diese äußere Schönheit ... gepaart mit einer lauteren Seele, einem wahrhaftigen Charakter, einem klugen Verstand und einer herrlichen Stimme. Dein reiner Sopran bezauberte alle ...«, erinnerte sich Ley später.[68] Das hinderte Ley nicht an sexuellen Abschweifungen. An der Seite ihres »Bobzie« verfiel die ständig betrogene Inga in schwere Depressionen. Nach einem Unfall bei einer Kutschenfahrt während ihrer dritten Schwangerschaft wurde sie, nach einer Behandlung mit Morphium, süchtig. Wie ihr Mann litt sie unter Alkoholproblemen. Bald gab es auf Gut Rottland wüste Gesellschaften. Ein Gast erlebte Ley als Trinker und Wüstling. Er sah, wie der animierte Hausherr im Suff seiner Frau die Kleider vom Leib riss, um ihm das Wunder deutscher weiblicher Schönheit zu präsentieren. Die weinende Frau nannte ihren Mann ein wildes Tier: »Er behandelt mich schamlos ... eines Tages bringt er mich um.«[69] Am 29. Dezember 1942 hat sich Inga Ley nach einem Streit mit ihrem Mann erschossen. In ihrem Abschiedsbrief erhob sie schwere Anschuldigungen. Sie könne nicht aushalten, wie ihr Mann die Beherrschung verliere und sie beschimpfe.»Verzeih, aber schon lange kränkt und verzweifelt mich Deine Nichtachtung.«[70] Hitler ignorierte die Vorgänge im Hause Ley. In seinem Kondolenzbrief vom 31. Dezember 1942 erwähnte er, dass die jahrelange Krankheit den Lebenswillen der jungen Frau gebrochen hätte. Nach dem Tod seiner Gattin brauchte Ley, wie er selbst angab, Ablenkung.[71] Er fand sie bei einer – nach dem damaligen Recht – minderjährigen Estin namens Madeleine Wanderer. Hitler und seine Justiz duldeten wohlwollend alle Verfehlungen des »Arbeiterführers«, der gegen zahlreiche Gesetze des Dritten Reichs verstieß.

Im Militärgefängnis von Nürnberg machte der dicke, untersetzte und düstere Ley auf seine Vernehmer einen brutalen und abstoßenden Eindruck. Bald verwischten sich bei dem Häftling Illusion und Wirklichkeit. Er begann ein langes Zwiegespräch mit seiner toten Ehefrau und schrieb es nieder: »Liebes Mädel, Du lächelst. Ich sehe Dich in Deiner Schönheit vor mir stehen ... Ich gestehe es Dir, ich habe Gott geflucht, als all das unsagbare Elend von Schande und Not über uns alle kam, über Deutschland und auch über mich. Weißt Du, daß der Führer tot ist, der Dich so hoch verehrte und den Du so sehr geliebt hast. Weißt Du, daß ganz Deutschland besetzt, das Reich geschlagen und viele Millionen in Gefangenschaft kamen ... weißt Du das alles, und trotzdem lächelst Du weiter. Jetzt wird Dein Gesicht ernst und hoheitsvoll, jetzt bist Du ganz Inga, mein Weib ...« Am 15. Oktober 1945 beging Ley in seiner Zelle Selbstmord durch Erhängen. Kurz davor hatte er seine Freundin gebeten, seine Kinder im katholischen Glauben zu erziehen.[72]

Die im Dritten Reich angestrebte klassenlose Gesellschaft existierte nicht einmal auf dem Papier. Tatsächlich teilten sich viele Gruppierungen unterschiedliche Privilegien. Je höher der Rang, desto größer die Freiheiten. Der vom Nationalsozialismus überzeugte und von der Propaganda verblendete NS-Genosse war nur dazu da, der Volksgemeinschaft zu dienen, die Partei-Elite diente sich selbst. Hitler verfolgte im Umgang mit der NS-Nomenklatura eine einfache Strategie, wie sie Niccolò Machiavelli in seinen Gedanken zur Staatsräson bereits im 16. Jahrhundert formulierte:[73] Abkehr vom Humanismus, Ausnutzung aller Mittel,[74] jeglicher Verzicht auf Sitte und Moral zur Steigerung der eigenen Macht. Brachte jemand politischen Nutzen und unterwarf er sich der Autorität des »Führers«, existierte für Hitler weder die NS-Moral noch sonst irgendeine. Er ließ ihn gewähren, lachte herzlich über seine Fehltritte, tolerierte großzügig Korruption, Verbrechen und Sexdelikte, die er manchmal mit Extra-Dotationen unterstützte.

Mit lockeren Anekdoten signalisierte er sogar Gefallen an den Sexualgeschichten »hervorragender« Männer.[75] Laisserfaire, lautete die Devise des »Führers«, die ihm großen Spielraum verschaffte und die NS-Größen in trügerischer Sicherheit wiegte.

»Überhaupt, die Schnüffelei kann ich nicht ausstehen«, behauptete er gegenüber den NS-Granden. »Ich erinnere mich einer schönen Geschichte, die von Friedrich dem Großen erzählt wird. Er habe eines Tages den Polizeichef kommen lassen, um ihm Vorhaltungen zu machen, daß er viel weniger erfahre, als an den Höfen anderer Mächte bekannt wird. Ja, habe der Beamte ihm gesagt, wenn ich ermächtigt werde, mich der Mittel zu bedienen, die zur Beobachtung andern Orts benutzt werden! Um diesen Preis, erwiderte Friedrich der Große, nein: Da verzichte ich! Ich habe mich auch nie eines Nachrichtendienstes bedient, und ich werde nie einen Spion empfangen. Irgend etwas dabei ist abstoßend!«,[76] log Hitler, der ein ganzes Netzwerk an politischen und militärischen Sicherheitsdiensten zur Beseitigung seiner Gegner beschäftigte, ganz unverschämt.[77]

Ein Beispiel für den gezielten Einsatz des Sicherheitsdienstes der Gestapo ist die Blomberg-Affäre.[78] Im September 1937 lernte der bereits 59-jährige Kriegsminister des Deutschen Reichs bei einem Spaziergang im Berliner Tiergarten eine junge Dame kennen und lieben.[79] Erna Gruhn, eine hübsche Stenotypistin und 35 Jahre jünger als ihr Verehrer, war eine Frau mit Vergangenheit. Im Alter von 18 Jahren hatte sie für Nacktfotos posiert und als registrierte Prostituierte gearbeitet. Da sie gelegentlich ihre Kunden bestahl, blieb sie der Polizei nicht unbekannt. Dem verliebten Blomberg, einem sittenstrengen Witwer mit fünf Kindern, enthüllte sie ihre Lebensgeschichte nur ansatzweise, ließ ihn aber wissen, dass es einen Rivalen um ihre Gunst gebe. Anfang Dezember 1937 beschloss das ungleiche Paar zu heiraten. Während man in der Berliner Prostituiertenszene aufgeregt raunte, dass »eine der ihren« in höchste Kreise aufgestiegen sei, wandte sich Blomberg mit der Bitte um Rat an Hermann Göring. Er habe die Absicht, eine Frau mit einer »gewissen Vergangenheit« zu heiraten, die Heiratsvorschriften innerhalb der Wehrmacht wären erst unlängst verschärft worden. Was könne ihm der Generaloberst und mächtige »Leiter der Vierjahresplans« der deutschen Wirtschaft wohl raten? Göring, stets jovial, wusste Rat. Er wusste auch, dass Blomberg Hitlers Kriegspläne behinderte und dadurch in Ungnade gefallen war. Er riet ihm herzlich, einfach zu heiraten, half, Blombergs Nebenbuhler mit Geld zu versehen und ins Ausland abzuschieben. Dann fungierte er mit Hitler als Trauzeuge bei der im Januar 1938 stattfindenden Hochzeit. In der Zwischenzeit bearbeitete der Sicherheitsdienst der Gestapo den Fall Blomberg-

Gruhn. Zwei Wochen nach der Eheschließung des Kriegsministers präsentierten die Beamten wunschgemäß schriftliche Beweise. Hitler war entgeistert, aber auch erleichtert, als er ein Foto von Frau Blomberg, der er kurz davor die Hand geküsst hatte, beim Geschlechtsverkehr mit einem jüdischen Tschechen sah. Die »Vorsehung« half ihm bei der Entfernung eines lästigen Mahners gegen seine Kriegspläne! Als das Ehepaar von seiner Hochzeitsreise zurückkehrte, informierte der »Führer« seinen Minister, dass er untragbar geworden sei. Er forderte seinen Rücktritt. Blomberg, ein glühender Verehrer Hitlers, kam diesem Wunsch nach. Als Abschiedsgeschenk schlug er die Ernennung des »Führers« zum Oberkommandierenden der Wehrmacht vor.

Hitlers scheinbare Toleranz sollte viele NS-Bonzen in eine Falle locken, denn in Umgehung aller offiziellen Sicherheitsdienste wurde im »Braunen Haus«, der Münchener Parteizentrale der NSDAP, schon sehr früh ein geheimes Privatarchiv geschaffen. Die ursprüngliche Sammlung von Informationen und belastendem Material über politische Gegner dehnte man bereits in der Anfangsphase der Partei auf die eigenen Parteigenossen aus. Die handlichen Dossiers ruhten, zum jederzeitigen Gebrauch bereit, in einem Panzerschrank. Selbst bei frühen Mitstreitern und »Duz-Freunden« ließ der »Führer« Privatleben, Herkunft und Gesinnung durchleuchten und registrieren. Bekannt ist der Fall des mit Hitler eng befreundeten Emil Maurice, den er mit seiner jüdischen Herkunft erpresste und kaltstellte.[80]

Einzelheiten zu diesen Geheimakten hat Hitler nur im engsten Kreis preisgegeben: »Ich habe einmal ein Paket Briefe bekommen, von Severing[81]; sie hätten ihn vernichtet; ich habe gleich zum Doktor [Dr. Joseph Goebbels] gesagt: Die dürfen wir nicht veröffentlichen. Es waren Herzensergüsse, wie sie ein kleiner Ladenjüngling seinem Mädchen macht. Mir ist er dadurch eigentlich nähergekommen. Vielleicht war das auch ein Grund, weshalb ich davon abgesehen habe, ihn zu verfolgen.«[82] Beliebt waren auch kompromittierende Fotos.»Auch die Lichtbilder der Mathilde von Kemnitz habe ich im Tresor ...«[83]

Galt es einen unbequemen NS-Politiker zu beseitigen, schlug Hitler voll Raffinesse nicht gleich zu, sondern wartete eine günstige Gelegenheit ab. War die Zeit reif, zerrte er – die intern längst bekannten – Verfehlungen des in Ungnade Gefallenen ans Licht. Moralisch aufgezäumte Verdammungsurteile prasselten auf den manchmal langjährigen NS-Weggefährten und nunmehrigen Feind bis zu seiner Vernichtung nieder.

Oft wurde auch die Verständnislosigkeit der »Masse« für Exzesse der politischen Führung genutzt.»Wenn das der Führer wüßte«, lautete ein beliebtes Zitat ahnungsloser Genossen im Dritten Reich. Wieder einmal war der ahnungslose, idealistische »Führer« von einem engen Vertrauten zutiefst getäuscht worden. Auch Hitler selbst fiel es wie Schuppen von den Augen. Welche Infamie! Und er tobte dann voll Entrüstung gegen jene Verbrecher, die das deutsche Volk »sittlich und moralisch« verseuchten. Viele glaubten ihm.

Nackt ist nicht nackt

»Nackt oder schamlose Entblößung?«, fragte die SS-Zeitung *Das Schwarze Korps* seine Leser. »SS-Männer, seid Ihr auch sicher, daß Ihr die Grenzen reinlich zu ziehen versteht zwischen dem, was frommt und was vergiftet?«[1] Was aber frommte, was vergiftete im Dritten Reich? Der kleine Unterschied blieb undefiniert. Und so trauten die Zuschauer auf den Tribünen im Nymphenburger Schlosspark am Abend des 27. Juli 1937 kaum ihren Augen. Junge, schöne Mädchenkörper räkelten sich – prächtig ausgeleuchtet – in knappen, hautfarbenen Höschen und sonst nichts, im Wagen der »Jagdgöttin Diana« zu Füßen der nackten Göttin. Das nächtliche Fest »Die Nacht der Amazonen«[2] bot eine Abfolge von szenischen Spielen und Aufmärschen. Auch im sommerlichen »Blumenhain der Amazonenkönigin« wandelte man hüllenlos. Andere historische Themen, wie »Der Einzug des Kurfürstenpaars« oder »Nymphenburger Porzellan« nahmen sich – Augenzeugenberichten zufolge – dagegen fad aus und konnten in der Gunst des Publikums nicht mehr punkten. Das polizeilich genehmigte Spektakel stand unter der Schirmherrschaft der NSDAP. Christian Weber, Münchner Ratsherr, »alter Kämpfer« (der NS-Bewegung), ehemaliger Pferdeknecht und notorischer Frauenheld, war für die Gesamtleitung verantwortlich. Die eher banale künstlerische Intendanz hatte der NS-Maler Albert Reich übernommen. »Die Nacht der Amazonen« wurde berühmt-berüchtigt. Im darauffolgenden Jahr gab es mit

Plakat für die
»Nacht der
Amazonen«

Wagen der
Jagdgöttin
Diana bei dem
Fest »Nacht
der Amazonen«,
1938

der »Nacht der Nymphen« eine bejubelte Fortsetzung. 1939 setzte der Kriegsausbruch den großen Stadtfesten Münchens ein Ende.

Oktoberfeste, Oktoberfestumzüge, Faschings- und Künstlerfeste gehörten seit Langem zum Bild der bayerischen Hauptstadt. Man amüsierte sich feucht-fröhlich und ohne übertriebene Prüderie. Festumzüge fanden seit dem Beginn des 19. Jahrhunderts statt. Auch im 20. Jahrhundert gab es dafür genügend Anlässe. 1910 wurde mit einem wilden Umzug des 100-jährigen Jubiläums des beliebten Oktoberfestes gedacht, 1923 marschierte man für das deutsch-nationale »13. Deutsche Turnerfest« durch die Stadt. Überall wirkten Bürger und Boheme begeistert mit.

Die Nationalsozialisten nutzten diese lange Tradition und führten sie in ihrem Sinne fort. 1937–1939 veranstalteten sie in der zur »Hauptstadt der Kunst« gekürten Stadt zum Thema »2000 Jahre deutsche Kultur« teure Spektakel. Mit Umzügen in historischen Kostümen erweckte man die ruhmreiche Geschichte Deutschlands zu neuem Leben. Mit Darstellungen wie »Sonne und Mond« und »Feuer, Erde, Luft und Wasser« stellte man große deutsche Leistungen aus Kunst, Kultur und Wissenschaft vor. Prominente Münchner Künstler gestalteten die Szenenfolgen, viele Münchner traten als Laiendarsteller auf. Nach monatelanger Vorbereitungszeit rollten dann die Wagen mit den »Lebenden Bildern« majestätisch durch die Straßen. Zehntausende Zuschauer bestaunten das farbenprächtige Schauspiel. Besonderen Gefallen fanden die spärlich bekleideten Germanen. Neben ihnen schritten NSDAP-Gruppen in voller Uniform, mit NS-Standarten und -Insignien.

Nackte – männliche wie weibliche – Körper verletzten im Dritten Reich – bei richtiger Präsentation – durchaus nicht das Schamgefühl. Die Parteilinie forderte in dieser Hinsicht Welt-

offenheit und Toleranz. Es galt den Ruf des Klein- und Spieß-
bürgerlichen abzustreifen, der dem NS-Regime vom Beginn
bis zu seinem Ende anhaftete. Man wollte innovativ sein
und distanzierte sich stolz von jeglicher »Prüderie und Ver-
klemmtheit«. Auch die »falsche Moral« der Bourgeoisie galt es
zu überwinden. »Da ist zunächst die große Kategorie aller
jener Eiferer, jener Spießer und Mucker, die von Natur aus
unfähig sind, so abgrundtief voneinander verschiedene Begriffe wie Reinheit und Preisgabe, Nacktheit und schamlose
Entblößung in ihrem Gegensatz zu erkennen«, gab sich *Das
Schwarze Korps* freizügig. Dies hieß jedoch keinesfalls, dass
man die »schwüle, perverse Sinnlichkeit« der proletarisch-re-
volutionären Kunst der marxistischen Erzfeinde zu tolerieren gedachte. Hitler hatte sich zu diesem Thema bereits in
»Mein Kampf« Gedanken gemacht und das Programm vor-
ausbestimmt: »Das öffentliche Leben muß von dem erstickenden Parfum unserer modernen Erotik befreit werden, genau
wie von jeder unmännlichen, prüden Unaufrichtigkeit ...«[3]
   Die neue »Volkskultur« verbannte alles vermeintlich Las-
zive, Sinnliche und Obszöne aus der Kunst, wenn es nicht,
wie Streichers pornografisches Hetzblatt *Der Stürmer*, der
nationalsozialistischen Sache dienlich war. Im Allgemeinen
ordnete man diese Begriffe den jüdischen Künstlern zu, die
mit ihren »Machwerken« das deutsche Volk zu verderben
trachteten. Schon 1933 wurde »entartete« Kunst willkürlich beschlagnahmt.[4] Die entsprechende gesetzliche Grundlage hinkte nach. Erst am 31. Mai 1938 folgte das »Gesetz
über die Einziehung« von Erzeugnissen entarteter Kunst«.[5]
Es war von lapidarer Kürze, bestand nur aus drei Paragrafen und gab keine Definition des Begriffes »entartet«.

   Die Sittenwächter des Dritten Reichs, gleichzeitig Hüter des
guten Geschmacks, verließen sich bei ihren Vernichtungs-

*Josephine Baker
1925 beim
»Bananentanz«*

aktionen auf ihren untrüglichen Instinkt. Selbst verzichteten sie nicht auf voyeuristische Abbildungen. Voll Raffinesse und Entrüstung stellten sie – aus erzieherischen Gründen – die »reine, edle« Nacktheit der Deutschen der verkommenen »Nudität« der morbiden Weimarer Republik gegenüber.[6]

Für die nationalsozialistischen Kunst- und Kulturdiktatoren war die schwarze, amerikanische Tänzerin Josephine Baker[7] ein Ausbund des Teufels, ein Sinnbild für die »Verniggerung« der abendländischen Kulturwerte, ein Feindbild der Volksgemeinschaft. Mit Argusaugen beobachteten sie,

99

wie sich das deutsche Publikum an ihren exzentrischen Darbietungen ergötzte, wie man Jazz spielte und zu den Klängen der in der NSDAP verhassten amerikanischen »Negermusik« mit unzüchtigen Verrenkungen tanzte. Josephine Baker, die hervorragendste Repräsentantin der neuen »Jazzkultur«, löste in NS-Kreisen blankes Entsetzen aus. Als Tochter eines jüdischen Schlagzeugers und einer schwarzen Waschfrau galt Baker in NS-Deutschland, aber auch den USA als rassisch minderwertig. Ihre wild-erotischen Tänze waren für die NS-Machthaber eindeutige Zeichen sittlicher Dekadenz und der von ihr in Europa populär gemachte Jazz ein typisches Beispiel von »entarteter« Musik. Ihre offen zur Schau gestellten Blößen degradierten Baker – wie die *New York Times* und das SS-Organ *Das Schwarze Korps* in seltener Übereinstimmung berichteten – zur »Negerschlampe«. Ihr engagierter Kampf gegen die Rassentrennung, mit dem sie sich in den USA erbitterte Feinde schuf, klassifizierte man in NS-Deutschland als »echt jüdische Frechheit«. Ihre uneheliche Geburt war das einzige Detail ihres Lebenslaufs, das bei den NS-Behörden kein Missfallen erregte. Josephine Baker hatte im Alter von 16 Jahren ihre Leidenschaft für Tanz und Musik entdeckt. Sie trat einer Vaudeville-Truppe bei und tourte durch die USA. Mit den Modetänzen Charleston, Mess Around und Itch machte sie Furore. Ihre Anhänger bejubelten ihre Auftritte, ihre Gegner pfiffen sie aus – es kam zu erbitterten Schlägereien. 1924 übersiedelte sie nach Paris, wo sie die Stadt an der Seine im Sturm eroberte. Als Star der »Revue Nègre« avancierte sie, wie die Zeitungen schrieben, vom »schwarzen Show-Girl zur schwarzen Venus«. In ihrem Nachtlokal »Chez Joséphine« traf sich die künstlerische Avantgarde, und ihre Tänze – eine Mischung aus exotischer Nacktheit und tänzerischer Wildheit – inspirierten Künstler wie Pablo Picasso. Während

Bakers »Jazz Hot« Europas Jugend in einen wahren Begeisterungstaumel versetzte, hassten konservative Bürger die »Negermusik« und prophezeiten das Ende der westlichen Zivilisation. Als Baker in der Revue »La Folie du Jour« bei ihrem berühmten »Bananentanz« (Danse Sauvage), abgesehen von einem Röckchen aus 16 Bananen, nichts trug, schien sich für ihre Kritiker das Schlimmste zu bewahrheiten. 1927 kam Josephine Bakers erster Stummfilm »La Sirène des Tropiques« in die Kinos. Er wurde zum großen Erfolg und markierte den Beginn einer langen Filmkarriere. Die Tänzerin erlangte internationale Berühmtheit. Sie trat in allen Hauptstädten Europas auf, erzielte mit ihren von Columbia Records vertriebenen Schallplatten Rekordumsätze. Sie wurde zur bestverdienenden Entertainerin ihrer Zeit und zum gefeierten Idol einer ganzen Epoche. Katholische und protestantische Kreise warnten vor dem Sündenbabel ihrer Vorstellungen. Als die Künstlerin 1928 in Wien gastierte, hielt man in den Kirchen Sondergottesdienste ab. Viele Gläubige taten Buße für jene »schweren Verstöße, begangen durch Josephine Baker und ihr sittenloses Publikum«. Prag und Budapest verhängten Auftrittsverbote. Die Stadt München schloss sich wegen der »Verletzung des öffentlichen Anstands« an. In Deutschland kamen die lautesten Proteste aus den Reihen der im Aufstieg begriffenen Nationalsozialisten. Im Namen des »gesunden Volksempfindens« stellten sie die Beseitigung derartiger Exzesse in Aussicht. Sie sollten ihr Versprechen halten.

Die 1938 stattfindende Ausstellung »Entartete Musik« räumte dem Wirken der schwarzen Künstlerin breiten Raum ein und fällte ein vernichtendes Urteil. Sie selbst wurde in Deutschland verfemt, ihre Filme und Schallplatten wurden verboten.[8]

Bei der als »Sünde persönlich« bezeichneten Deutschen Anita Berber waren, wie die Nationalsozialisten bei ihrem Machtantritt erleichtert feststellen konnten, keine Zensurmaßnahmen mehr nötig. Die exzentrische Künstlerin war bereits 1928 im Alter von 29 Jahren an »Lungenschwindsucht« verstorben. Davor allerdings hatte die Dresdnerin mit den roten Haaren, neben der sich Josephine Baker sehr sittsam ausnahm, ganz Deutschland mit ihren Skandalen erregt. Sie trat als erste Nackttänzerin auf, spritzte sich Kokain, liebte Männer und Frauen. Als »Göttin der Nacht« verkörperte sie Verworfenheit und freie Sexualität. Schon mit 16 Jahren entdeckte die begabte Tänzerin und Schauspielerin eine Marktlücke. Von da an tanzte sie nur mehr vollkommen nackt. Ein Augenzeuge erlebte sie im Hamburger »Alkazar«: »Wenn Anita ihren schönen Po dicht vor der Rampe rhythmisch zur Schau brachte, hoben sich die Wogen der Begeisterung. ... Ihre schönen Titten«, bemerkte der aufmerksame Beobachter, »waren um die Warzen herum fleischfarbig geschminkt.« Ihr Programm umfasste »Tänze des Lasters, des Grauens und der Ekstase«. Einige davon sollten später von der jungen Leni Riefenstahl kopiert werden. Unmittelbar vor ihrem Ende griff Anita Berber zur Schminke: »Der Kerl [Teufel] soll mich schön haben.« Die Nachrufe bezeichneten sie als »einfaches Mädchen, das von dunklen Mächten gehetzt worden war«.[9]

Kurz vor Beginn der nationalsozialistischen Herrschaft fand am 20. Januar 1933 in Prag und wenig später in Wien die viel beachtete Premiere eines Spielfilms statt. In dem gefühlvollen Ehedrama »Ekstase« um Scheidung und neue Liebe wirkte die junge, außergewöhnlich schöne Österreicherin Hedwig Kiesler (in Hollywood Hedy Lamarr) mit.[10] In dem Streifen reitet sie als Frau namens Eva melancholisch durch die Landschaft, bemüht, ihren bei der Scheidung von einem tyrannischen Ehemann erlittenen Schmerz zu vergessen. Sie macht bei einem Waldsee halt, entledigt sich ihrer Kleidung und badet in völliger Nacktheit unter dem Auge der Kamera. Pferd samt Gewand entschwinden. Auf der Suche nach dem Ross steht der unbekleideten Schönen ein Helfer in Gestalt eines jungen Ingenieurs bei. Eine Romanze mit einer leidenschaftlichen Liebesszene samt angedeutetem Orgasmus rollt ab. »Ekstase« zeigte die ersten Nacktszenen der Filmgeschichte. Dies blieb nicht ohne negative und positive Folgen. Der Ehemann des Stars, ein reicher Rüstungsfabrikant namens Mandl, fühlte sich durch seine auf der Leinwand von jedermann nackt zu bewundernde Frau kompromittiert. Wutentbrannt verbot er ihr das Filmen und kaufte Kopien des Streifens auf. Da er nie an das Original herankam, lief der Film in jenen Ländern, die kein Aufführungsverbot erlassen hatten, weiter. Es war ihm nur ein schwacher Trost, dass die USA jede Aufführung bis zum Jahr 1940 untersagten. Bei Hedwig Kiesler, verheiratete Mandl, meldete sich jedoch Hollywood.

Im nationalsozialistischen Deutschland verbot die Filmprüfstelle den Skandalfilm. Nicht durch ihre Nacktheit, sondern durch ihre jüdische Abstammung verletze die Schauspielerin das gesunde Volksempfinden! Auch der erregte Gesichtsausdruck und die leidenschaftliche Hingabe des weiblichen Stars – die erste filmische Darstellung eines Orgasmus – fiel der Schere des empörten Zensors zum Opfer. Auf Betreiben von Propagandaminister Goebbels kam dann 1935 eine stark gekürzte und entschärfte Version unter dem Titel »Symphonie der Liebe« in die Berliner UFA-Theater. 1937 übersiedelte Hedwig Kiesler in die USA, wo sie unter dem Namen Hedy Lamarr Weltkarriere machte. Im Kampf gegen NS-Deutschland leistete die als »schönste Frau der

Welt« gefeierte vehemente Gegnerin des Regimes, die sämtliche Angehörigen in Konzentrationslagern verlor, später ihren erstaunlichen Beitrag zur alliierten Kriegsführung. Als ehemalige Gattin eines Rüstungsfabrikanten hatte sie Einblicke in die Probleme bei der Entwicklung ferngesteuerter Torpedos erhalten. Sie erfuhr, dass die Steuerung über Funk nicht funktionierte. Sie hatte sich als zu anfällig erwiesen. 1942 kam dem Star die Idee, die Steuerungssignale auf verschiedene Frequenzen zu verteilen und sie damit vor Störungen durch den Feind zu sichern. Das »Spread Spectrum« bildet die Grundlage der modernen Mobilfunktechnik. Zur Erinnerung an Hedy Lamarr wird der »Tag der Erfinder« an ihrem Geburtstag, dem 9. November, begangen.

Eine Zeitung, die sich brüstete, die moderne NS-Zeit besonders gut zu verstehen, war die *NS-Frauenwarte*. Sie fällte ihr Urteil über die Damen Baker und Lamarr: »Nichts liegt … ferner als Prüderie … ein schönes Mädchen ist gewiß nicht zur Nonne geschaffen … allerdings und das ist der Unterschied zwischen gestern und heute, auch nicht zur Kokotte!«[11]
Die zahlreichen Publikationen des Dritten Reichs bieten nackte Körper in erstaunlicher Fülle. Man wollte damit nicht nur die edlen, deutschen Körper zeigen, sondern auch den bereits 1880 international modern gewordenen Trend zur gesunden Freikörperkultur fördern. Von der berühmten Isadora Duncan inspirierte gruppenweise Nackttänze fanden nicht nur in Deutschland, sondern auch in England und den USA großen Anklang. Dementsprechend tummelten sich viele kurz geschürzte oder unbekleidete Menschen auch in den NS-Illustrierten. Selbst das SS-Organ *Das Schwarze Korps* zeigte die Nackten bei fröhlichem, arglosem Spiel und edlem Sport in der reinen Natur. Die Beweggründe der Na-

»Lasst die Freude unbegrenzt sein!« FKK in
Großbritannien 1935

tionalsozialisten waren einfache. Körperliche Erschöpfung
sollte jeden Gedanken an frühe sexuelle Betätigung verdrängen. Ganz wie es Hitler bereits in »Mein Kampf« (1924/25)
formulierte: »[Der heutige Staat] läßt die Jugend auf Straßen und in Bordells verkommen, statt sie an den Zügel zu
nehmen und körperlich so lange weiterzubilden, bis eines
Tages ein gesunder Mann und ein gesundes Weib daraus erwachsen sind ...«[12]

Zu viel Kleidung verstecke nur schöne Körper, warnte
der »Führer«: »Der Junge, der im Sommer mit langen Röhrenhosen herumläuft, eingehüllt bis an den Hals, verliert
schon in seiner Bekleidung ... sagen wir es nur ruhig, die
Eitelkeit muß herangezogen werden. Nicht die Eitelkeit auf
schöne Kleider, die sich nicht jeder kaufen kann, sondern die Eitelkeit auf einen schönen, wohlgebildeten Körper ... auch für später ist dies zweckmäßig. Das Mädchen

105

»Keine falsche,
verlogene Prüderie
im NS-Staat«.
Foto von 1941

soll seinen Ritter kennenlernen. Würde nicht die körperliche Schönheit heute vollkommen in den Hintergrund gedrängt durch unser laffiges Modewesen, wäre die Verführung von Mädchen durch krummbeinige, widerwärtige Judenbankerte gar nicht möglich. Auch dies ist im Interesse der Nation, daß sich die schönsten Körper finden und so mithelfen, dem Volkstum neue Schönheit zu schenken ...«[13]

Die NS-Diktatur begrüßte demnach auch Aktdarstellungen in Malerei und Plastik, soweit dabei die von der NSDAP definierten Kunstkriterien eingehalten wurden.

Der autoritäre, um das Wohl der Volksgemeinschaft besorgte Staat sah die Vermittlung idealer Rassetypen, idealer Landschaften und idealen Lebens in naturalistischer Manier als eine seiner großen Aufgaben. Die Plastik hatte sich an antiken Vorbildern zu orientieren. Im Gegensatz zur »Zersplitterung« des Expressionismus liebte man gegenständliche, einheitliche Kunst.

Die Nationalsozialisten begrüßten und förderten die Fortschritte auf allen Gebieten der Technik. Autobahnen entstanden, der »Volksempfänger« hielt seinen Einzug in die Haushalte, der »Volkswagen« ging in Produktion, der Film trat seinen Siegeszug an, moderne Kommunikationsmedien dienten der Propaganda und der Überwachung.

Doch gegen die zeitgenössische Kunst, die den großen Wandel reflektierte und die beunruhigend veränderte Maschinenwelt widerspiegelte, kämpfte das Dritte Reich verbissen und mit allen Mitteln. Voll Anachronismus suchte man auf dem künstlerischen Sektor das Rad der Zeit zurückzudrehen oder zumindest anzuhalten.

Während Industrie und Technik ungebremst von Erfolg zu Erfolg schritten, der Anteil der in der Landwirtschaft tätigen Bevölkerung – auch unter den Nationalsozialisten – weiterhin rapid schrumpfte, zeigte man den staunenden

Volksgenossen als Ideal eine versunkene Welt. Und zwar nicht die von gestern, sondern die von vorgestern. Die Industrialisierung wurde ausgeblendet. Bauern zogen mit veralteten Pflügen ihre Furchen, frohe, altmodisch gewandete Bäuerinnen stillten ihre blonden Säuglinge. Nackte, Ähren oder Fackeln tragende Schönheiten zeigten sich mit altmodischen Zopffrisuren. Landschaftsmalerei im Stil der alten holländischen Meister oder bestenfalls aus der Mitte des 19. Jahrhunderts war die beliebteste Kunstgattung, daneben stand die – sterile – Aktmalerei in hohem Kurs. 10 Prozent der zwischen 1933 und 1945 entstandenen Gemälde widmeten sich diesem Genre. Als sich – während des Krieges – eine der Sekretärinnen Hitlers über den hohen Anteil der auf der »Deutschen Kunstausstellung« gezeigten Akte wunderte, erklärte ihr der »Führer« lapidar: »Von der Front heimkehrend haben sie [die Soldaten] ein physisches Bedürfnis, in der Bewunderung der plastischen Schönheiten allen Dreck zu vergessen.«[14]

Jene Maler und Bildhauer, die sich – aus Überzeugung oder Not – den Vorstellungen der Nationalsozialisten anschlossen, standen vor einem großen Dilemma. Sämtliche bedeutenden ungegenständlichen Strömungen der Kunstszene des 20. Jahrhunderts wie Expressionismus, Dadaismus u. a. waren für sie tabu. An die Epoche der Weimarer Republik durften sie nicht anknüpfen, alle modernen Kunsttendenzen waren zu ignorieren. Es galt sich international zu isolieren, sich nach rückwärts zu orientieren, sich in – durch die Fotografie überwundene – Epochen zu begeben und den Sprung in längst vergangene Zeiten zu wagen. Sie waren dabei allerdings nicht allein. Die NS-Politik stand hilfreich an ihrer Seite – sie diktierte die erlaubten Themen. Und die NS-Rassentheoretiker setzten die künstlerischen Maßstäbe. So legte Hans

»Sauberer Körperkult«. Foto von 1941

Günther, der Rassenguru des Dritten Reichs, nach eingehenden Studien an menschlichen Körpern die Schönheitskriterien für die weibliche und männliche Aktmalerei fest. Für die NS-Eva galt: »Blond. In der Mitte nicht zu dick und dann ein langes Bein mit schlanken Unter- und Oberschenkeln. Die Bauchdecke sehr straff. Der Busen nordisch, apfelgroß, mit eingezogener Brustwarze, hellrosig und mit schwacher Pigmentierung, prall auf dem Brustkorb sitzend. Die ganze Gestalt ein wunderbares Ebenmaß zwischen Anmut und Stärke.«

Für den NS-Adam galten andere Kriterien: »Blond. Vor Gesundheit und Kraft strotzend, groß mit breiten Schul-

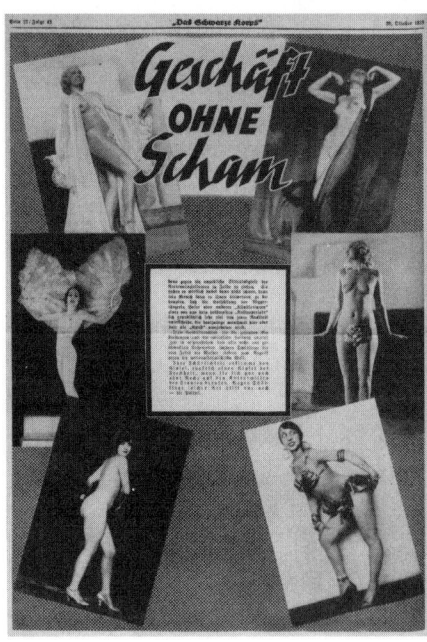

»Schön und rein« ist die NS-Nacktheit, »schamlos« die jüdisch-bolschewistische. »Das Schwarze Korps«, 20. 10. 1938

tern, schlanken Hüften, im Antlitz ein Zug von siegessicherer Entschlossenheit.«[15]

Das Schwarze Korps, die Zeitschrift der SS, assistierte: »Worauf es ankommt bei der Darstellung des nackten Menschen und des nordischen Rassetypus ist die … Enthüllung im eigentlichen Sinn einer beseelten Schönheit, den reinsten und unmittelbarsten Ausdruck eines ursprünglichen, gottähnlichen Menschentums zu finden … die Nacktheit im Norden wirkt nur dann überzeugend, wenn sie die Offenbarung eines Höheren, Göttlichen ist, wenn durch die Hülle ein Ewiges, Unsterbliches, hindurchschimmert …«[16]

Für Künstler, die den neuen Aufgaben willig, aber ratlos gegenüberstanden, gab es in einer Nummer des SS-Organs Hilfe. In dem illustrierten Artikel »Das deutsche Antlitz« heißt es: »Die drahtbewimperte Hollywood-Diva hat so ziemlich ausgevampt, man glaubt nicht mehr an diese Männer bezwingende Kraft … der nordische Mensch ist die Zurückhaltung selbst … ein Frauenzimmer, dem man die Verliebtheit schon auf Meilenweite ansieht, zeigt Mangel an seelischem Empfinden, selbst wenn die Augen blau und die Haare aufgenordet sind …« Der Beitrag schloss auch jeden Einfluss der modernen Strömungen der Psychologie auf die Malerei aus und warnte: »Seelenschnüffelei wie Seelenpreisgabe ist gleicherweise unnordisch … die Züge sollen sich ungetrübt und ungestört darbieten.« Darüber hinaus möge der Künstler Selbstüberwindung üben und in echt nordischer Art nicht nach Ruhm schielen.[17]

Als positive Beispiele nordischer Physiognomien empfahl der Autor und Maler Wolfgang Willrich den Kollegen seine eigenen Zeichnungen. Willrich[18] war ein großer Experte für »entartete Kunst«. Er arbeitete nicht nur an der gleichnamigen Ausstellung mit, sondern erwarb sich auch Verdienste um die Säuberung der deutschen Kunsttempel.

Wer nach vielfältigsten Belehrungen noch immer nicht verstand, dem blieben nur noch die »Führer«-Worte: »Gerade die alten Meister stehen dem deutschesten und damit natürlichsten Teil unseres Volkes am allernächsten. Die Meister waren und sind unsterblich. Wie weit entfernt ist aber auch das Wirken dieser Männer ... von unseren modernen Kunstschaffenden, ihren unnatürlichen Schmiereien und Klecksereien.«[19]

Die NS-Künstlerschaft machte verzweifelte Anstrengungen, den an sie gestellten Anforderungen gerecht zu werden. Ihre krampfhaften Bemühungen um regimekonformes Schaffen fanden in gespenstisch sterilen, merkwürdig toten Kunstwerken ihren Niederschlag. Trotzdem enthalten alle Kunstprodukte der NS-Zeit eine sehr deutliche, unübersehbare Botschaft. Die linientreuen Künstler wussten – und profitierten – sehr wohl vom Terror gegen ihre nicht konformen Kollegen und ehemaligen Rivalen. Trotz größter Vorsicht lebten sie in ständiger Sorge, auch selbst in Ungnade zu fallen. Die Angst vor dem Unmut und der fürchterlichen Reaktion der NS-Diktatur fand in ihr Schaffen Eingang. Sie kommt in der Inhaltsleere und der Distanziertheit der »Blut-und-Boden«-Werke deutlich zum Ausdruck. Vielen Kunstschaffenden stand auch das Schicksal von Emil Nolde deutlich vor Augen. Der Maler und Grafiker Nolde, ein Hauptvertreter des deutschen Expressionismus, ein glühender Nationalsozialist und überzeugter Antisemit, hatte Hitlers Machtübernahme freudig begrüßt. Er forderte Maßnahmen gegen die konkurrierenden Juden, die, wie er klagte, in sämtlichen Kunstsparten die Herrschaft an sich gerissen hatten. Als »deutschester« aller Künstler hoffte er 1933 auf Ruhm und Anerkennung. Es kam anders. Man reihte ihn unter die »Entarteten« ein, schloss ihn aus der Reichskammer der Bildenden Künste aus und verhängte über ihn ein Malverbot. Nur die Tatsache, dass ihn Propagandaminister Joseph Goebbels und der Führer der Deutschen Arbeitsfront, Robert Ley, bewunderten und schützten, verhinderte Schlimmeres. So konnte Nolde in der Stille seines nordfriesischen Bauernhofes zwar unter Ausschluss der Öffentlichkeit, ansonsten jedoch unbehelligt weiterarbeiten. Bis 1945 schuf er heimlich ca. 1300 Aquarelle,[20] die heute zu den Höhepunkten seines Schaffens zählen.

Karl Truppe,[21] ein von den Nationalsozialisten sehr geschätzter Künstler, verstand die Zeichen der Zeit. Er malte in Hell-dunkel-Nuancen und kopierte den Stil der flämischen Künstler des 16./17. Jahrhunderts. Sein allegorisches Gemälde »Sein und Vergehen« zeigt eine sitzende, vergrämt wirkende, alte Frau in schwarzer altmodischer Tracht. Sie erinnert an »Die Prophetin Hanna« von Rembrandt.[22] Bedeutungsschwer und fast in ihrem Schoß liegt ein lüsternversonnen blickendes, nacktes Mädchen.

Das öde Werk vermochte selbst den linientreuen NS-Kunstkritiker Karl Korn nicht zu begeistern. Er wagte in der Zeitschrift *Das Reich* einen leisen Vorwurf. Bediene sich der Künstler nicht doch vielleicht einer etwas »verbrauchten« künstlerischen Technik«?[23]

Adolf Wagner, Gauleiter von München, ein Bewunderer und Sammler von NS-Kunst, reagierte empört. Er fand das nackte Mädchen schön und das Bild so eindrucksvoll, dass er es von Hitler als Geschenk erbat. Korn handelte sich einen strengen Verweis des »Führers« ein und drückte sich in seinen folgenden Kunstkritiken regimekonform aus.

Die deutschen Mädchen und Frauen kümmerten sich in ihrer Mehrzahl weder um das auf Gemälden und Plakaten propagierte neue NS-Schönheitsideal, noch suchten sie ihm nachzueifern. Am allerwenigsten tat dies die jazzbegeisterte Freundin des »Führers«, die sich nach der neuesten internationalen Mode kleidete, schminkte, die Haare färbte und die Nägel lackierte. Die Frauen der NS-Ära wussten alle sehr genau, was der Reichsführer SS in einer Ansprache bedauerte: »Im Tanzsaal sind die weniger wertvollen [modisch-attraktiven] Mädchen – sagen wir mal – mehr ansprechend. Sie sind sexuell ansprechender.«

Schon 1925 hatte Adolf Hitler in München die Bekanntschaft eines Künstlers gemacht, dessen mit minutiöser Genauigkeit gemalte, naturalistische Aktbilder seinem konservativen Geschmack entsprachen. Als Sammler bevorzugte Hitler, der sich als Künstler und Kunstkenner fühlte, Maler des 19. Jahrhunderts, wie Hans Makart[24] und Carl Spitzweg[25]. Er war ein großer Bewunderer des historistischen Wiener Ringstraßen-Stils. Für das kommende Dritte Reich galt es jedoch einer zeitgenössischen, nationalsozialistischen Kunst den Weg gegen alle, wie er meinte, entarteten, jüdischen Strömungen zu ebnen. Dazu äußerte er sich: »Der Jude konnte sich sagen: So gut diese Deutschen eine Perversität wie die Leiden des Gekreuzigten im Bilde sich gefallen lassen, werden sie andere Häßlichkeiten hinnehmen, wenn man ihnen einredet, das sei richtig. Die Masse des Volkes hat an Vorgängen auf diesem Gebiet bei uns nicht teilgenommen ...«[26]

Adolf Ziegler,[27] Absolvent der Kunstakademie von Weimar, schien Hitler der geeignete Repräsentant der NS-Kunst zu sein. Tatsächlich stand das frühe und begeisterte NSDAP-Mitglied Ziegler den künstlerischen Strömungen des 20. Jahrhunderts aus Überzeugung ablehnend und verständnislos gegenüber. Ideologie, aber auch ein geringer, mit Selbstgefälligkeit gepaarter Kunstverstand beherrsch-

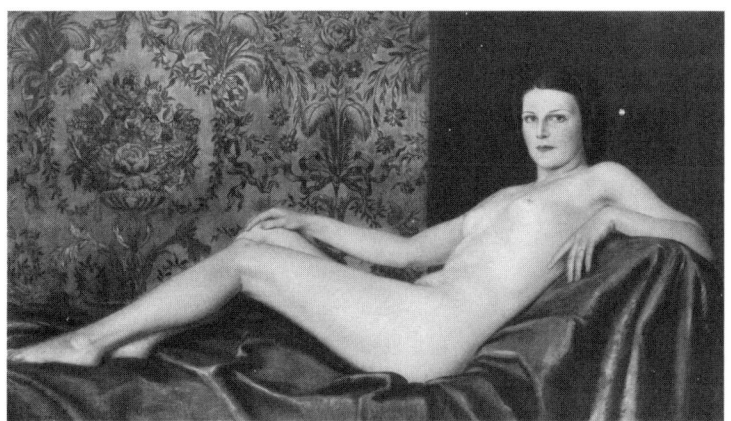

»Liegender Akt«. Adolf Ziegler, 1939

ten den sorgfältigen und altmodischen Maler. Er begriff die
moderne Kunstszene nicht, spielte in ihr nie eine Rolle und
wollte auch nie eine spielen. Unbeeindruckt und unbeachtet
huldigte er einem primitiv-naturalistischen Stil. Seine in
steifer, seltsam lebloser Manier gemalten Aktfiguren sind
Zeugen seiner geringen künstlerischen Begabung. Doch der
linientreue Künstler hatte Glück. Er gefiel Hitler und avancierte zum inoffiziellen Hofmaler der Nationalsozialisten.
Nach der Approbation durch den »Führer« fanden seine
naturgetreuen Aktgemälde Käufer in führenden nationalsozialistischen Kreisen. Von 1924 bis 1930 wirkte Ziegler
als freischaffender, von der NSDAP geförderter Künstler.
Mit der NS-Machtergreifung begann sein kometenhafter
Aufstieg. Der in Kulturkreisen als »Meister des deutschen
Schamhaares« Verachtete wurde im November 1933 zum
Professor an der Münchener Kunstakademie ernannt. 1936
avancierte er zum mächtigen Präsidenten der Reichskammer der Bildenden Künste, der über Gedeih und Verderben
einzelner Künstler befand. 1937 schuf Ziegler sein monu-

mentales Triptychon »Die vier Elemente«, das für den Salon des »Führerbaus« in der Münchner Arcisstraße vorgesehen war. Diese Allegorie symbolisiert die Freude der National- sozialisten an gesunden Körpern in Gestalt nackter Mäd- chen mit strammen Schenkeln und straffen Brüsten.

Die dem Nationalsozialismus feindlich gesinnte künst- lerische Avantgarde, die als »Klassische Moderne« in die Geschichte eingehen sollte, verspottete und verlachte das banale Werk des altmodischen »Meisters des deutschen Schamhaares«: »... und Zieglers nackte Mädchen sehn dich an. Was hat man dir, arme Kunst, getan?«

Bald verging den bedeutendsten Künstlern Deutschlands das Lachen. Viele, wie Karl Schmidt-Rottluff, schloss Präsi- dent Ziegler mittels persönlichem Schreiben aus der Reichs- kammer der Bildenden Künste aus und beraubte sie damit ihrer Existenz. Der Verkauf und die Verbreitung von Werken

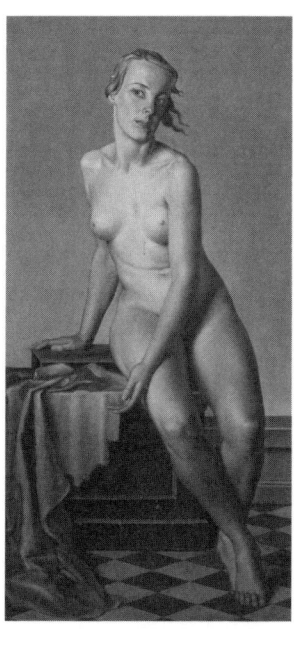

»Die vier Elemente«. Adolf Ziegler, vor 1937. Für den Salon des »Führerbaus« in München

der Geächteten wurden verboten, ihre Ateliers von Schläger-trupps der SA heimgesucht, ausgeplündert und zerstört.

1931 war der große Glaspalast im Münchner Alten Botani-schen Garten, in dem die Münchner Künstlergenossenschaft seit 1888 ihre Jahresausstellungen abgehalten hatte, ein Raub der Flammen geworden. Auf persönlichen Wunsch des kunstbeflissenen »Führers« entstand an der Prinzregen-tenstraße der erste Monumentalbau des Dritten Reichs. Am 15. Oktober 1933 erfolgte die Grundsteinlegung für das »Haus der Deutschen Kunst« (HDK). Bei der Zeremonie zerbrach das silberne Hämmerchen, mit dem Hitler das Baugeschehen symbolisch einleitete. Dieses vermeintliche schlechte Omen erregte den »Führer« und er ließ alle Fotos von dem Missgeschick einziehen und retuschieren. Die Ein-weihung des neuen Musentempels am 18. Juli 1937 wurde mit allem Pomp gefeiert. Ein drei Tage dauerndes Fest umrahmte die Eröffnung der ersten »Großen Deutschen Kunstausstellung« – sieben weitere sollten folgen. Bereits im November 1936 hatte man »unsere lebenden Künstler« zur Teilnahme aufgefordert. Gemeint waren damit allerdings nur die Mitglieder der »Reichskammer der Bildenden Künste«. Die Avantgarde sowie Juden blieben ausgeschlossen. Unter dem Vorsitz von Adolf Ziegler nahm eine Jury ihre Arbeit auf. Von den eingeschickten 15 000 Werken kamen 900 in die engere Wahl. Im Juni 1937 fand eine Vorbesichtigung durch den obersten Kunstkenner Deutschlands statt. »Der Führer tobt vor Wut«, bemerkte Propagandaminister Goebbels, als Hitler viele Werke ablehnte und seinem Fotografen Heinrich Hoffmann für die künftigen »Großen Deutschen Kunstausstellungen« den Jury-Vorsitz übergab.

Die schließlich gezeigten Bilder waren Produkte einer handwerklich braven, konservativen und am Realismus orientierten Künstlerschar. Die NS-Presse begrüßte sie als »klar, sauber, ernst und charaktervoll«. NS-Verbände in ganz Deutschland organisierten für ihre Mitglieder Fahrten zur Kunstschau nach München.[28]

Goebbels, Minister für Propaganda und Volksaufklärung, im Privaten ein begeisterter, jedoch heimlicher Sammler von Emil Nolde, schwärmte: »Eine Welt des Wunders und des holden Scheins soll sich hier vor dem staunenden Auge auftun. Mit naiver und ungebrochener Spielfreudigkeit tritt man an die Illusionen der Kunst heran und träumt sich dabei in eine verzauberte Welt des Ideals, ...«[29]

Den knapp 400 000 Besuchern der NS-Leistungsschau gefielen die Exponate. Die GDK war eine Verkaufsausstellung – von 1400 Bildern wurden 800 verkauft. Neben einzelnen privaten Käufern bestanden die wichtigsten Abnehmer aus Adolf Hitler, der seine Reichskanzlei mit Zeitgenössischem schmückte, der »Reichskunstkammer« sowie Museen, die eilig ihre entschwundenen Bestände mit linientreuen Werken auffüllten.

Die große Leere vieler staatlicher Sammlungen beruhte auf einem allerhöchsten »Führer«-Befehl. Demnach hatte

Arno Breker, »Die Partei«

Hitlers Lieblingsmaler Adolf Ziegler vier Jahre lang an der Spitze einer Kommission die Museen Deutschlands auf der Suche nach »entarteten« Kunstwerken durchforstet und sie – trotz fehlender Gesetzesgrundlage – von »Entartetem« bereinigt. Als unfehlbarer Experte erkannte und sonderte der beschränkte Fanatiker »undeutsches Machwerk« aus. Mit Entsetzen sah er, welch große Bestände zeitgenössischer Kunst von irregeleiteten Direktoren angekauft worden waren: »… es hätten Eisenbahnzüge nicht ausgereicht, um die deutschen Museen von diesem Schund auszuräumen.«

Auch Propagandaminister Dr. Goebbels würdigte seine Leistungen: »Ziegler macht einen Bericht über seine Beschlagnahme-Reise. Er hat sich überall durchgesetzt.«[30]

Bei seinem staatlich verordneten Museumsraub konfiszierte Ziegler, der dafür nach dem Ende des Dritten Reichs nicht zur Verantwortung gezogen wurde, mehr als 16 000 Kunstwerke. Aus pädagogischen Gründen reservierte er 600 Beispiele von Entartung für eine in dieser Form einzigartig gebliebene Ausstellung. Sie trug den schlichten Titel »Entartete Kunst«. Es war eine repräsentative, sensationelle Schau der deutschen »Klassischen Moderne«, wie sie in dieser Fülle nie mehr gezeigt werden konnte.

Anlässlich der Eröffnung am 19. Juli 1937 sprach Hitler zu dem geladenen Publikum. Er fand deutliche Worte: »… und was fabrizieren sie? Missgestaltete Krüppel und Kretins, Frauen, die nur abscheuerregend sind, Männer, die Tieren näher sind als Menschen … diese vorgeschichtlichen, prähistorischen Kultursteinzeitler und Kunststotterer mögen in die Höhlen ihrer Ahnen zurückkehren, um dort ihre primitiven internationalen Kritzeleien anzubringen.«[31]

Ausstellungsleiter Professor Ziegler wollte dem »Führer« nicht nachstehen: »Sie sehen um uns herum diese Ausge-

120

burten des Wahnsinns, der Frechheit, des Nichtkönnertums, der Entartung … Uns allen verursacht das, was diese Schau bietet, Erschütterung und Ekel.«[32]

Die Exposition der »Entarteten«, die im wohl kalkulierten Kalkül einen Tag nach der »Großen Deutschen Kunstausstellung« ihre Pforten geöffnet hatte, übertraf die eher langweilige GDK hinsichtlich der Besucherzahlen um das Fünffache. Der Andrang war so groß, dass die Säle zeitweise wegen Überfüllung geschlossen werden mussten. Zwei Millionen Interessierte strömten herbei, um sich – tatsächlich oder gespielt – beim Anblick von Kunstwerken, die heute zu den bedeutendsten Beispielen der »Moderne« zählen, zu ekeln. Viele kamen direkt von der GDK. Ein roter Handzettel in ihrem Katalog hatte sie zum Vergleich der »edlen« Kunst mit der »verdorbenen« aufgefordert. Jeder möge selbst urteilen! Die in dieser Parallelveranstaltung zur GDK gezeigten konfiszierten Kunstwerke stammten aus 32 Sammlungen und 23 Städten Deutschlands. Ihre Schöpfer, darunter die Künstler Max Beckmann, Lovis Corinth, Otto Dix, Lyonel Feininger, George Grosz, Ernst Ludwig Kirchner, Paul Klee, Franz Marc, aber auch viele andere, stellte man in diffamierender Weise an den Pranger. Die Beschriftungen enthielten Namen der Künstler, Titel des Werks, sie nannten das Museum, aus dem es stammte, und den Preis, zu dem es die verblendeten Kuratoren einst erworben hatten. »Selbst das wurde einmal ernst genommen und hoch bezahlt!« – stand im Katalog. Unerwähnt blieb, dass die hohen Preise aus der Inflationszeit stammten. Riesige Spruchbänder thronten über den nach neun Themenkreisen geordneten Exponaten. Sie hetzten gegen die Künstler und ihre Werke: »Offenbarung der jüdischen Rassenseele«, »Die Dirne wird zum sittlichen Ideal erhoben!«, »Verhöhnung der deutschen Frau – Ideal: Kretin

121

und Hure«, »Kunst predigt Klassenkampf«, »Gemalte Wehr-
sabotage«.

Die Schau lief bis 30. November 1937, bevor sie als Wan-
derausstellung mit wechselnden Objekten bis 1941 in viele
deutsche Städte kam.

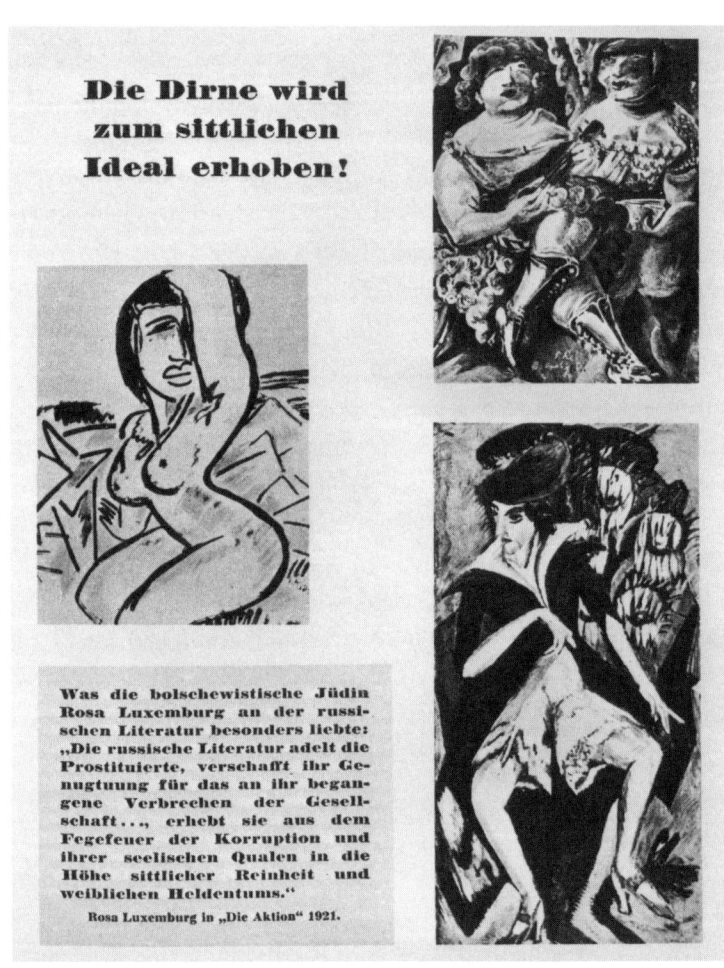

»Die Dirne wird zum sittlichen Ideal erhoben!«
Ausstellungsführer »Entartete Kunst«, 1937

Auch in den USA und England gab es ein breites, konservatives Publikum, das die moderne Kunst vehement ablehnte. Bei der Präsentation der Skulptur »Genesis« (1929/1930) des Amerikaners Jacob Epstein – eine nackte Hochschwangere, deren Züge einer afrikanischen Maske entlehnt sind – kam es in London zu einem Skandal. Man beschuldigte den Bildhauer der Schamlosigkeit und Blasphemie. Im Unterschied zum Dritten Reich spielte die demokratische britische Regierung jedoch nicht die Rolle eines Zensors.

Die staatlich gelenkten Eingriffe der NS-Diktatur sowie die Diffamierung und Vertreibung von Künstlern wurden als Bedrohung für die gesamte Kulturwelt empfunden. Es kam zu einer als Manifest für die Freiheit der Kunst gedachten Veranstaltung in London. 1938 zeigte man die Werke vertriebener, verfemter deutscher Künstler in den neuen Burlington Galleries in London. Das Triptychon »Versuchung« von Max Beckmann mit seinen »entarteten« Frauengestalten bildete das Glanzstück.

In Deutschland zeigte sich Hitler befriedigt über den Erfolg der Ausstellung »Entartete Kunst«, die nach München in 14 weiteren Städten gezeigt wurde: »... bei uns ist [bis jetzt] von den Drecksjuden fast alles, was gesund war, als Kitsch bezeichnet worden.«[33]

Anschließend wurden die beschlagnahmten Werke entweder vernichtet oder in großen Mengen als Devisenbringer auf dem internationalen Kunstmarkt verschleudert. So veranstaltete die Luzerner Galerie Fischer am 30. Juni 1939 eine große Auktion. Die Fülle der angebotenen Grafiken, Gemälde und Skulpturen und die Angst vor einem nahen Kriegsausbruch drückten auf die Preise. Billig ersteigert, fand das in Deutschland verfemte Kunstgut bald Eingang in alle großen Sammlungen der Welt. Manche der »entarteten« Bilder tauschten die Nationalsozialisten im Ausland gegen

»wahre« Kunstwerke ein. Die naiven Kunstbanausen dünkten sich dabei sehr schlau. Sie glaubten, ein gutes Geschäft gemacht zu haben. »Ich freue mich, daß es mir möglich war, in England große Werke gegen einiges von dem zu tauschen, was die Juden unserem Publikum als höchsten Wert bezeichnet haben, während sie selbst von seiner Wertlosigkeit überzeugt und nur darauf aus waren, ... um in der Stille unterdessen das Gute billig an sich zu bringen«, brüstete sich Hitler.[34]

Professor Ziegler begründete während des Dritten Reichs eine Schule von NS-Künstlern. Seine Jünger lieferten Erstaunliches: prallbrüstige, fleischesfrohe Frauenkörper in eindeutigen Posen, dargestellt in realistischer, jedoch lebloser Manier, denen auch die kleinste erotische Ausstrahlung fehlte.

Hitler selbst war ein erklärter Liebhaber der »reinen deutschen Aktmalerei«. Da er auch selbst gerne zeichnete, wurde vermutet, dass er sich auch auf diesem Gebiet betätigt hatte. Nach dem Ende des Zweiten Weltkriegs begann die Suche nach Aktzeichnungen aus der Hand des »Führers«. Sie blieb lange Zeit erfolglos. Dann jedoch tauchten erotische Bleistiftzeichnungen von Eva Braun und seiner Nichte Geli Raubal auf. Später kamen auch Aktzeichnungen der angeblichen französischen Geliebten des Gefreiten Hitler auf den Markt. Hitlers angebliches grafisches Werk erzielte in einschlägigen Sammlerkreisen hohe Preise. Die Ernüchterung ließ nicht lange auf sich warten. Die Aktmalereien erwiesen sich zwar alle als Produkte aus einer Hand, doch nicht aus der von Hitler. Weder hat er seine angebliche französische Geliebte nackt porträtiert, noch seine tatsächliche Geliebte Eva Braun oder seine unglückliche Nichte Geli Raubal. Menschendarstellungen lagen Hitler nicht, was

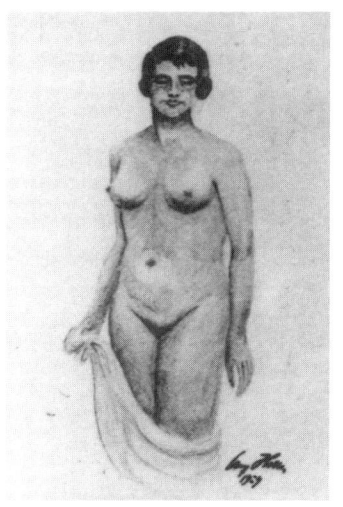

*Geli Raubal als Modell für Hitlers Aktstudien –
eine Fälschung von Kujau*

bereits bei seiner missglückten Aufnahme in die Wiener
Akademie der Bildenden Künste bemängelt worden war.
Aufgrund des großen Interesses hatte der begabte Fälscher von Handschriften und Gemälden Konrad Kujau dieses Manko nach dem Ende des Dritten Reichs behoben. Kujau,[35] Aktionskünstler, Maler und Restaurator, studierte an
den Kunstakademien von Dresden und Stuttgart. Bekannt,
aber auch berüchtigt wurde der talentierte Künstler erst, als
er sich der Fälscherei zuwandte. Er verkaufte der Zeitschrift
Der Stern um den Preis von 9,3 Millionen DM Hitler-Tage-
bücher, die er sachkundig und sorgfältig in seiner Werkstatt
hergestellt hatte. Dort hatte er auch zahlreiche Aktzeichnungen angefertigt und voll Bescheidenheit mit Adolf Hitler
signiert. Im Juli 1985 unterbrach das Hamburger Landgericht Kujaus viel versprechende Karriere und verurteilte ihn
wegen Betruges zu vier Jahren und sechs Monaten Zucht-

125

haus. Nach Verbüßung der Haftstrafe eröffnete der Fälscher ein Atelier, in dem er »Original«-Kujau-Fälschungen anbot.[36] Nach 1945 versuchten die deutschen Museen verzweifelt, wenigstens einzelne Kunstwerke ihrer »entarteten« und in die ganze Welt verstreuten Bestände zurückzuholen. Sie blieben in den meisten Fällen ebenso erfolglos, wie die Künstler ohne Entschädigung blieben. Der Großteil der Kunstwerke kehrte nie mehr nach Deutschland zurück.

1974 fand in Frankfurt eine Ausstellung über Kunst und Künstler des Dritten Reichs statt.[37] Die Veranstalter erwarteten Erstaunen und Ablehnung der NS-Ästhetik. Doch es kam anders. Einem Großteil des Publikums gefiel die unter dem Titel »Dokumente der Unterwerfung« gezeigte, gelenkte »Blut-und-Boden«-Kunst der NS-Diktatur sehr gut. Die getreu nach der Natur gezeichneten Landschaften fanden ebenso Anklang wie die monumentalen Plastiken und die steifen Aktdarstellungen Adolf Zieglers.

Man schätze Bilder, auf denen im Gegensatz zur abstrakten modernen Malerei zumindest »etwas zu erkennen« sei, lautete der Tenor. Auf denen »nackt noch nackt« sei!

Hitlers Kinder

»Kinder, Kinder und noch mehr Kinder«, lautete die Parole der an die Regierung gekommenen Nationalsozialisten. »Wenn junge Leute früh heiraten, könnten sie bis zu 20 Kinder bekommen«, rechnete der Professor für Rassenhygiene Dr. Lenz[1] zur Freude der NS-Machthaber vor. Bald kursierte im Dritten Reich ein Witz: »Auf Befehl des Führers wird die Schwangerschaft von neun auf sieben Monate reduziert.« Die Vertreter der Staatsgewalt lachten nicht. Sie zeigten die humorvollen Volksgenossen wegen »Erschütterung des Vertrauens zur politischen Führung« an.[2]

Zwischen 1919 und 1933 hatte sich die Geburtenrate in Deutschland drastisch reduziert. Die von Not, Hunger, Inflation, Elend und großer Arbeitslosigkeit geprägten Nachkriegszeiten waren nicht dazu angetan, den Wunsch nach Kindern zu fördern. Wurden 1900 noch 2 060 657 Neugeborene (bei 1 300 900 Todesfällen) gezählt,[3] so sank diese Zahl in den folgenden Jahren kontinuierlich, um bei 993 126 Geburten[4] (bei 729 499 Todesfällen) im Jahre 1932 einen historischen Tiefstand zu erreichen.[5]

Keine andere europäische Industrienation verzeichnete einen ähnlich dramatischen Einbruch seiner Geburtenstatistik. Friedrich Burgdörfer, einer der führenden deutschen Bevölkerungsstatistiker, schlug Alarm. Sein Buch »Volk ohne Jugend. Geburtenschwund und Überalterung des deutschen Volkskörpers« erregte großes Aufsehen.[6]

Die Nationalsozialisten beobachteten diese Entwicklung genau. Sie registrierten die vielen Gefallenen des Ersten Weltkriegs (ca. 2,4 Millionen) und die daraus resultierende Altersverschiebung, die Abnahme der jungen und die Zunahme der älteren Jahrgänge, Behinderte, die hohen Sterbeziffern und den großen Überschuss an Frauen. Obwohl sie genaue Informationen besaßen, begründeten sie ihr Programm – die geplante territoriale Expansion Deutschlands nach dem Osten – vorerst auf dem zündenden, aber falschen Slogan »Volk ohne Raum«.[7] Sie zeichneten ein erschreckendes Bild von der drohenden Verarmung der sich rasant vermehrenden Deutschen, denen im dicht besiedelten Gebiet Grund und Boden zur Produktion lebensnotwendiger Nahrungsmittel fehlte.[8]

Nach 1933 stellten sich die Nationalsozialisten der Realität. Die alten Schlagworte von Deutschlands Überbevölkerung waren nun passé. Energische Warnungen vor dem Aussterben der Deutschen und der Vermehrung rassisch Minderwertiger lösten die alte Doktrin nahtlos ab. Aus dem »Volk ohne Raum« wurde über Nacht der »Raum ohne Volk«.[9] Viele merkten den Schwenk in der NS-Ideologie nicht. Vielen schien es ratsam, die auf Plakaten verkündete neue Sichtweise kommentarlos hinzunehmen. Sie lautete: »Vor 1933: Sterbendes Volk! Nach 1933: Wachsendes junges Volk!«[10]

Das neue NS-Reich für neue Menschen sollte mindestens 1000 Jahre dauern. Der Aufbruch in diese glanzvolle »Ära der Deutschen« wurde mit einer großen Bestandsaufnahme der Bevölkerung eingeleitet.[11] Für die Statistikexperten, die bis dahin still und verborgen gewirkt hatten, schlug die große Stunde. Sie registrierten mit Freude, welch bedeutende Rolle sie als »wissenschaftliche Soldaten« im NS-Staat spielten. Das Statistische Reichsamt verdoppelte die Zahl seiner

Statistisches Reichsamt, Berlin, Neue Königstraße.
»Die restlose Erfassung der Deutschen.«

Beamten und bezog ein riesiges siebenstöckiges Gebäude.[12] Es galt, Daten für die Familien-, Sippen- und Rassenpolitik des NS-Staates zu liefern und für die »Arbeitsschlacht« und den »Geburtskrieg« zu interpretieren. Es galt auch, alle Deutschen – es gab damals weder eine durchgängige Melde- noch eine Ausweispflicht – im Sinne der Rassenlehre lückenlos zu erfassen. Eine weitere Aufgabe stellte die Früherkennung – zwecks rascher Korrektur – von Trends dar, die nicht im Sinne der NS-Machthaber waren. Am Anfang der permanenten statistischen Überwachung Deutschlands, mit dem Einsatz modernster Technik, stand die Volkszählung des Jahres 1933.[13] 500 000 »Zähler«, kontrolliert von »Oberzählern«, unter der Leitung Direktor Burgdörfers vom Statistischen Reichsamt in Berlin standen am 12. April 1933 im Einsatz. Als Grundlagen dienten die alten Haushaltslisten. Neu waren die Zusatzfragen an alle verheirateten Frauen, die das Jahr der Eheschließung und die Ge-

129

samtzahl der Kinder ermittelten. Um die Bevölkerungsentwicklung ging es nur nebenbei, im Mittelpunkt stand vielmehr das »Geburtensoll« für biologisch wertvolle Frauen. »Diese Familienstatistik ... soll für eine Fortschreibung der Gebärleistung der Ehefrauen nach Geburtsjahrgängen dienen«, stellte Direktor Burgdörfer fest.[14] Sie diente auch der erbbiologischen Bestandsaufnahme zur Schaffung eines rassisch homogenen, erbgesunden Volkskörpers.[15] Angaben zum Religionsbekenntnis – auch der Großeltern – lieferten Informationen über den Anteil von Juden und »Artfremden«. Die getauften »Rassejuden« konnte man damit, wie die NSDAP indigniert feststellte, nicht erfassen. Bei der zweiten großen Volkszählung im Jahre 1939 hat man dieses Manko behoben. Datenschutz war unbekannt. Sämtliche Volkszählungsdaten landeten unverzüglich auf den Schreibtischen des Reichssicherheitsdienstes und der Gestapo. Der Reichsführer SS Himmler zeigte sich begeistert. Er wurde zum Statistik-Fetischisten und großen Förderer des Statistischen Reichsamtes. Die mittels moderner Hollerith-Lochkartenmaschinen ausgewertete Volks-, Berufs- und Betriebszählung – durch das »Maschinelle Zentralinstitut für optimale Menscherfassung und Auswertung« – ergab einen Stand von 65 218 451 in Deutschland lebenden Personen, darunter 500 000 bekennende Juden.[16]

Unmittelbar danach setzten Maßnahmen zur Steigerung der Geburtenrate ein. Man ging dabei nach den Grundsätzen der Eugenik vor (altgriechisch eu = gut, gennan = erzeugen). Eugenisches Denken hatte in der Weimarer Republik alle Parteien beherrscht, die Nationalsozialisten erhoben es nun zur Staatsdoktrin. Die um 1880 in England von Sir Francis Galton (1822–1911) begründete Wissenschaft machte es sich zum Ziel, durch Zucht den Anteil positiv bewerteter Erbanlagen zu vergrößern. In Deutschland hatte

Alfred Ploetz (1860–1940) die Eugenik eingeführt[17] und
dafür den Ausdruck »Rassenhygiene« geprägt. Er forderte
die Begünstigung der Fortpflanzung Erbgesunder durch
frühe Eheschließung und die Unterstützung Kinderreicher.[18]
   In seinem bereits 1895 entstandenen Buch mit dem irre-
führenden Titel »Die Tüchtigkeit unserer Rasse und der
Schutz der Schwachen« erläuterte er die »Pflege der Rasse«
(positive Eugenik oder Auslese).[19] Unter dem Schutz der
Schwachen verstand er die »Ausmerzung« aller schwachen
und kranken Kinder (negative Eugenik).
   Die Diskussion um dieses heikle Thema riss nicht mehr
ab und der Ton nahm an Radikalität zu. In dem 1920 ver-

öffentlichten Werk »Die Freigabe der Vernichtung unwerten Lebens« haben Karl Binding und Alfred Hoche ihre Ansichten sehr drastisch formuliert: »Denkt man ... ein Schlachtfeld bedeckt mit Tausenden toter Jugendlicher und stellt man in Gedanken unsere Idioteninstitute mit ihrer Sorgfalt für die lebenden Insassen daneben ... ist man auf das Tiefste erschüttert von diesem grellen Missklang ...« Die Autoren begrüßten die Euthanasie (»Schöner Tod«) und stellten Regeln dafür auf.[20]

Das Werk wurde zur Bibel der NS-Bewegung und beeinflusste alle deutschen Rassenforscher.

Im Sinne der »positiven Eugenik« von Sir Francis Galton und seinem Jünger Dr. Alfred Ploetz rollte in Deutschland ein gigantisches Sozialprogramm zur Steigerung der – arischen – Geburtenzahlen an. Vieles davon gab es bereits in anderen, ebenfalls unter Geburtenschwund leidenden europäischen Ländern. Vom Umfang, aber auch vom Inhalt her waren die deutschen Maßnahmen jedoch zum Teil revolutionär modern für die ausersehenen Zielgruppen. Weite Teile der durch die große Arbeitslosigkeit verarmten Bevölkerung, die bisher auf jegliche staatliche Hilfe verzichten mussten, begrüßten das soziale Engagement der neuen Regierung.

Vielen sollte dieser Aspekt des NS-Regimes auch nach dem Ende der braunen Diktatur in positiver Erinnerung bleiben. Tatsächlich kümmerte das Wohlergehen der Deutschen die nationalsozialistischen Machthaber nicht. Die wahren Gründe ihrer Fürsorge gab Hitler nur im engsten Kreis preis: »... Daß wir immer Überschuß an Kindern haben, wird unser Glück sein, denn das schafft Not, und die Not zwingt, sich zu regen, wir kommen nicht in Gefahr, in einem Zustand der Entwicklung ... stecken zu bleiben.«[21]

Im Übrigen war Hitler gegen jede »Gefühlsduselei«: »Alles Leben muß mit Blut erkauft werden. Das fängt an mit der Geburt. Wenn einer sagt, ein solches Leben gefällt mir nicht! Ja, da kann ich ihm nur raten, sich das Leben zu nehmen, ...«[22]

Bereits Anfang 1933 beschloss die Regierung Hitler umfangreiche Finanzhilfen für kinderreiche Familien und die Beibehaltung der Ledigensteuer für Unverheiratete. Gleichzeitig setzte der Reichsinnenminister einen Beirat von Sachverständigen für »Bevölkerungs- und Rassenpolitik« unter der Führung von Dr. Ploetz ein – alle Gesetze sollten auf ihre bevölkerungs- und rassenpolitische Auswirkung hin geprüft werden. Ab Mai 1933 wurden – zur Förderung von Großfamilien – Hausgehilfinnen von den Abgaben zur Sozialversicherung befreit.[23]

Am 1. Juni 1933 rief man trotz gespannter Budgetlage das »Ehestandsdarlehen«, die Gewährung eines unverzinslichen Kredits in der Höhe von 660 RM, ins Leben.[24] Es wurde in Form von »Bedarfsdeckungsscheinen« ausgezahlt, mit denen – zur Verhinderung von Missbrauch und zur Ankurbelung der Güterindustrie – nur Möbel und Hausrat angeschafft werden konnten. Die Gewährung hing davon ab, dass die arische deutsche Braut in den vorangegangenen zwei Jahren mindestens sechs Monate berufstätig gewesen war und ihre Tätigkeit mit dem Tag der Heirat beendete. Sie sollte sich ganz der Familie widmen und ihren Arbeitsplatz einem Mann überlassen. Der Rückzug der Frauen – erst nach Tilgung des Kredits durfte ein neue Stelle angenommen werden – diente der Senkung der hohen Arbeitslosenzahlen. Als Anreiz bot man das »Abkindern« – mit jeder Geburt reduzierte sich das Darlehen um 25 Prozent, beim vierten Kind war die Familie schuldenfrei.

Der ambitionierten Aktion blieb jedoch der große Erfolg versagt. Bis 1937 nahm nur ein Viertel aller Paare die staatliche Hilfe in Anspruch.[25]

Die meisten Ehefrauen gaben ihren Beruf auch nach einer strengen Belehrung durch die Familienämter nicht auf. Zu wertvoll waren in diesen bitteren Notzeiten ein sicherer Posten und ein eigenes Gehalt. Niemand wusste, wie lange sich Hitler halten würde – die häufigen Regierungswechsel der vergangenen Jahre hafteten noch gut im Gedächtnis. Umsonst prangerten die neuen Machthaber weibliche Berufstätigkeit als »Pest des Industriezeitalters«, als »Angriff auf die Würde der Frau«, ja sogar als »Stillpsychose« an.

134

Auch Attacken gegen unsoziale »Doppelverdiener« halfen
nichts. Schließlich übte man mit dem »Bürgersteuergesetz«[26],
das die Einkommen der Ehegatten vor der Besteuerung ad-
dierte, Druck aus.

Am 4. Mai 1937 erkundete sein Stellvertreter Rudolf Hess
die »grundsätzliche Haltung Hitlers in der Frage der Ernennung von Frauen zu Beamten des höheren Dienstes«.[27] Am
25. Juli erhielt Hess die Antwort. »Der Führer wünscht
grundsätzlich nur die Ernennung von Männern zu Beamten
des höheren Dienstes. Das schließt nicht aus, daß im Ein-
zelfalle auch Frauen ... ernannt werden können. Die Ernennung von Frauen zu Beamten des höheren Dienstes dürfte
vor allem in geeigneten Fällen auf dem Gebiete der Wohl-
fahrtspflege, des Erziehungswesens und des Gesundheits-
wesens in Betracht kommen.«

Diese Weisung Hitlers bestimmte die Einstellungspraxis
im Dritten Reich. Unter dem Motto »Richter und Staatslen-
ker dürfen nur männlich sein«, erließ er für die deutschen
Mädchen in juridischen Fächern Studienverbote an den
Universitäten. Für alle anderen Disziplinen galt für sie ein
Numerus clausus.

Viele Frauen liebten ihren Beruf. Ihr Alltag unterschied
sich nur wenig von dem heutigen. Die Schriftstellerin Vicki
Baum schilderte ihren Tagesablauf, der schon 1930 dem
einer modernen, energiegeladenen Managerin glich: »Ich
stand früh auf – hab nie nachgerechnet, wie viele oder wenige Stunden ich geschlafen hatte ... wir wohnten nahe den
Grunewaldseen, und in der warmen Jahreszeit fuhren wir
nach einem leichten Frühstück hinaus, um ein paar Stöße
zu schwimmen ... dann brachten wir, mein Mann [der Diri-
gent Hans Lert] und ich, die Kinder zur Schule ... dann fuhren wir in die Stadt, ich in die Redaktion, mein Mann ins

Opernhaus. Einige Stunden Arbeit bei Ullstein. In der Mittagspause jagte ich zu Sabri Mahir [dem Boxlehrer], arbeitete mich aus ... aß zu Mittag nach strenger Diätvorschrift ... zurück zu Ullstein. Vier Stunden gearbeitet, oft noch länger. Dann mit dem Bus oder Wagen nach Hause. Mit den Kindern gespielt ... dann gingen sie zu Bett, und ich schwemmte die Tagesmüdigkeit in einem heißen Bad aus – und dann kam mein zweiter Tag. Jetzt hatte ich ein paar Stunden ganz für mich. In solchen Stunden habe ich meine Romane geschrieben ...«[28]

Getreu dem Wechsel von Zuckerbrot und Peitsche zur Durchsetzung der Familienpolitik erfolgte bereits im März 1934 die Gründung der »Nationalsozialistischen Volkswohlfahrt« (NSV), einem Netz von »Hilfsstellen für Mutter und Kind«.[29] Ab September 1935 gewährte man ein einmaliges Kindergeld, ab Juli 1936 zahlte man eine monatliche Kinderbeihilfe. Für Mütter galt vor und nach Entbindungen eine sechswöchige Schutzfrist mit vollem Lohnausgleich. Familien mit drei oder mehr Kindern gewährte man die »erweiterte, laufende Kinderbeihilfe«.[30]

Später schuf man noch bronzene, silberne und goldene Mutterkreuze mit der Aufschrift »Das Kind adelt die Mutter« – eine Auszeichnung für Frauen mit vier, sechs und acht Kindern. Die Trägerinnen der Medaillen erregten in der Öffentlichkeit nicht nur Bewunderung, sondern auch Spott. »Gute Häsinnen!«, riefen ein paar Jungen beim Anblick dreier »goldener« Mütter.[31]

Hitler selbst plante für die deutschen Mütter luxuriöse, häusliche Paradiese. »Die Hausfrau soll entlastet werden! Das ist schon deshalb nötig, weil an Dienstmädchen fortlaufend großer Mangel bestehen wird, ein junger Haushalt sich vielfach aber auch ein Dienstmädchen nicht leisten kann. Nicht nur, daß die Wohnblöcke den Kindergarten in unmittelbarer Nähe haben, die Hausfrau soll auch nicht mehr nötig haben, das junge Volk selbst dahin zu bringen, sie drückt auf einen Knopf, und die Kinderschwester erscheint,

Das Ideal der kinderreichen Familie konnte sich trotz großer Propaganda im Dritten Reich nicht durchsetzen.

die Kinder abzuholen. Die Hausfrau soll weiter nicht mehr nötig haben, Kehricht und Küchenabfall die Treppen herunterzuschleppen oder das Heizmaterial heraufzubringen, das alles muß durch Gerätschaften sich in der Wohnung selbst erledigen lassen. Der Wecker, der sie morgens weckt, soll gleichzeitig das Wasser kochen machen, das man zum Frühstücken braucht ...«[32]

Doch weder Zuschüsse, Medaillen noch die Aussicht auf paradiesische Zustände brachten den gewünschten Erfolg. An der weiblichen Berufstätigkeit änderte sich nichts. Die Zahl der Industriearbeiterinnen stieg kontinuierlich an – allein zwischen 1933 und 1935 von 1,2 auf 1,4 Millionen.[33] Nur in Prozentzahlen gerechnet, sank – als Folge der Eingliederung vieler männlicher Arbeitsloser in den Wirtschaftsprozess – der Anteil der berufstätigen Frauen. Das Dritte Reich verschleierte diese Tatsache sehr geschickt, feierte den vermeintlichen Erfolg und hoffte auf die NS-Zukunft. 1933 verurteilte man noch die Doppelbelastung vieler Frauen durch Beruf und Haushalt als Erbe der verrotteten Weimarer Republik. Je länger jedoch das Regime und später dann der Zweite Weltkrieg währten, desto mehr geriet das Ideal der häuslichen Frau ins Wanken. 1937 war die Vollbeschäftigung beinahe erreicht, die Wirtschaft lief auf vollen Touren.[34] In vielen Industriezweigen machte sich ein Mangel an Arbeitskräften bemerkbar. Die NS-Regierung benötigte die Frauenarbeit und trug diesem Umstand Rechnung. Viele NS-Zeitungen begriffen den Wandel nicht. Sie rührten weiter die Propagandatrommel und faselten von der idealen »Frau am Herd«. Das Innenministerium jedoch strich (im Dezember 1937) – und dies ohne Propaganda – ersatzlos jenen Passus, der die Gewährung eines Ehestandsdarlehens an ein Arbeitsverbot der Ehefrau knüpfte.

Diese Nachricht verbreitete sich blitzschnell in ganz Deutschland und die Reaktion der heiratswilligen Volksgenossinnen verblüffte die Beamten. Die Anträge auf Darlehen schnellten empor – 1939 nahm mehr als die Hälfte aller Eheleute die staatliche Hilfe an.

So wie die Korrektur der Ehedarlehen in aller Stille erfolgte, fielen dann später alle der ambitionierten nationalsozialistischen Schutzgesetze für Frauen: Das Verbot der weiblichen Nachtarbeit wurde auf- und die Arbeitszeit angehoben (auf zehn Stunden täglich). Je mehr sich Hitlers Regime später dem Zusammenbruch näherte, desto weiter klafften NS-Theorie und NS-Praxis auseinander.

Das nunmehr populäre Ehestandsdarlehen diente auch als makabres Lehr- und Rechenbeispiel für Schüler. Es lautete folgendermaßen: »Ein geistig Behinderter kostet die Allgemeinheit etwa 4 RM pro Tag, ein Krüppel 5,50 RM und ein verurteilter Rechtsverbrecher 3,50 RM. 300 000 Personen werden innerhalb der deutschen Reichsgrenzen in öffentlichen Anstalten verköstigt. Wie viele Ehedarlehen zu je 1000 RM pro Paar könnten jährlich aus den Geldmitteln finanziert werden?«[35]

Am 15. Juni 1937 fand eine von Reichsführer SS Himmler einberufene geheime Besprechung statt. Es ging um das Thema Familienrecht, Bevölkerungszuwachs und uneheliche Kinder.[36] Letztere waren zwischen 1905 und 1930 in Deutschland stark angestiegen – von 8,5 Prozent auf 12 Prozent aller Geborenen. Die hochrangigen Referenten vertraten sehr konservative Standpunkte. Die Ehe sei der Urgrund der Volksgemeinschaft. Bei unehelichen Kindern müsse immer Rücksicht auf die Familien genommen werden. Die außereheliche Fortpflanzung bringe meist nur ein Kind, führe nicht zur Eheschließung und sei demnach in keiner Weise zu fördern. Die Jungen sollten stattdessen zu mehr Selbstzucht erzogen werden, zum verantwortlichen Denken und zur frühen Heirat.

Die bei dem Treffen ebenfalls anwesenden Rasseexperten[37] widersprachen den Ministerialbeamten. »Es gibt ganz hervorragend und exzellent beschaffene Männer, denen eine zahlreichere Fortpflanzung für unser Volk zu wünschen wäre, als das mit einer [einzigen] Frau möglich ist«, meinte Professor Astel. Sein Kollege Lenz assistierte mit Blick in Deutschlands kriegerische Zukunft: »Durch die Kriegsverluste wird es Mädchen geben, die keinen Mann finden. Wie können sie ihr wertvolles Erbgut trotzdem weitergeben? Die alten Germanen kannten bereits die Institution der Nebenehe.« Professor Lenz, Mitglied im »Nordischen Ring«, einem Geheimbund zur »Rettung der nordischen Rasse«, bedauerte, dass die öffentliche Meinung dafür noch nicht reif sei. Man müsse noch gewaltige Überzeugungsarbeit leisten.

Aus diesem Grund stilisierte das NS-Regime – jedoch nur als Übergangslösung und in Konkurrenz zu den Kirchen – Ehen zum »völkischen Sakrament« hoch und ermunterte zu früher Heirat. Tatsächlich stieg die Zahl der Eheschließungen zwischen 1932 und 1933 um fast 25 Prozent an.[38] Für die Zeit nach dem »Endsieg« hatte man mit den Deutschen anderes vor. Man plante eine Ablöse dieser veralteten Institution durch moderne, freizügige Formen des Zusammenlebens. Dann sollten die – unter Ausschluss der Öffentlichkeit – erörterten fantastischen Vorstellungen der NS-Rassentheoretiker zu Konkubinat, Nebenehe, Bigamie und Vielweiberei in die Praxis umgesetzt werden.

In der – wie man hoffte, kurzen – Zwischenzeit wurden Ehescheidungen erschwert. Man forderte sie jedoch aus »rassischen« Gründen und gestattete sie, wenn eine kinderlose Beziehung zugunsten einer neuen, Nachwuchs versprechenden aufgelöst werden sollte. Das Ehegesetz vom 7. Juli 1938 erkannte Unfruchtbarkeit als Scheidungsgrund an. Die Spruchpraxis der Gerichte gab daher »völkisch wertvollen Ehen«, das heißt solchen mit der Hoffnung auf Nachwuchs,

»Heilig ist uns jede Mutter guten Blutes.« Das Schwarze Korps berichtet über den »Lebensborn«.

Vorrang vor der Beibehaltung »zerrütteter« Ehen, das heißt kinderloser. Aber auch kinderreiche Ehen wurden geschieden, wenn man glaubhaft versicherte, mit einem jüngeren Partner dem »Führer« noch mehr Nachwuchs schenken zu wollen. Die Unterhaltspflicht erfuhr eine neue Regelung. Der schuldige Mann erhielt seine geschiedene Frau, die schuldige Frau zahlte für ihren geschiedenen Mann. Eine neue Eheschließung hob alle früheren Verpflichtungen auf.[39]

Himmler vertrat zu dem Thema der unehelichen Kinder, wie er selbst meinte, ketzerische Ansichten. »Für einen Menschen, der normal und anständig ist« – womit er sich selbst meinte – »ist es nicht so furchtbar leicht, da hineinzugucken und alles zu erklären«, sagte er, um dann weiter auszuführen: »Deswegen brauchen wir nicht zu glauben, daß das deutsche Volk wegen der Frage der unehelichen Geburt kaputt geht, sondern wir müssen diese Frage insgesamt mit einer einigermaßen germanischen Großzügigkeit behandeln ...«[40] Beim Studium der Wappen bedeutender deutscher Geschlechter war er auf viele Bastardwappen gestoßen, deren uneheliche Träger von »einer Mutter guten Blutes« abstammten. Er kam zu dem Schluss, dass auch diese Menschen aus illegitimen Verhältnissen über »famoses« Erbgut verfügten. »Wir brauchen uns also nicht übergroße Angst zu machen«, erläuterte Himmler. Er plädierte für eine Untersuchung, ob uneheliche Mutterschaft Zahl und Qualität des Nachwuchses vermehre oder vermindere, und schloss mit einem höflichen Appell: »Nehmen Sie es mir bitte nicht übel: Wir stammen alle fast aus bürgerlichen Verhältnissen und wollen einmal aus unserer wohlbehüteten bürgerlichen Erziehung in die Welt hinausgucken. Da muß ich feststellen: Es ist völlig anders, als wir es alle gelernt haben und wie wir es uns vielleicht wünschen. Schon im Alter von 22 Jahren – ich will ganz unbestreitbare Zahlen nennen – ist der größte Teil der Männer mit einem Mädchen zusammen gewesen. Jeder Offizier und jeder Soldat wird das bestätigen können. Ich muß sagen – weil ich mir dafür bessere Formen vorstellen könnte –, daß leider Gottes das Unterhaltungsthema der Männer in einer Kompanie meist das Mädchen und die in Deutschland eingerissene höchst unanständige Art, von seinem Geschlechtsleben zu erzählen, ist. ... weiters steht aber auch die Tatsache fest ..., daß die Soldaten, die viel mit Mädchen erlebt haben oder erleben, ... meist sehr gute Soldaten sind. ... daß ausgesprochene Tugendbolde nicht immer die besten Kämpfer waren. Ebenso erschütternd, ... die Zahl der Mädel, die mit 25 Jahren oder mit 28 Jahren ... noch völlig ohne Mann gelebt haben, ... ist verschwindend gering ...« Auch Himmler befürwortete frühe Ehen, räumte aber ein, dass diese sehr oft sehr rasch scheiterten.[41] »Man müßte, wenn man wirklich moralisch ist, ... sagen: Unsere ganze Erziehung muß dahin gehen, daß dieser [außereheliche] Geschlechtsverkehr aufhört! Aber das werden wir nicht zustande bringen, genau so wenig wie es vor Tausenden Jahren möglich war«, meinte Himmler unter der heiteren Zustimmung der Anwesenden. Dann plädierte er zur Senkung der hohen Zahl illegaler Abtreibungen voll Leidenschaft für die rechtliche Gleichstellung der unehelichen Kinder: »... in dem Zeitpunkt, wo man ... bei sittenstrengster Erziehung beim Mädel annehmen muß, daß die Natur stärker sein wird als ein künstliches unseliges Gesetz ..., muß der Staat so großzügig sein ... und das uneheliche dem ehelichen Kind gleichsetzen.«[42] Außerdem wollte sich Himmler »mit Händen und Füßen« gegen allzu große moralische Einschränkungen im Verhältnis »vom Mann zum Mädel« wehren. Er veranschlagte 30 Jahre bis zur Lösung der NS-Sittlichkeitsfrage: »Die Generationen, in den Jahren nach uns, werden es leichter haben.«[43]

Wie in der Frage der Geheimhaltung unehelicher Kindsväter, die selbst bei Gefahr der Verschleierung von verbotenem Geschlechtsverkehr mit »rassisch Minderwertigen« nicht genannt zu werden brauchten, wusste sich Himmler in Bezug auf ledig geborene Kinder in vollkommener Übereinstimmung mit dem »Führer«.[44]

Auch Hitler waren uneheliche Kinder – selbstverständlich nur arischer Herkunft – sehr willkommen. Zu diesem Thema äußerte er:»Nach dem Dreißigjährigen Krieg wurde weithin die Vielweiberei wieder gestattet. Durch das illegitime Kind ist die Nation wieder in die Höhe gekommen. Gesetzlich kann man das nicht regeln. Aber: solange man zweieinhalb Millionen hat, die alte Jungfern werden müssen, darf man das außereheliche Kind nicht ächten! Ein Mädchen, das ein Kind besitzt und dafür sorgt, ist in meinen Augen einer alten Jungfer überlegen. Das gesellschaftliche Vorurteil ist im Weichen begriffen, die Natur setzt sich wieder durch, wir sind da schon am besten Weg. Von vielen Mädeln, Kellnerinnen vor allem, habe ich erst nachträglich erfahren, daß sie Kinder hatten; es ist rührend zu sehen, wie es das ganze Glück so eines Mädels ist, für Kinder sorgen zu können. Kriegt ein Mädel kein Kind, so wird es hysterisch oder krank.«[45]

Bei der Verurteilung von Männern, die eine ungewollte Schwangerschaft durch die Ermordung der werdenden Mutter beendeten, kannte Hitler, der die einschlägige Gesetzespraxis genau studierte, keine Gnade:»Ich bin daraufgekommen, daß seit der Revolution [1919] Todesurteile nicht mehr gefällt worden sind gegen Burschen, die ein Mädchen umgebracht haben, weil es ein Kind erwartete. Man müsse auf deren [der Täter] Seelenverfassung Rücksicht nehmen! Meißner[46] hat mir das als etwas Selbstverständliches vorgetragen, ich habe zu Gürtner [Reichsjustizminister][47] gesagt:

Sind Sie wahnsinnig, so etwas mir vorzuschlagen? In solchen Fällen ist [die Todesstrafe] immer zu vollstrecken; Sie brauchen mir das gar nicht mehr vorzulegen.«[48]

Eine neuartige Einrichtung des Dritten Reichs war das »Deutsche Institut zur Jugendhilfe«.[49] Es betreute und vertrat uneheliche Kinder, deren Väter die Zahlung von Alimente verweigerten. Schon ab 1933 konnten ledige Mütter Steuerermäßigungen beantragen. Bis zu diesem Zeitpunkt hatte der Staat uneheliche Kinder vernachlässigt. Der Artikel 119 der Weimarer Verfassung hielt an der Ehe als alleiniger Grundlage des Familienlebens fest. Und dies, obwohl der Anteil der nichtehelichen Kinder zwischen 1905 (8,5 Prozent) und 1925 (12 Prozent) ständig anstieg. Ledige Mütter standen außerhalb der Gesellschaft. Sie besaßen nicht einmal ein gesetzliches Recht auf ihr eigenes Kind. Nicht der Staat, sondern karitative Vereine und kirchliche Institutionen kümmerten sich – diskret, bescheiden und herablassend – um »gefallene« Mädchen und ihre Kinder.[50]

Die überaus positiven Ansichten Hitlers und des in seinem Schatten agierenden Himmler zum außerehelichen Geschlechtsverkehr und seinen Folgen gaben schließlich den Ausschlag. Hatten NS-Ideologen anfangs betont, dass ein »uneheliches Kind keine Schande, aber im Interesse strenger Zucht und Auslese nicht wünschenswert sei«, so dachten sie bald wie der »Führer«. Mit ihnen schwenkte der gesamte NS-Rechtsapparat um. Man brach mit einem Tabu. Erstmals in der europäischen Geschichte wurde das Problem alleinstehender Mütter unter dem Aspekt der Toleranz und ohne moralischen Bezug diskutiert. Zugrunde lag das Resümee der Hitler'schen Überlegungen, die in einer pragmatischen Forderung gipfelten:

»Das Ziel wird und muß sein, daß ein Mädel heiratet; aber bevor eines als alte Jungfer verkümmert, ist es besser, es hat so [allein] ein Kind. Die Natur kümmert sich ja darum überhaupt nicht, ob zuvor in Gegenwart von Zeugen eine Erklärung abgegeben war! ... Ja: tausendmal besser, sie [die Frau] hat ein Kind und damit einen Lebensinhalt, als sie geht vergrämt von der Welt!«[51]

Die »Akademie für Deutsches Recht«[52] formulierte den ungeschliffenen »Führerwillen« dann in geschliffenem Juristendeutsch und bereitete die rechtliche Gleichstellung ehelicher und unehelicher Kinder vor.[53] Sie stützte sich dabei auf die – abgelehnten – Entwürfe der Weimarer Republik, in denen es heißt: »Den unehelichen Kindern sind durch die Gesetzgebung die gleichen Bedingungen für ihre leibliche, seelische und gesellschaftliche Entwicklung zu schaffen wie den ehelichen Kindern.«[54] Doch die NS-Akademie kam über die ersten Ansätze nicht hinaus. Schließlich wurde die gesetzliche Regelung der Rechte unverheirateter Mütter auf die Zeit nach dem »Endsieg« verschoben.

Schon die in Planung begriffenen Maßnahmen zur rechtlichen Gleichstellung unehelicher Kinder erregten die Öffentlichkeit. Die Ablehnung und das Unverständnis der Volksgemeinschaft war groß, das Beharrungsvermögen überkommener Traditionen noch größer. Die seiner Meinung nach falsche Moral, vor allem der Oberschichten, brachte den »Führer« auf: »Das Verlogenste sind die oberen Zehntausend. Ich habe da die unglaublichsten Sachen erlebt. Leute haben andere beanstandet, weil sie einen nichtehelichen Umgang hatten, während sie selbst geschiedene Frauen geheiratet haben! Einen Herrn habe ich einmal kommen lassen und an seine eigene Geschichte erinnert.«[55]

Auch der Reichsinnenminister Frick meinte resignierend: »Es wird noch auf lange Zeit hin schwierig sein, die Vorurteile gegen uneheliche Kinder auszuräumen.«[56]

Das NS-Regime bereitete trotzdem unermüdlich den Boden für die geplanten Reformen vor. So galt für den Dienstverkehr des öffentlichen Dienstes ab Mai 1937 die einheitliche Anrede »Frau«, die bis zu diesem Zeitpunkt Ehefrauen vorbehalten war.[57] Davor titulierte man alle erwachsenen, unverheirateten weiblichen Wesen bis zu ihrem Tod als »Fräu-

»Hitler, wie ihn keiner kennt!«

lein«. Die neue Verordnung überdauerte Hitler und sein Regime, setzte sich im gesamten deutschen Sprachraum durch und ist ein selbstverständlicher Bestandteil der Gleichberechtigung der Frauen geworden.

Hitler selbst gab sich stets kinderfreundlich. Mit verklärtem Lächeln streichelte er – vorzugsweise blonde – Kinderköpfchen. Er nutzte auch sein sorgfältig gepflegtes Image als oberstes Sexsymbol, das keiner einzelnen, jedoch allen Frauen gehörte, zur Ankurbelung der Geburtenrate.

»Deutsche Kinder gehören den Müttern genauso wie im selben Augenblick mir«, verkündete Hitler am Nürnberger Parteitag des Jahres 1936 seinen Anspruch auf Vaterschaft über den gesamten arischen Nachwuchs Deutschlands.

Es waren Kinder, für die er sich im vorangegangenen Jahr, beim Erntedankfest auf dem Bückeberg bei Hameln, der größten Massenveranstaltung der Nationalsozialisten,[58] bedankt hatte. »Die Vorsehung hat es uns ermöglicht, ... weit darüber hinaus, wollen wir aber noch für eine besondere Ernte danken. Wir wollen den Hunderttausenden und Hunderttausenden deutschen Frauen danken, die uns wieder das Schönste gegeben haben, was sie uns schenken konnten: viele Hunderttausende kleine Kinder.«[59] Daraufhin ging, wie Augenzeugen berichten, ein Brausen und Toben über den ganzen Platz, ein Jubelsturm, den erst das Horst-Wessel-Lied beendete. Hitlers wohlkalkulierte Rede lässt glauben, dass seit 1933, dem Anbruch der NS-Zeit in Deutschland, eine wahre Bevölkerungsexplosion stattgefunden hatte. Dies entsprach nur teilweise den Tatsachen.

Schon 1934 hatte das Dritte Reich einen großen Erfolg gefeiert. Es war, wie die Presse triumphierend schrieb, der nationalsozialistischen Familienpolitik gelungen, den Geburtenschwund zu stoppen (1 182 789 Geburten, 716 957 Todesfälle).[60] Deutsche Bevölkerungsstatistiker widersprachen dem:»In Wirklichkeit reicht die Geburtenhäufigkeit seit 1926 nicht einmal mehr zur Bestanderhaltung des Deutschen Volkes aus. Die Fortpflanzungshäufigkeit war nach Berechnungen des Statistischen Reichsamtes zu niedrig: 1926 um 2 % ... 1932 um 29 %, 1933 um 29 %, 1934 um 16 %, 1935 um 11 % und 1936 um 10 % ...«[61] Auch ein geheimes Memorandum des Innenministeriums äußerte Skepsis:»Der bevölkerungspolitische Kampf, den wir seit dem Jahr 1933 führen, hat zweifellos einen gewissen Erfolg gehabt, nämlich den, daß man sich heute der Familie an sich und dem Kinderreichtum im besonderen freundlicher gegenüber stellt ... wenn heute in den Großstädten, in denen die Abnahme der Geburtenzahl in den letzten Jahrzehnten ganz erschreckend unter die Sterbeziffer gesunken war, wiederum eine gewisse, wenn auch geringe Zunahme zu verzeichnen ist, so dürfte dies auf die Abnahme der früher vorgenommenen Schwangerschaftsunterbrechungen zurückzuführen sein.« Und die Aussagen des zuständigen Beamten gipfelt in der entlarvenden Feststellung:»Man entschließt sich nicht so leicht zum Verbrechen und man hat heute mehr Furcht vor der Strafe.«[62]

Tatsächlich gingen in Deutschland zum großen Ärger der Machthaber die streng verbotenen Abtreibungen nicht zurück. Die Zahl der nach dem § 218 StGB Verurteilten stieg kontinuierlich an. Im Jahr 1935 registrierte man 3055 Fälle, 1936 – 5337, 1937 – 6362, 1938 bereits 7670 und 1939 (Kriegsausbruch) 5337. Die Dunkelziffer aller durchgeführten Schwangerschaftsunterbrechungen wurde auf 800 000 pro Jahr geschätzt. Die kontinuierlich verschärften

Strafen änderten daran ebenso wenig wie die schon 1933 erfolgte Schließung aller Zentren für Geburtenkontrolle. Die Verfolgung von Abtreibungen hat eine lange Geschichte. Im ausgehenden Mittelalter bestand die Strafe aus »glühendem Zangenriss« und anschließendem Tod durch das Schwert. Die »Constitutio Criminalis« der österreichischen Kaiserin Maria Theresia sah anfangs Hinrichtung, dann Auspeitschung vor. Im Bayern zu Beginn des 19. Jahrhunderts wurden Abtreibungen mit vier bis acht Jahren Arbeitshaus, bei »Fremdabbruch« mit 16 bis 20 Jahren Zuchthaus bestraft. 1869 erließ Papst Pius IX. für alle Katholikinnen ein generelles Abtreibungsverbot: »Das Kind empfängt seine Seele bei der Zeugung.« Die Urfassung des noch heute in Deutschland gültigen §218 des Strafgesetzbuchs[63] trat 1871 in Kraft. »Jene Schwangere, welche ihre Frucht abtreibt oder im Leib tötet, ist mit Zuchthaus bis zu fünf Jahren zu bestrafen«, hieß es damals. Ab 1908 forderten Frauenrechtlerinnen wie Camilla Jellinek die Abschaffung des Paragrafen. Der Antrag der SPD im Jahre 1920 auf Straflosigkeit bei Abbruch bis zum dritten Schwangerschaftsmonat erhielt im Reichstag keine Mehrheit. 1927 hat das deutsche Reichsgericht – gegen heftigen Widerstand der Kirchen – erstmals die medizinische Indikation des Schwangerschaftsabbruchs als »übergesetzlich zu rechtfertigenden Notstand« anerkannt.

Das Dritte Reich agierte doppelgleisig. Für deutsche, arische Frauen war Abtreibung ein »Verbrechen gegen die Lebenskraft des deutschen Volkskörpers«. Es drohte ein mehrjähriger Zuchthausaufenthalt oder – zur Besinnung und Besserung – die Einweisung in ein Konzentrationslager. Ausnahmen gab es nur bei medizinischer Indikation (Erbkrankheiten, unmittelbare Gefahr für die Schwangere). Schon 1934 sicherte ein Runderlass des Reichsärzteführers Dr. Gerhard Wagner den Kollegen Straffreiheit im Falle von Abtreibung »erblich belasteter Föten« zu. 1935 regelte das Gesetz »zur Verhütung erbkranken Nachwuchses« die Modalitäten. 1943 verhängte man bei Verbrechen gegen den § 218 sogar die Todesstrafe, ließ jedoch kriegsbedingte, rasseorientierte, selektive Milde walten. Bei Vergewaltigung durch Soldaten der Roten Armee wurde die Strafe erlassen. Das gleiche Delikt, begangen durch westliche alliierte Gegner, bildete keinen Grund für einen legalen Schwangerschaftsabbruch. »Rassisch minderwertige« Frauen waren stillschweigend vom § 218 der NS-Gesetzgebung ausgenommen. Illegale Schwangerschaftsabbrüche von Jüdinnen, Sinti- und Roma-Frauen sowie Fremdarbeiterinnen aus den Ostgebieten wurden ignoriert und nicht bestraft, sondern begrüßt – sie verhinderten die Fortpflanzung »Minderwertiger«. In vielen tausenden Fällen führten KZ-Ärzte ganz legal grausamste Experimente an »artfremden« Schwangeren durch, wurde in Spitälern – mittels Röntgenstrahlungen – zwangsweise sterilisiert.[64]

Viele deutsche Frauen jubelten ihrem »Führer« hysterisch zu. Doch die geforderte Gründung einer kinderreichen Familie stieß bei den meisten auf taube Ohren. Tatsächlich kamen ab 1934 in Deutschland mehr Kinder als 1932 zur Welt. Die Geburtenrate lag jedoch unter der von 1919 und pendelte sich auf dem Stand von 1924 bis 1928 ein. Die Zahlen des Jahres 1923 sollten im ganzen Dritten Reich nie erreicht werden.[65] Ab 1940 sanken sie drastisch ab.[66] Die Gebärfreudigkeit der deutschen Frauen blieb weit hinter den Erwartungen zurück. »Die bevölkerungspolitische Lage des deutschen Volkes bleibt immer noch außerordentlich ernst«, lautete eine warnende Studie des Innenministeriums.[67] Das NS-Regime verbarg seine Enttäuschung und feierte seinen bevölkerungspolitischen Erfolg: Man habe den Abwärtstrend gestoppt. Hitler belog sich selbst oder wollte die Realität nicht wahrnehmen, wenn er von dem »... Geburtenüberschuß ..., den das deutsche Volk von der Machtübernahme an aufweisen kann ...« sprach.[68]

Wie in Hitlers Deutschland die Nationalsozialisten dringend zur Vermehrung aufriefen, so forderten auch die Kommunisten in Stalins Sowjetunion von den durch unerbittliche Säuberungswellen dezimierten »neuen russischen Menschen« Kinderreichtum. Hitler suchte und fand eine Erklärung für diese parallele Strategie des verhassten Klassenfeindes: »Daß die Bolschewiken zugelassen haben, daß eine Frau mit verschiedenen Männern Kinder hat, ... das war die Absicht, ihre verschiedenen Rassen zu einer Einheit zu verschmelzen.«[69] Im Übrigen blieben Stalins Appelle, wie die seines Gegenspielers, ohne Wirkung.

Voll Neid blickte der NS-Diktator auf Länder mit großem Bevölkerungswachstum. Da diese Entwicklung jedoch meist in unterwickelten Regionen mit seiner Meinung nach rassisch minderwertigen Menschen stattfand, machte er sich Gedanken, wie man dort die rasche Vermehrung drosseln könne.

»Indien weist bei 388 Millionen Einwohnern [ca. 1940] in den letzten Jahren eine Zunahme auf von 55 Millionen Menschen! Das ist beängstigend! Wir sehen es ja auch in Rußland. Jede Frau bekommt jedes Jahr ein Kind. Grund für die unglaubliche Bevölkerungszunahme sind aber mit die Errungenschaften der Hygiene. Die Sterblichkeitsziffer geht ständig zurück. Man muß da gegen unsere Ärzte wirklich vorgehen! Es genügt doch, wenn die Weißen geimpft werden. Wollen sich einige Weiße nicht impfen lassen, gut, dann sollen sie eben wegsterben! Wir wollen nicht gezwungen sein, der Halsstarrigkeit dieser Menschen wegen die ganzen Eingeborenen keimfrei machen zu müssen.«[70]

Hitler zitierte damit, was Eugeniker als »biologische Entartung« bezeichnen, und gab sich damit selbst – wie die meisten seiner Anhänger – als glühender Eugeniker zu erkennen. Demnach lehnte er moderne Medizin und kostspielige Sozialprogramme für unterwickelte Länder mit »minderwertiger« Bevölkerung ab. Man solle »Unwerte« nicht am Leben erhalten, ihre natürliche Auslese nicht verhindern und ihre überproportionale Vermehrung nicht fördern.

Auch über »minderwertige« deutsche Kinder machte sich Hitler Gedanken. Er scheute sich nicht, diese bereits 1929 auf dem Reichsparteitag in Nürnberg öffentlich zu verkünden: »... würde Deutschland jährlich eine Million Kinder bekommen und 700 000 bis 800 000 der Schwächsten beseitigen, dann würde am Ende das Ergebnis vielleicht sogar eine Kräftesteigerung sein.«

1938 wurde einer Familie namens Knauer ein Kind mit schwersten Behinderungen geboren. Sein Vater bat Dr. Werner Catel, den Direktor der Leipziger Universitätsklinik, flehentlich, dem Leiden des Neugeborenen ein Ende zu setzen. Nachdem Hitlers Begleitarzt Dr. Brandt den hoffnungslosen Zustand des Kindes bestätigt hatte, wurde es getötet. Hitler selbst nahm den Fall, der größte Publizität erlangte, zum Anlass zur Umsetzung seiner Ideen zur Vernichtung »unwerten« Lebens in die Praxis. Dr. Karl Brandt und Reichsleiter Philipp Bouhler begannen im Auftrag des »Führers« – zwei Monate vor Ausbruch des Zweiten Weltkriegs – mit der Planung von Aktion T4, einem Tötungsprogramm für Behinderte: »... sind ... beauftragt, die Befugnisse namentlich zu bestimmender Ärzte so zu erweitern, daß nach menschlichem Ermessen unheilbar Kranken bei kritischster Beurteilung ihres Krankheitszustandes der Gnadentod gewährt werden kann.«[71] Im Januar 1940 fand die sogenannte »Brandenburger Probevergasung« als Vorbereitung für die Aktion T4 statt. Die Durchführung der Euthanasie, der viele Kinder und Erwachsene zum Opfer fielen, blieb »Geheime Reichssache«.[72] Zur Vorselektion gab es ab August 1939 eine Meldepflicht für missgebildete Säuglinge. Zur Erfassung der erbbiologischen Gesundheit des deutschen Volkes legten die Gesundheitsämter »Erbkarteien« an.

1942 gab es bereits zehn Millionen Karteikarten, in denen »schon heute ein großer Teil der negativen und belastenden Dinge über jeden Deutschen festgelegt ist«, äußerte sich der Reichsärzteführer Dr. Leonardo Conti befriedigt.[73]

Bis Kriegsende kam es zur Errichtung von über 30, als »Kinderfachabteilungen« getarnten Mordstationen an Spitälern und in Anstalten.[74]

Der als Chef der deutschen Polizei schon 1934 mit dem Problem der Abtreibungen konfrontierte Heinrich Himmler[75] kritisierte Eltern und Verwandte heftig – die neue NS-Toleranz sei ihnen bei »gefallenen Mädchen« in der eigenen Familie vollkommen egal. Zur Ausmerzung der tief sitzenden Vorurteile in der Gesellschaft sowie zur Entmachtung der Kirchen würde man noch Jahre brauchen, klagte Himmler. Aus Angst vor Schande schreckten viele Mädchen und Frauen vor einem unehelichen Kind zurück. Auch die Opposition der Kirchen Deutschlands erwies sich bei der Einführung der neuen NS-Moral als schwere Hürde. Katholische und protestantische Geistliche wehrten sich gegen die staatlich geförderte Auflösung der christlichen Werte. Viele predigten gegen vor- und außereheliche Geschlechtsverkehr und Ehebruch. Sie riskierten damit die Einweisung in ein Konzentrationslager.

Um die Verfolgung der unbotmäßigen Priester auf eine rechtliche Basis zu stellen, plante die NS-Diktatur als weltweit einziges Regime, die Fortpflanzungskraft und den Fortpflanzungswillen des deutschen Volkes durch Paragrafen zu schützen: »Wer öffentlich den Willen des deutschen Volkes zur Fruchtbarkeit lähmt oder zersetzt, wird mit Gefängnis bestraft.«[76] Das Gesetz sollte sich vor allem gegen jene Priester richten, die öffentlich gegen die neue Sittlichkeit predigten. So verdammte der am Fest der Heiligen Familie (14. Januar) verlesene bischöfliche Hirtenbrief die Aufforderung zum »Bruch des sechsten Gebotes«, in dem es heißt »Du sollst nicht Ehe brechen!«. Die geplante Novellierung des Strafrechts unterblieb aus Zeitgründen. Wie das Gesetz in der Praxis gehandhabt worden wäre, bleibt daher Spekulation.

Ungeachtet aller Anfeindungen sann Heinrich Himmler auf humanitäre Hilfe für ledige Mütter »untadeligen Blutes«. Sie sollten die Chance zur Weitergabe ihrer angeborenen positiven Erbanlagen bekommen: »Um des Kindes wegen muß der Mutter geholfen werden.« Er orientierte sich dabei an dem Werk von Francis Galton[77], dessen Lektüre ihm von Professor Otmar von Verschuer[78] wärmstens empfohlen worden war.

Zur Zeit des Dritten Reichs verband man Eugenik und Rasse. Man war der Ansicht, dass sich für eine »gute Zucht« nur Menschen bestimmter Rassen, vornehmlich die »Nordische«, eigneten. In der unkontrollierten Rassenmischung, wie sie die Bolschewisten propagierten, sah man die Quelle allen biologischen Übels. Der von Himmler über das SS-Rasse- und Siedlungshauptamt geförderte Professor Verschuer versuchte – allerdings vergeblich – die Rassentheorie wissenschaftlich zu beweisen. Am Beispiel eineiiger Zwillinge erforschte er die Gesetzmäßigkeit der Vererbung in der Theorie. Die Experimente in der Praxis überließ er seinem Schüler und Mitarbeiter Dr. Josef Mengele. Josef Mengele erwartete seine Opfer bereits an der Verladerampe des Konzentrationslagers Auschwitz-Birkenau. Von jedem Transport wählte er jene Menschen aus, die ihm für seine Untersuchungen geeignet schienen. Er spezialisierte sich auf Kinder, vor allem Zwillingskinder. Die Ergebnisse seiner grausamen, im Allgemeinen tödlich verlaufenden Experimente stellte er seinem Lehrer Verschuer zur Verfügung.[79]

Nach 1945 tauchte Dr. Mengele, einer der meistgesuchten NS-Verbrecher, in Südamerika unter. Sein Chef Verschuer blieb in Deutschland und avancierte 1951 zum ersten Inhaber des Instituts für Humangenetik der Universität Münster.[80]

Unter dem Einfluss von Professor Verschuer gründete Himmler am 12. Dezember 1935 mit einem Dutzend SS-Führern den »Lebensborn« und ließ ihn in das Vereinsregister eintragen.[81] Die Organisation unterstand zuerst dem SS-Rasse- und Siedlungssamt, dann dem Amt 1b im persönlichen Stab des Reichsführers SS. Der von Hitler später mittels Geheimerlass zum »Reichskommissar zur Pflege des Deutschtums« ernannte Himmler ordnete in Ausübung seines Amtes die Entsiedelung ganzer Landstriche durch die Ermordung der Bevölkerung an. Selbst schreckte er jedoch vor Gewaltanwendung zurück, er weigerte sich auch, Gräueltaten anzusehen. Der »Lebensborn« schien ihm ideal, um seinen ganz persönlichen, gewaltlosen Beitrag zur Erhaltung der deutschen arischen Rasse zu leisten. In den Vereinsstatuten definierte er die Ziele: Unterstützung des

Alltag im »Lebensborn«-Heim in Steinhöring

Kinderreichtums der SS. Schutz, Betreuung und Versorgung aller Mütter »guten Blutes«.[82] Im Vorstand des Vereins saßen hohe SS-Funktionäre, alle SS-Mitglieder mussten das Unternehmen ihres Chefs mit großen Zwangsbeiträgen unterstützen.[83]

Die Heime des »Lebensborns« nahmen Frauen und Verlobte der SS ohne vorherige Überprüfung auf. Die Anmeldung erfolgte in schriftlicher Form bei der »Lebensborn«-Zentrale in Steinhöring bei München.[84] Die Institution kümmerte sich jedoch auch um ledige Frauen, wenn die arische Herkunft des Kindesvaters außer Zweifel stand. Mädchen mit häufig wechselnden Geschlechtspartnern und solche aus »asozialen« Kreisen wurden abgewiesen. Dies, obwohl der »Führer« selbst große Männer aus ungeklärten Verhältnissen aufzählte: Karl der Große als Sohn eines Bastards, Leonardo da Vinci und Juan d'Austria als uneheliche Söhne. Hitler hat auch wiederholt die bäuerliche Sitte der »Probier« gelobt (zuerst Kind, dann Heirat – Brautkinder).[85] Auf jeden Fall fanden von 100 Bewerberinnen nur 40 Aufnahme. Im Sommer 1936 wurde in Steinhöring das erste in idyllischer Landschaft gelegene Heim namens »Hochland« eröffnet. Es stand unter ärztlicher Leitung (Dr. Ebner) und konnte 55 Mütter aufnehmen. Bis zum Beginn des Zweiten Weltkriegs gab es in Deutschland sechs Entbindungsheime mit 263 Betten.

Die luxuriös ausgestatteten und nach dem letzten Stand von Medizin und Hygiene geführten Heime Himmlers, der selbst den Vorsitz über den »Lebensborn« einnahm, erfreuten sich außerordentlicher Beliebtheit. Während die Säuglingssterblichkeit im deutschen Durchschnitt damals sechs Prozent ausmachte, betrug sie beim »Lebensborn« nur drei. Ledige Mütter wurden zum Schutz vor Tratsch und Feindseligkeiten schon bei den ersten sichtbaren Anzeichen der Schwangerschaft aufgenommen. Sie stammten aus allen Bevölkerungsschichten, waren katholisch, evangelisch oder »gottgläubig«. Bei ausgezeichneter, vom Reichsführer SS persönlich gewählter und kontrollierter Kost, gesunder und ruhiger Lebensweise verbrachten sie bis zur Geburt ihres

Kindes angenehme Monate. Sie erhielten ein kleines Taschengeld und konnten Besuche der werdenden Väter empfangen. Auf Anordnung des Schirmherrn, der sich um jedes Detail seines Lieblingsprojekts persönlich kümmerte, servierte man bei diesen Anlässen Kaffee und Kuchen. In allen Häusern des »Lebensborns« achtete man – bei Wunsch – auf strenge Geheimhaltung und Anonymität der Schwangeren. Laut Statistik wünschten dies 85 Prozent der werdenden Mütter und 80 Prozent der Kindesväter.

Bei Ausbruch des Zweiten Weltkriegs avancierte der »Lebensborn« zum Geheimtipp. Immer mehr Frauen von SS-Führern kamen zur Entbindung in die ruhigen, abgelegenen Heime, wo man sich vor den Kampfhandlungen sicher fühlte und es ausgezeichnete Verpflegung gab. Schließlich betrug das Verhältnis der Ledigen zu den Verheirateten 50:50.

Reichsführer SS Himmler, der, abgesehen von ungeheuerlichen Gräueltaten hinter den Fronten, als Herr aller KZs Menschenexperimente genehmigte, zeigte sich empfindsam. Ehefrauen mussten in den Heimen zur Schonung der Gefühle der Ledigen ihre Eheringe ablegen. Darüber hinaus ließ er in den Geburtsheimen eigene Standes- und Meldeämter einrichten, die in Umgehung der Heimatgemeinde der Mütter neutrale Geburtsdokumente ausstellten. Himmler stützte sich dabei auf einen Erlass von Innenminister Frick zur »Verheimlichung der unehelichen Geburt vor unberufenen Personen«.[86] Für die künftige Schullaufbahn gab es zur Verschleierung der Unehelichkeit spezielle Geburtsurkunden. Eine einfache, nicht bindende Erklärung des Kindesvaters, dass er willig sei, die Kindesmutter – irgendwann – zu heiraten, genügte zur Ehelicherklärung des Nachwuchses.

Das Tagebuch einer Bewohnerin des »Lebensborn«-Heimes Wernigerode aus dem Jahre 1940 gibt Einblicke in den

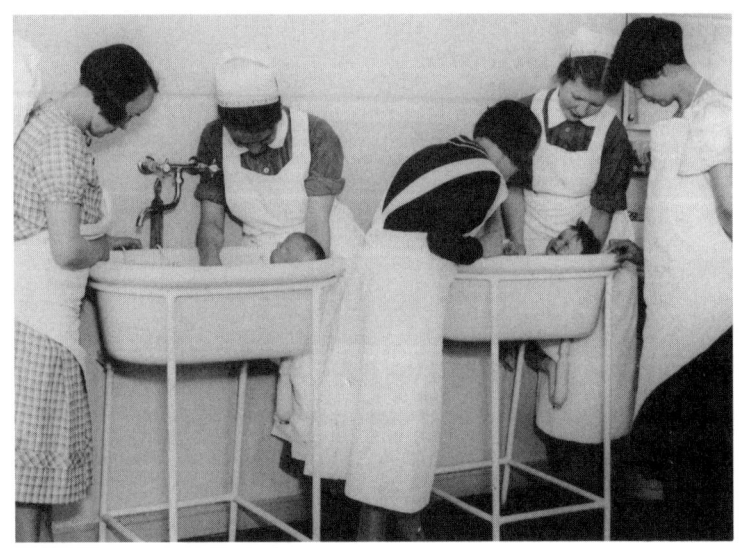

*Kinderschwestern zeigen jungen Müttern in einem Mutter-
Kind-Heim das richtige Baden der Säuglinge.*

Alltag. Die ledige Mutter eines Mädchens schreibt:»Das Heim
besteht aus zwei Häusern. Eines für werdende und stillende
Mütter, das andere für die Verwaltung. Es ist wunderschön
am Rande der Stadt gelegen, in wenigen Minuten ist man im
Wald. Der Tag beginnt, nach dem Bettenmachen und Auf-
räumen des Zimmers, mit einer gemeinsamen Kaffeetafel.
Vormittags sind wir zu leichtem Dienst eingesetzt: Wäsche-
legen, Gemüseputzen, Kartoffelschälen. Nach dem gemein-
samen Mittagessen ist stets eine Mittagsruhe einzuhalten.
Manchmal finden Mütterschulkurse statt. Danach folgt Kaf-
feetrinken und Freizeit bis zum Abendessen um 19 Uhr. Die
Monate in Wernigerode waren ein großes und beglückendes
Erlebnis. Ich möchte es nicht missen.«[87]
    Der Massenmörder Himmler scheute, wenn es um sein
Projekt ging, keine Mühe. Die Bewohnerinnen der Heime

konnten sich mit ihren Sorgen und Beschwerden jederzeit an ihn persönlich wenden. Sie fanden stets sein offenes Ohr. Einfühlsam schlichtete er die kleinen Streitereien seiner Schützlinge, gerne erfüllte er Sonderwünsche. Voll Hingabe feierte er mit ihnen das »Julfest«.[88]

Der umfassende »Lebensborn«-Service endete nicht mit der Entbindung. Im Allgemeinen entließ man die unehelichen Kindesmütter 88 Tage nach der Geburt, ihre Kinder konnten bis zu 297 Tage bleiben. Auf Wunsch übernahm man die Vormundschaft der unehelichen Kinder, besorgte Pflegeplätze oder Adoptiveltern. Nur 6,3 Prozent der Mütter gaben ihre Babys zur Adoption frei. Alleinerziehenden Müttern besorgte man Arbeitsplätze in der Nähe des Kindesvaters, der unter kritischer Beobachtung der SS stand. »Man darf den unehelichen Vätern das Leben nicht zu leicht machen … das muß als gröbster Verstoß gegen den Geist der SS angesehen werden«, lautete die Devise.[89] Im Vertrauen auf den gewalttätigen Ruf der SS zahlte der »Lebensborn« den ledigen Müttern den gesetzlich vorgeschriebenen Unterhalt aus und meldete den Fall an das SS-Verwaltungsamt. Dieses trieb die Beträge von den – nur kurzfristig renitenten – unterhaltspflichtigen Vätern problemlos ein.[90]

Im Verlauf des Krieges witterte Himmler Möglichkeiten zur Ausweitung des »Lebensborns« auf die von Deutschland eroberten Gebiete. Er benutzte dazu den Erlass des »Führers« zur »Betreuung von Kindern deutscher Wehrmachtsangehöriger in den besetzten Gebieten«,[91] um rivalisierende NS-Organisationen wie das Hilfswerk »Mutter und Kind« (im Rahmen der NSV) zu verdrängen. Er sicherte sich das Betreuungsrecht für alle von deutschen Soldaten in Norwegen gezeugten unehelichen Kinder. Den von Deutschen schwangeren, in ihrer Heimat arg Repressalien ausgesetzten Norwegerinnen bot Himmler die Möglichkeit einer Ent-

bindung in Deutschland. Zirka 2 500 machten von dem Angebot Gebrauch. Für die anderen errichtete der »Lebensborn« in Norwegen neun Heime.[92]

In Belgien stand »werdenden Müttern deutschen Blutes« das Haus »Ardennen« bei Lüttich zur Verfügung. Im besetzten Frankreich herrschte eine zwiespältige Situation, die bereits in der hohen Zahl von 50 000 unehelichen Kindern aus deutsch-französischen Partnerschaften zum Ausdruck kommt. Es gab relativ deutschfreundliche Gebiete, in denen Liaisons von Einheimischen mit deutschen Soldaten ohne Aufsehen blieben. Die Toleranz erstreckte sich auch auf ihren Nachwuchs. In anderen Gebieten erregten »Kollaborateurinnen« großen Abscheu. Dort würde man den Müttern von Kindern deutscher Soldaten – wie auch in Norwegen – nach Kriegsende die Haare scheren und sie unter dem Gejohle einer hasserfüllten Menge durch die Straßen treiben. Dieser ambivalenten Situation trug man in Frankreich bereits während der Besatzungszeit Rechnung. Die Witwe des französischen Generals Huntzinger bemühte sich um die unauffällige Integration lediger Kinder in die französische Gesellschaft. Ihr Gegenspieler Himmler konnte dieser »Vereinnahmung des deutschen Blutes« nicht untätig zusehen. Sein »Lebensborn« requirierte und adaptierte das Schloss Menier bei Chantilly und bot den umworbenen ledigen Müttern eine luxuriöse Entbindungsanstalt.

In Dänemark und Holland blieb Himmler trotz größter Bemühungen erfolglos. Der Reichskommissar für die Niederlande Arthur Seyß-Inquart[93] sträubte sich gegen »Lebensborn«-Heime, da er von der dahinterstehenden SS eine Schmälerung seiner Macht fürchtete. Besonders schmerzte es Himmler, dass es ihm nicht gelang, in dem »ultra-arischen« Dänemark Fuß zu fassen oder auch nur eine einzige Niederlassung zu errichten.

Während des Krieges eröffneten in West- und Nordeuropa 20 weitere Häuser – Osteuropa mit seiner »rassisch minderwertigen« Bevölkerung wurde nicht in Betracht gezogen. Für die Zeit nach dem siegreichen Krieg sollte der »Lebensborn« in ganz Europa vertreten sein. Insgesamt erblickten ca. 12 000 Kinder in Himmlers Heimen das Licht der Welt.

Der verklemmte Fanatiker suchte sein Lieblingsprojekt möglichst geheim zu halten. Erst nach Vorliegen der ersten Erfolge wollte er sein Werk voll Stolz der Öffentlichkeit präsentieren. Dies war der Grund, dass schon während des Dritten Reichs die wildesten Gerüchte zirkulierten. Eine Aura des Unheimlichen und Geheimnisvollen umgab die einsam gelegenen Entbindungshäuser. Sie unterstanden der

SS, von der nur NS-Fanatiker Gutes erwarteten. Hinter den verschlossenen Türen vermutete man schwarz uniformierte Männer und blonde Frauen, die auf Befehl »arischen« Nachwuchs produzierten – aber auch grauenvolle Szenarien zur Rassenzüchtung, Experimente zur Veredelung nordischer Menschen. Die Anwesenheit von Säuglingen und jungen Frauen ließ auf Vergewaltigung und Perversitäten aller Art schließen. Man flüsterte, dass tausende Kinder zur Zuteilung an SS-Familien entführt würden. Man berichtete, dass Praktiken zur besseren Empfängnis, wie das Kreisen des Beckens beim Geschlechtsverkehr, gelehrt und ausgeführt würden. Man munkelte, dass unerwünschte Kinder sterilisiert, ermordet oder zur Sklavenarbeit herangezogen würden.

Auf jeden Fall verband niemand mit der Person des gefürchteten Himmler harmlose Sozialprojekte. Doch bei diesem stand auf der einen Seite die fanatisch betriebene Judenvernichtung, die gnadenlose Ausrottung aller Menschen »schlechten Blutes«, der bestialische Terror der Gestapo, auf der anderen der karitative »Lebensborn«, dem er sich sentimental und gewissenhaft widmete. Der Widerspruch ist nur ein scheinbarer. Tatsächlich handelt es sich um zwei Seiten einer einzigen eugenischen Medaille: Ausrottung des Minderwertigen – »negative Eugenik«, Förderung des Wertvollen – »positive Eugenik«. Der Wunsch des Rassenfanatikers, germanischen Nachwuchs zu fördern oder vor Abtreibung zu bewahren, resultierte dann eben in der Gründung einer gewaltfreien, harmlosen Kette von Entbindungsheimen. Dort entfaltete Himmlers aus eugenischen Motiven entstandener »Lebensborn« für den kleinen Kreis ausgewählter Frauen eine durchaus positive Tätigkeit. So wie sich Himmler dem Wohlergehen seines Lieblingsprojektes widmete, so spielte er im Privatleben bei seiner Geliebten, dem

»Häschen«, den liebenden Hausvater. Der eher verklemmt und schüchtern wirkende Brillenträger vereinte mühelos Pogrome und Sozialprogramme.

Selbst während des Zweiten Weltkriegs hoffte Hitler optimistisch auf ein Ansteigen der rückläufigen Geburtenzahlen: »... Unsere Rettung wird das Kind sein. Wenn uns dieser Krieg eine Viertelmillion Tote und hunderttausend Verkrüppelte kostet ... sie werden uns in vielfacher Zahl wiedererstehen in den Siedlungen, welche ich dem deutschen Blut im Osten schaffe.«[94] Er sorgte sich auch um die geringen Möglichkeiten der Wehrmacht zum Sexualverkehr. »Am gefährdetsten ist die Marine und die Flak-Waffe [in Bezug auf Mangel an Gelegenheit zur Fortpflanzung], weil die am längsten irgendwo liegt. Schon im Weltkrieg [Ersten Weltkrieg] war das so ... die Marine hat nur drei Stunden Ausgang? Kann man den nicht verlängern? Solange die sich nur im Hafen aufhalten, da kann man freilich nichts anderes erwarten ...«[95] Zu diesem Zeitpunkt gingen die Geburten bereits wieder dramatisch zurück.

Der Stellvertreter des »Führers«, Rudolf Hess, dachte realistischer als Hitler und auch weiter. In Erwartung zahlreicher Gefallener veröffentlichte er im *Völkischen Beobachter* seinen bekannten Brief an »eine unverheiratete Mutter«.[96] Darin versprach er ledigen Müttern, deren Verlobter im Krieg gefallen war, eine Kriegerrente, wie sie nach dem Gesetz nur verheirateten Frauen zustand. In der Geburtsurkunde des Kindes solle anstelle des Namens des Vaters die Umschreibung »Kriegsvater« stehen. Die NSDAP verpflichtete er zur Vermittlung eines geeigneten Vormunds. »Ich bin überzeugt, daß meine Einstellung in kurzer Zeit im ganzen deutschen Volke geteilt werden wird und daß dann auch das ganze deutsche Volk künftig zu all jenen Müttern steht, die ... beitragen, die Blutopfer des Krieges auszugleichen ...«

Auch Heinrich Himmler blieb nicht untätig. Kurz nach Kriegsbeginn wandte er sich mit einem »Zeugungsbefehl« an die gesamte Polizei und SS, der nichts an Deutlichkeit zu wünschen übrig ließ:[97] »Jeder Krieg ist ein Aderlaß des besten Blutes. Hierbei ist der leider notwendige Tod der besten Männer, so betrauernswert er ist, noch nicht das Schlimmste. Viel schlimmer ist das Fehlen der während des Krieges von den Lebenden und der nach dem Krieg von den Toten nicht gezeugten Kinder. Die alte Weisheit, daß nur der ruhig leben kann, der Söhne und Kinder hat ... [muß] gerade für die Schutzstaffel zur Wahrheit werden. Ruhig kann der sterben, der weiß, daß seine Sippe ... in den Kindern seine Fortsetzung findet. Das größte Geschenk für die Witwe eines Gefallenen ist immer das Kind des Mannes, den sie geliebt hat. Darüber hinaus wird es auch außerhalb der Ehe für deutsche Frauen und Mädl guten Blutes eine hohe Aufgabe sein können, nicht aus Leichtsinn, sondern in tiefstem sittlichen Ernst, Mütter der Kinder ins Feld ziehender Soldaten zu werden, von denen das Schicksal allein weiß, ob sie heimkehren ... oder für Deutschland fallen.«

Er beklagte, dass der Sieg an den Fronten bei Aussterben des deutschen Volkes nur ein Pyrrhussieg sein könne. Zur Ankurbelung des »edlen« Geschlechtsverkehrs zum Wohle des deutschen Volks machte er lockende Versprechungen, die er – wie er häufig klagte – aufgrund des Kriegsverlaufs nicht einhalten konnte.

So übernahm Himmler persönlich die Vormundschaft über alle ehelichen und unehelichen Kinder von gefallenen SS-Männern und er garantierte ihnen eine ausgezeichnete Erziehung bis zur Volljährigkeit.

Die befehlsgewohnten SS-Männer gingen ans Werk. Bald zeitigte der Aufruf zum vermehrten Geschlechtsverkehr positive, aber auch negative Folgen. 14-jährige BDM-Mädchen kehrten schwanger von Veranstaltungen heim, weibliche Mitglieder des Arbeitsdienstes klagten über sexuelle Belästigungen. Bereits am 30. Januar 1940 sah sich Himmler zur Klärung von Missverständnissen gezwungen. Sein »Zeugungsbefehl« bedeute keineswegs eine Aufforderung zur Belästigung von Ehefrauen der im Feld stehenden Soldaten! Von allem anderen ging er nicht ab. Vielmehr rief er alle männlichen Volksgenossen, vor allem Angehörige der SS, neuerlich auf, für »Volk und Führer« ihre heilige Pflicht zu tun.

Wie so oft wusste er sich dabei in Einklang mit seinem »Führer«, der bei vielen Gelegenheiten predigte: »An dem Verlust an Männern stirbt ein Volk nicht aus, nur wenn es an den Frauen fehlt.« Als warnendes Beispiel zitierte Hitler die antike Welt, die seiner Meinung nach am jüdischen Christentum, aber vor allem am Mangel an qualifiziertem Nachwuchs zugrunde gegangen ist. Eine zu Reichtum gelangte Herrenschicht suchte in eigennütziger und kurzsichtiger Weise eine Zersplitterung ihres Besitzes zu verhindern, indem sie die Kinderzahl beschränkte. Die dadurch geschwächten Patrizier wären schließlich von der – minderwertigen – Masse des Volkes aufgesogen worden.

In der Hoffnung, sich weitere demografische Verdienste zu erwerben, organisierte Himmler idyllisch gelegene Hotels, in denen verheiratete SS-Führer mit ihren Ehefrauen schöne Tage verbringen konnten. Einige Volksgenossinnen durchschauten Himmlers Motive und nutzten sie. Unter der Vorspiegelung eines unbändigen Wunsches, dem »Führer« Kinder schenken zu dürfen, erbaten sie Sonderurlaub für ihre an der Front stationierten Ehemänner. In einem Fall ge-

Stolze Eltern. Emmy und Hermann Göring mit Edda 1939

nehmigte Himmler das Gesuch und versah es eigenhändig mit guten Ratschlägen: »Ich möchte Ihnen aber heute schon raten, sich von einem Frauenarzt vorher untersuchen zu lassen, damit festgestellt wird, wann die für eine Empfängnis günstigste Zeit vorliegt, denn nur ein zu einer richtigen Zeit vorgenommener Urlaub bietet nach menschlichem Ermessen einigermaßen Gewähr dafür, daß Ihr und Ihres Mannes Wunsch nach einem Kind erfüllt wird.«[98]

Martin Bormann, Leiter der Parteikanzlei, Vater von zehn Kindern und Mitglied im »Reichsbund der Kinderreichen«,[99] wurde nicht müde, sich für die »geburtenfaulen« Deutschen zu entschuldigen. Er gab jedoch zu bedenken, dass sich viele echte Nationalsozialisten redlich bemühten, die Erwartungen des »Führers« in Bezug auf Kindersegen

zu erfüllen. Von 50 auf dem Obersalzberg, Hitlers Wochen-
enddomizil, lebenden Familien hätten 24 im laufenden Ka-
lenderjahr Nachwuchs bekommen! Hitler quittierte dies mit
Befriedigung:»Das sind auch schon russische Zustände! Ich
sage ja, wir brauchen nur Wohnungen, dann kommen die
Kinder! ... Wir steigen auch in die Höhe in der Kinderzahl!«[100]
    Maßnahmen zur künstlichen Befruchtung, wie sie der
Reichsärzteführer Dr. Leonardo Conti in Erwägung zog,
wurden nicht nur von der SS»als Eingriff in ein heiliges, nur
der Natur und ihrem Wirken vorbehaltenes Handeln« abgelehnt.[101] Hermann Göring, zweiter Mann im NS-Staat,
kümmerte sich nicht um solche Bedenken. Seine erste Ehe
mit der schönen Schwedin Carin, geb. Freiin Fock, geschiedene von Kantzow, die an schwerer Angina Pectoris litt, war
zu seinem großen Bedauern kinderlos geblieben.[102] Im November 1923 erlitt Göring bei dem Marsch der Nationalsozialisten zur Feldherrenhalle, einem gescheiterten Staats-
streich, eine schwere Schussverletzung in der Leistengegend.
Die anschließende Behandlung samt Schmerztherapie mit
Morphium in der Innsbrucker Universitätsklinik rettete ihm
das Leben. Danach konnte er zwar noch Geschlechtsverkehr ausüben, war jedoch nicht mehr zeugungsfähig.»... ist
er, wie ich höre, nicht in der Lage, Kinder zu zeugen«,
berichtete der englische Botschafter nach London.[103] Carin
Göring starb im Oktober 1931 im 43. Lebensjahr an ihrem
Herzleiden.
    Als Göring mit der berühmten Schauspielerin Emmy
Sonnemann im April 1935 seine zweite Ehe einging, wusste
das bereits in fortgeschrittenem Alter stehende Paar, dass es
zur Kinderlosigkeit verurteilt war.[104] Im Januar 1937 hörte
der Reichsmarschall von der Möglichkeit einer künstlichen Befruchtung. Am 2. Juni 1938 brachte die 44-jährige

Emmy Göring eine Tochter zur Welt. Zwei Tage später wurde sie von Reichsbischof Müller auf den Namen Edda getauft. Adolf Hitler fungierte als Taufpate. »Nie vergesse ich«, erinnerte sich die stolze Mutter, »das Gesicht meines Mannes, als er sein Kind zum ersten Mal sah ... er war unsagbar begeistert und glücklich ... Hermanns Freude war unbeschreiblich. Als sie [Edda] ihren ersten Laut von sich gab, verließ er schnell das Zimmer. Ihm waren vor Glück Tränen in die Augen geschossen.«

Tatsächlich erschien Göring die Tatsache, dass er Vater geworden war, wie ein unbegreifliches Wunder. Vollbracht hatte es Professor Stuckrad, der Chefarzt der gynäkologischen Abteilung des Gräfin-Rittberg-Krankenhauses in Berlin-Lichterfelde. Er hatte dem zeugungsunfähigen Göring Sperma entnommen und damit im September 1937 dessen Frau befruchtet. Diese revolutionäre künstliche Befruchtung war zuvor an tausenden weiblichen Insassen von Konzentrationslagern getestet worden. Sie ist der Vorläufer der intra-cytoplasmischen Spermieninjektion (ICSI), der direkten Eingabe eines Spermiums aus einem Ejakulat oder aus Spermatozoen aus Hoden und Nebenhoden in eine Eizelle außerhalb des Körpers. ICSI wird erst seit 1992 praktiziert.

Nach 1945 wurde der geheimnisumwitterte »Lebensborn« vor dem Amerikanischen Militärgerichtshof I in Nürnberg als »Fall Acht« vom 10. Oktober 1947 bis zum 10. März 1948 verhandelt.[105] 14 Funktionäre des Rasse- und Siedlungshauptamts hatten sich wegen Verbrechen gegen die Menschlichkeit zu verantworten. Man warf ihnen die Entführung von Kindern fremder Völker zwecks Eindeutschung sowie die Plünderung öffentlichen und privaten Eigentums in den besetzten Gebieten vor. Die Vertreter der Anklage

(Telford Taylor, James M. Mc Haney) machten den »Lebensborn« als Ganzes für Verbrechen zur Schwächung feindlicher Nationen verantwortlich. Ein weiterer Anklagepunkt betraf die Beschlagnahmung jüdischen Eigentums, namentlich die von Spitälern. Der Prozess mit der Einvernahme Dutzender Zeugen dauerte sechs Monate. Heinrich Himmler konnte nicht mehr aussagen. Er war im Mai 1945 in der Verkleidung eines Unterscharführers der Geheimen Feldpolizei unter dem Namen Heinrich Hitzinger – verraten durch seinen nagelneuen Ausweis – aufgefallen und verhaftet worden. Am 23. Mai vergiftete sich Himmler während eines Verhörs durch Einnahme einer Zyankalikapsel.

Im »Lebensborn«-Prozess wurden alle Angeklagten in den diese Organisation betreffenden Punkten freigesprochen.

In der Urteilsbegründung des Militärgerichtshofs heißt es: »Aus dem Beweismaterial geht klar hervor, daß der Verein Lebensborn, der bereits lang vor dem Krieg bestand, eine Wohlfahrtseinrichtung und in erster Linie ein Entbindungsheim war. Von Anfang an galt seine Fürsorge den Müttern, den verheirateten sowohl wie den unverheirateten, sowie den ehelichen und unehelichen Kindern. Der Anklagevertretung ist es nicht gelungen, mit der erforderlichen Gewißheit die Teilnahme des Lebensborn … an dem von den Nationalsozialisten durchgeführten Programm der Entführung zu beweisen … der Lebensborn hat im allgemeinen keine ausländischen Kinder ausgewählt und überprüft. In allen Fällen, in denen ausländische Kinder von anderen Organisationen nach einer Auswahl und Überprüfung an den Lebensborn überstellt worden waren, wurden die Kinder bestens versorgt und niemals in irgendeiner Weise schlecht behandelt. Aus dem Beweismaterial geht klar hervor, daß der Lebensborn unter den zahlreichen Organisationen in Deutschland, die sich mit ausländischen, nach Deutschland verbrachten Kindern befaßten, die einzige Stelle war, die alles tat, was in ihrer Macht stand, um den Kindern eine angemessene Fürsorge zuteil werden zu lassen und die rechtlichen Interessen der unter seine Obhut gestellten Kinder zu wahren ...«[106]

Viele Autoren und Journalisten lasen nur die Anklageschrift oder lauschten den in Deutschland zirkulierenden Gerüchten. Dann schrieben sie über das griffige Thema, wobei sie ihrer Fantasie freien Lauf ließen. Sie berichteten von oberbayerischen Mädchen, die von der SS als »Zuchtstuten« ausersehen waren. In der Tegernseer Jugendherberge hätten diese den zehnten Tag nach Einsetzen der Menstruation abzuwarten, dann wären sie einem SS-Mann zugeführt worden. Nach Eintreten einer Schwangerschaft kamen sie in Himmlers Heime. Judy Barden, Reporterin des englischen Skandalblattes *Sun*, berichtete vom Kriegsende: »Damals wehte [noch] überall in Deutschland auf den schönsten Krankenhäusern eine weiße Fahne mit einem roten Punkt in der Mitte. Die Fahne bedeutete, daß hier ein Entbindungsheim für ledige Mütter war.«[107] Barden führte auch interessante, aber frei erfundene Interviews mit den Bewohnerinnen der »Lebensborn«-Häuser, die sich »in schmutziger Unterwäsche, in ihren unwahrscheinlich dicken Hüften wiegend« den Amerikanern anboten. Gegen Schokolade wurden sie gesprächig. »Was sie zu berichten hatten, war einfach niederschmetternd ... ihr Lebensziel bestand darin, ihre Art fortzupflanzen. Sie waren Idealtypen, die sich ursprünglich freiwillig zu dieser Beschäftigung gemeldet hatten. Nachdem sie einmal die Prüfung auf ihre Gesundheit, Schönheit und die nötigen weiblichen Rundungen bestanden hatten, wurden sie in die diversen Offizierserholungsheime geschickt und dort blieben sie, bis sie schwanger waren. So einfach war die Sache. War es dann soweit, dann wurden sie mit jedem Luxus versorgt, der in Deutschland noch zu haben war. Die Pflege, die man ihnen angedeihen ließ, war unendlich viel besser als die der Mutter eines ehelichen Kindes. Sie trugen dazu bei, ein starkes Deutschland zu schaffen.« Entsetzt entschied Judy Barden, diese grauenhaften Berichte nicht einmal den skandalgewohnten *Sun*-Lesern vorzusetzen. Sie sparte ihre Notizen für einen Sammelband über Deutschland auf.

1958 veröffentlichte die Zeitschrift *Revue* eine zehnteilige »Lebensborn«-Reportage. Unter dem Titel »Was Millionen nicht wußten …« las man kaum fassbare, jedoch falsche Enthüllungen. 1961 griff der bekannte Filmproduzent Artur Brauner, selbst ein Verfolgter des Dritten Reichs, das Thema auf. Sein als Aufarbeitung des NS-Regimes gedachter Film »Lebensborn e. V.« geriet mit der Schilderung von Sexfarmen, Sexparks und Brutanstalten für die Herrenrasse zur reinen Utopie. In dem Streifen fordern stramme SS-Führer halbnackte BDM-Mädchen zur Hingabe auf. »Wenn ihr euch jetzt in eine Liste eintragt, seid ihr auserwählt, … dem Führer ein Kind zu schenken!« Die *Illustrierten-Filmbühne* pries Brauners Werk: »In sadistisch kranken Gehirnen war während des Tausendjährigen Reiches die Idee des Lebensborns entstanden … blutjunge Menschen … nehmen an einem Lehrgang zur Erneuerung des reinrassigen Germanentums teil.«[108] Selbst *Der Spiegel* lobte den Film in dem Beitrag »Die Bräute des Führers«.[109] Und *Die Zeit* brachte die Falschmeldung, dass das Drehbuch auf 150 Originalunterlagen des renommierten Instituts für Zeitgeschichte in München basiere.

Viel gelesen wurde Will Bertholds 1976 erschienene, fantasievolle »Tatsachenschilderung«, von der er beteuerte: »Das ist kein Roman, sondern bittere Wahrheit!«[110]

Bis zur Veröffentlichung der ersten seriösen wissenschaftlichen Untersuchung sollten noch zehn Jahre vergehen.[111] Der Historiker Lilienthal kam nach dem genauen Studium der verfügbaren Quellen zu dem Schluss, dass der »Lebensborn« als ein Instrument der nationalsozialistischen Rassenpolitik zu werten sei. Hinweise auf Zwang, Gewalt, Mord sowie gelenkte oder erzwungene Zeugung fand er nicht. Eine Publikation (Dorothee Schmitz-Köster) bestätigte den banalen, eintönigen Alltag in den Heimen Himmlers. Bei vielen Menschen lösten die unspektakulären Tatsachen Verwunderung, manchmal Unglauben aus. Zu tief hatten sich die Bücher, Filme und Theaterstücke über die schaurigen Züchtungsorgien der Nationalsozialisten in ihr Bewusstsein gegraben. Dass man die Gerüchte lange nicht in Zweifel gezogen hatte, lag am Image des Dritten Reichs. Es ist mit den Vorstellungen von Brutalität und Perversion untrennbar verbunden.

Hitler selbst hatte bekanntlich keine Kinder. Dieser Umstand blieb von den Deutschen, die er voll Eloquenz zur Fortpflanzung aufforderte, weder unbemerkt noch unkommentiert.

»Wer wie ein Barbar regiert und Napoleon markiert, in Österreich geboren, den Bart englisch geschoren – wer italienisch grüßt, deutsche Mädchen Kinder kriegen läßt – aber selber keine machen kann – das ist ein deutscher Mann!«,[112] reimte eine Stenotypistin. Ihre Arbeitskollegen haben herzlich gelacht und sie anschließend denunziert.

Die vom Sicherheitsdienst der SS als Urheberin des Witzes verhaftete junge Frau aus Frankfurt/Main wurde nach dem Heimtückegesetz verurteilt. Sie büßte dafür, dass Hitler selbst zu der vehement geforderten Vermehrung der »Arier« nichts beitrug, mit zwei Jahren Gefängnis. Die

Deutschen spotteten unbeirrt weiter. In den »Wahlsprüchen eines echten Deutschen« heißt es: »Sei kinderreich wie Hitler, sei schlicht und einfach wie Göring, sei schweigsam wie Goebbels, sei nüchtern wie Ley und sei schön wie die Scholtz-Klink!«[113]

Auch nach 1945 stand fest, dass der »Führer« keine Kinder hinterlassen hatte. Umso größer war die Sensation, als der deutsche Historiker und Hitler-Biograf Werner Maser im Jahre 1976/77 die Auffindung eines Sohnes von Adolf Hitler in Frankreich bekannt gab.[114] Maser stützte sich dabei auf die Angaben einiger Einwohner von Orten in Frankreich (Premont, Fournes, Wavrin u. a.), wo Hitler im Ersten Weltkrieg als Meldegänger im Einsatz gewesen war. Der Ursprung der Gerüchte ist unklar. Sie besagten, dass Jean-Marie Lobjoie, der im März 1918 geborene uneheliche Sohn einer Französin und eines deutschen Soldaten, eigentlich Hitlers Sohn sei. Schriftliche Quellen existierten nicht. Die Behauptung von Lobjoie (später Loret-Frizon), der Nachkomme des »Führers« zu sein, und ein dubioses Gutachten einer Expertin für »vergleichende Physiognomie-Analysen« überzeugten Maser. Der Spiegel veröffentlichte die Sensation unter »Liebe in Flandern«.[115]

Alice Lobjoie, Jean-Maries Tante und Schwester seiner verstorbenen Mutter (Charlotte Lobjoie), bereitete den Spekulationen ein Ende. Der deutsche Liebhaber ihrer Schwester hätte keinerlei Ähnlichkeit mit Hitler gehabt. Ihren Neffen bezeichnete sie als »Spinner«.

Retrospektiv betrachtet, ist der NS-Bevölkerungspolitik trotz intensiver Förderung, Mütterberatungsstellen und Kinderzulagen der Erfolg versagt geblieben. Bei einer neuerlichen, mit großem Aufwand durchgeführten Volkszählung im Jahre 1939[116] registrierte man für das »Altreich« 68,5 Millionen Deutsche,[117] wobei man die ins Deutsche Reich eingegliederten Provinzen mit einbezog. Zu diesem Zeitpunkt hatte das Land bereits viele Bürger verloren. Die Hälfte aller Juden war emigriert. 20 Prozent aller Naturwissenschaftler, 25 Prozent aller Physiker, 10 Prozent aller Künstler und Schriftsteller sowie zahlreiche Regimegegner hatten freiwillig oder unfreiwillig ihre Heimat verlassen. Zehntausende Rassenfeinde, Kritiker und »Asoziale« waren ermordet, Tausende waren der »Erbgesundheitspolitik« zum Opfer gefallen.

Der tatsächliche Zuwachs an Deutschen betrug daher zwischen 1933 und 1939 nur ca. 2,2 Millionen Menschen – eine für die NSDAP ernüchternde, aber vertuschte Erkenntnis.

Man hatte Parademütter, wie Magda Goebbels, als Vorbild aufgebaut, Mutterkreuze und Urkunden verliehen, in zahllosen Publikationen die »Deutsche Frau und Mutter« gepriesen, das Lied der häuslichen, kinderreichen Volksgenossin gesungen. Es war umsonst gewesen! Fanatische Nationalsozialisten waren zwar bereit, ihr Leben dem geliebten »Führer« zu opfern. Nicht bereit waren sie, einem seiner dringendsten Wünsche zu entsprechen und mit ihrem wertvollen Erbgut durch die Zeugung vieler Kinder den Erhalt der deutschen Rasse zu sichern.[118] Außer Propagandaminister Joseph Goebbels und dem Leiter der Reichskanzlei Martin Bormann gründete niemand aus der NS-Elite eine Großfamilie. Auch unter den einfachen Volksgenossen galt die kleine Zwei-Kinder-Familie als erstrebenswertes Ideal. Dieser nach dem Ersten Weltkrieg einsetzende Trend hatte sich, jeder Propaganda zum Trotz, ungebrochen fortgesetzt. Die Großfamilien lösten sich auf, mehrere Generationen lebten nur mehr selten – und dann aus wirtschaftlichen Zwängen – unter einem Dach. Nur wenige suchten das vom NS-

Staat geforderte Plansoll von vier Kindern zu erreichen, die deutsche Familie kam laut Statistik im Durchschnitt auf 1,9 Kinder.[119] Die ständige Aufforderung, dem »Führer« mehr Nachwuchs zu schenken, wurde in zahllosen Witzen belacht, aber nicht beachtet. Es war eine stille, jedoch effiziente Rebellion, die sich in den Schlafzimmern der Volksgenossen abgespielt hat.

Auch die »Lebensborn«-Kampagne war letztendlich ein kostspieliger Misserfolg. Mit insgesamt 12 000 Geburten blieb man weit unter den hochgesteckten Erwartungen zurück. Und auch die Zahl der unehelichen Kinder nahm trotz aller Förderungen nicht zu. Im Gegenteil: Die Rate der unehelich Geborenen sank im Verlauf des Dritten Reichs von 12 Prozent (aller Kinder) auf 7,7 Prozent – in ganz Deutschland verzeichnete man während des Dritten Reichs einen deutlichen Rückgang. Nur in den großen deutschen Städten registrierte man eine minimale Zunahme. Meldete das Jugendamt in München, der »Hauptstadt der Bewegung«, 1930 2 327 ledige Kinder, so waren es 1940 2 374. Der Einsatz des »Führers«, massive Werbung und ein ambitioniertes Fürsorgesystem samt finanzieller Hilfe hatten im besten Fall – für viele waren natürlich andere Gründe maßgebend – pro Jahr nur 47 ledige Münchnerinnen von den neuen NS-Moralvorstellungen überzeugt.

Und selbst Hitlers unehelicher Sohn stellte sich als Chimäre heraus, die bald entkräftet wurde.

Homosexuelle
als »Volksschädlinge«

»Der Führer zeigte sich schockiert, als er von Röhms Homosexualität erfuhr – wie schockiert wird er erst sein, wenn er erfährt, daß Göring dick ist und Goebbels einen Klumpfuß hat«,[1] lautete ein in Deutschland nach dem Röhm-Massaker zirkulierender Witz. Auslöser dafür boten die Artikel in der NS-Presse nach der Ermordung des obersten SA-Führers und der SA-Spitze im Spätsommer 1934. Sie verurteilten nicht die Mordtat selbst, sondern erregten sich über Röhms – urplötzlich enthüllte – gleichgeschlechtliche Veranlagung, seinen schädlichen Einfluss auf die SA-Jugend, den schamlosen Missbrauch seiner Stellung. Man erklärte den Lesern, dass der lang arglose und getäuschte »Führer« dem Sündenbabel zum Wohle des deutschen Volkes ein Ende bereiten musste. »Seine [Röhms] unglückliche Veranlagung führte allmählich zu so unerträglichen Belastungen, daß der Führer der Bewegung und Oberste Führer der SA [Hitler] selbst in schwerste Gewissenskonflikte getrieben wurde«, hieß es in einer Presseerklärung.[2]

Das durchsichtige Ablenkungsmanöver täuschte niemanden. Man wusste längst über Röhm Bescheid, wusste auch, dass seine auf 400 000 Mitglieder angewachsene SA-Armee das NS-Regime bedrohte. Hitler fürchtete einen Putsch des mächtigen Chefs der SA, zog die Konsequenzen und nahm selbst – als deutscher Reichskanzler – an dem überfallartigen Coup teil, der mit der Liquidierung der gesamten SA-

Führung endete. Die Homosexualität Röhms diente als lahmer Vorwand für eine politische Mordaktion.

Homosexualität – der Name wurde erst 1869 geprägt[3] – stellte in der Antike einen selbstverständlichen Aspekt des Sexuallebens dar. Man besang Päderastie, die »Knabenliebe«, in Liedern, verewigte sie auf Bildern und glaubte, dass die Seele und Weisheit des Älteren beim Geschlechtsverkehr auf den Jüngeren überging. Erst das römische Recht unter Kaiser Augustus stellte Homosexualität unter Todesstrafe, ebenso wie es im christlichen Mittelalter der Fall sein sollte. Viele Staaten hielten an der barbarischen Bestrafung Gleichgeschlechtlicher bis weit in die Neuzeit fest. In den deutschen Staaten vor 1871 existierten unterschiedliche Gesetze mit unterschiedlichen Strafen. So gab es in Preußen das »Sodomie«-Gesetz (§ 143, später § 152) und im Königreich Hannover verurteilte man »widernatürliche Wollust mit anderen Männern« nach § 276. Das tolerante Bayern gewährte – vor der Einbindung in den deutschen Staatenbund – Straffreiheit. Im Deutschen Kaiserreich und der Weimarer Republik wurden »beischlafartige Delikte Gleichgeschlechtlicher« nach dem Deutschen Strafgesetzbuch geahndet. Für die »Unzucht zwischen Männern« galt der am 1. Januar 1872 erlassene § 175 des StGB.[4]

Magnus Hirschfeld (1868–1935)[5] war einer der ersten Kämpfer für die Entkriminalisierung sexueller Handlungen zwischen Männern. Als Sohn eines Medizinalrates aus Colmar hatte Hirschfeld in Straßburg, München und Berlin Philosophie und Medizin studiert. 1897 gründete er das »Wissenschaftlich-humanitäre Komitee«, als dessen Vorsitzender er 1901 eine Kampagne zur Aufhebung des § 175 startete. Der Deutsche Reichstag lehnte die Petition ab. Hirschfelds Slogan lautete »Durch Wissenschaft zur Gerechtigkeit«, denn er wollte das »Angeborensein« von homosexueller Veranlagung beweisen. Von seinem Vorkämpfer Karl Heinrich Ulrichs[6] übernahm er die Theorie des »Dritten Geschlechts«, der menschlichen sexuellen Zwischenstufen, demnach es Homosexuelle, Bisexuelle und Intersexuelle gab. Er selbst prägte für Personen, die Kleidung des anderen Geschlechts trugen, den Begriff »Transvestiten«. 1919 gründete Hirschfeld das »Institut für Sexualkunde« in Berlin und widmete es der »Befreiung des Menschen von körperlichen Leiden, seelischen Nöten und sozialen Schäden«. Über dem Eingang stand: »Amori et dolori sacrum« (Der Liebe und dem Leid geweiht). Als wissenschaftlicher Berater kämpfte er mit dem bereits 1919 gedrehten ersten Film zu diesem Thema »Anders als die anderen« (von Richard Oswald) für sexuelle Freiheit und Toleranz.

Sein Engagement für das Recht auf gleichgeschlechtliche Liebe brachte den – auch selbst homosexuellen – Arzt in das Visier radikaler, rechtsgerichteter Kreise. Sie hassten den Kämpfer für die »Perversen« derart, dass ihn – laut Polizeibericht – »völkische Rowdys« nach einem Vortrag in München attackierten und lebensgefährlich verletzten. Voreilig meldeten einige Blätter seinen Tod.

Hirschfeld überlebte, und sein Institut organisierte 1921 die »Erste Internationale Tagung für Sexualreform auf sexualwissenschaftlicher Grundlage«, auf der er vehement gegen die Bevormundung durch den Staat in sittlichen Fragen protestierte.

1923 unterstützte er den von Friedrich Radszuweit ins Leben gerufenen Homosexuellen-Verein »Bund für Menschenrecht«.[7]

Nach dem Ende des Ersten Weltkriegs hatte sich ein Wandel aller Werte abgezeichnet. Gleichgeschlechtliche Liebe war kein Tabuthema mehr, sondern Gegenstand allgemeiner Diskussion. In den Großstädten öffneten Schwulen- und Lesbenkneipen, Nachtklubs, Kabaretts sowie Travestie-Bars. Dem Beispiel der künstlerischen Avantgarde folgend, versteckten viele Frauen und Männer ihre Neigungen nicht mehr, sondern stellten sie offen zur Schau. Der § 175 wurde trotz kirchlicher Proteste überaus lax gehandhabt,[8] und die 1928 gegründete »Weltliga für Sexualreform« veranstaltete Kongresse in London, Wien und Berlin. 1929 war der »Bund für Menschenrecht« auf 48 000 Mitglieder angewachsen und zur größten der zahlreichen Homosexuellen-Vereinigungen geworden.[9] Das Ende der Verfolgung Gleichgeschlechtlicher – damals geschätzte 1 200 000 Personen (1929) – schien in Deutschland nur mehr eine Frage der Zeit zu sein.

In der »Kampfzeit der Bewegung« beobachteten Hitler und sein Gefolge voll Abscheu das für sie widernatürliche Treiben der Homosexuellen. Zu ihrem großen Ärger musste sich die NSDAP in der demokratischen Weimarer Republik auf bloße Hetzreden und gemeine Pamphlete beschränken. Ohnmächtig höhnte sie über »weibische«, gleichgeschlechtlich Veranlagte, geiferte über jüdische Ärzte, die gegen den § 175 auftraten. Den Tag der Abrechnung sehnte man herbei.

Im Gegensatz zu den Fanatikern in seiner Partei, interessierten den Katholiken Hitler weder der moraltheologische Aspekt der Kirchen noch das Schicksal vereinzelter Homosexueller, die er – wie sein Freund Emil Maurice später aussagte – als »abscheuliche Kreaturen« verachtete.[10] Als kühler, pragmatischer Politiker war Hitler sogar – in besonderen Fällen – zu Konzessionen bereit.

Diese Toleranz galt nicht für die Mehrheit der deutschen Homosexuellen. Nach dem Willen des »Führers« sollten jene, die sich der Reproduktion der »Herrenrasse« heimtückisch entzogen, strenge Strafen erwarten. Diesen offiziellen NS-Standpunkt brachte der Sprecher der NSDAP 1928 im Reichstag – in Beantwortung einer Anfrage des Herausgebers der ältesten, seit 1903 bestehenden Homosexuellen-Zeitschrift *Der Eigene* – auf den Punkt:»Wer an Mann-männliche oder Weib-weibliche Liebe denkt, ist unser Feind. Alles, was unser Volk entmannt, zum Spielball seiner Feinde macht, lehnen wir ab.«[11] Der *Völkische Beobachter*, das Zentralorgan der NSDAP, formulierte es schärfer. Ablehnung sei zu wenig, angemessen wäre die Ausweisung oder der Strang.[12]

1933 war es so weit. Die Nationalsozialisten traten, wie sie es selbst formulierten, das »entsetzliche Erbe der liberalen Epoche« an und bereiteten der fortschrittlichen Entwicklung ein jähes Ende. Die Jagd auf homosexuelle »Volksschädlinge«– übertriebenen NS-Schätzungen nach ca. 56 000 in Berlin und 2 000 000 in ganz Deutschland – begann.[13] Die Propaganda-Hetze fußte auf dem »gesunden Volksempfinden«. Hilfe kam von den christlichen Kirchen.[14] Sowohl Katholiken als auch Protestanten verurteilten die Liebe zwischen Männern als Sünde und Unmoral, sahen sie als Folge sexueller Übersättigung sowie degenerierter Erbanlagen und gerieten damit selbst unter die Räder. Bald verleumdete die Gestapo den Klerus als »homosexuellen Männerbund«.

Der Reichsrechtsführer und später als »Schlächter von Polen« berüchtigte Generalgouverneur Polens, der einflussreichste NS-Jurist Hans Frank, empfahl in seinem Rechtsgutachten härtestes Vorgehen: »... ist ... [die Homosexualität] der klare Ausdruck einer gegensätzlichen Geartetheit gegenüber der normalen Volksgemeinschaft ... [Sie] bedeutet in [ihrer] Betätigung die Negierung der Gemeinschaft, wie sie geartet sein muß, wenn die Rasse nicht zugrunde gehen soll. Daher verdient gerade das Verhalten der Homosexuellen keine Schonung.«[15]

Schon 1933 löste man alle homosexuellen Vereine auf.[16] Auch Zeitschriften wie *Der Eigene* hat man verboten. Die Erlasse des Preußischen Innenministeriums vom 23. und 24. Februar 1933 verfügten die Schließung aller Gaststätten, in denen »Personen verkehren, die widernatürlicher Unzucht huldigen«, sowie das Verbot der Verbreitung »unzüchtiger« Literatur.
Bespitzelungen, gefolgt von Razzien und Terror sollten der Homosexuellenszene ein Ende bereiten.
Magnus Hirschfeld, dem Sprachrohr der Homosexuellen, hatte man schon 1932 eindeutige Warnungen zukommen lassen. Er reiste ins Ausland und kehrte nicht mehr zurück. Sein Institut für Sexualwissenschaft wurde bereits Anfang 1933 geschlossen. Am 6. Mai 1933 erfreuten sich nationalsozialistische Berliner Studenten der Leibesübungen daran, die Institutsräume zu verwüsten und die Büste des Gründers Hirschfeld zu zertrümmern.

Über die Ursachen der Homosexualität waren sich die Mediziner des »Dritten Reichs« uneinig. »Für die konstitutionelle Homosexualität lässt sich keine biologische Grundlage nachweisen ... [ist] eine Erbanlage ... nicht feststellbar«, schrieb ein bekannter Psychiater.[17] »Der Homosexuelle ist ein durch und durch kranker Mensch!«[18] Ein Münchner Kollege widersprach: »... daß ... die Erbbedingtheit der echten Homosexualität ... feststehe.«[19] Die Mehrzahl der NS-Mediziner folgte der »Dekadenztheorie« des berühmten Psychiaters Richard Krafft-Ebing[20], die besagte, dass Homosexualität pathologisch sei. Aufgrund seiner Erfahrungen als Gerichts- und Irrenarzt und vieler psychiatrischer

Kriminalfälle war Krafft-Ebing 1880 zu dem Schluss gekommen, gleichgeschlechtliche Liebe als angeborene Perversion einzustufen. Derart veranlagte Menschen seien für die Inversion ihrer Triebe nicht verantwortlich. Sie gehörten daher nicht vor den Strafrichter, sondern in die Obhut von Nervenärzten. Ihre »Missbildung« sei zwar nicht ansteckend, sie seien aber unzurechnungsfähig.

Die NS-Ideologen übernahmen und interpretierten die damals bereits veralteten Erkenntnisse Krafft-Ebings auf selektive Weise. Von der von ihm geforderten Straffreiheit für Homosexuelle hielten sie nichts und befanden sich damit in Einklang mit kirchlich-konservativen Kreisen, die weiterhin auf eine moralische Ächtung Homosexueller bestanden. Hingegen fand die Theorie Krafft-Ebings von der Perversität gleichgeschlechtlicher Liebe die volle Zustimmung des braunen Regimes. Man spann den Faden zu folgendem Schluss weiter: Abartige, homosexuelle Menschen verweigern sich bewusst der Volksgemeinschaft, sind eine Gefahr für das politische System. Erzielt eine Verurteilung nach § 175 keine Läuterung, erfolgt ihre Einstufung als lebensunwerte Geisteskranke. Neben Zwangskastration bietet sich die KZ-Einweisung an. Homosexuelle stehen als ideales Patientengut für Zwangsbehandlungen und für medizinische Experimente aller Art zur Verfügung. Den nicht benötigten Rest deutscher Homosexueller gilt es – bevor sie andere zu ihrem Lebensstil verführen – rigoros zu bekämpfen, am besten auszurotten.

Toleranz übte man, wie bei Ernst Röhm, nur aus Gründen der Parteiräson und dies nur in ganz wenigen Ausnahmefällen.

Es war Reichswehrhauptmann a.D. Ernst Röhm[21], der Hitler, dem Propagandaleiter der unbedeutenden DAP in Mün-

*Ernst Röhm
(1887–1934),
Hitlers
homosexueller
Kampfgefährte
und späterer
Oberster SA-
Führer (1934)*

chen, die Verbindung zu den Offizierskreisen herstellte. Mit seinen geheimen Munitionslagern und der Zusammenführung vieler rechtsrevolutionärer Wehrverbände gelang die paramilitärische Aufrüstung der SA, die Voraussetzung für den NS-Terror. Dem derben Landsknechtstyp verdankte der spätere Parteivorsitzende der NSDAP, dass aus der mit Schlagringen, Eisenketten und Brechstangen bewaffneten SA (Sturmabteilung) eine bestens bewaffnete Privatarmee entstehen konnte. Diese gefürchtete Miliz setzte sich aus Gewaltverbrechern, entwurzelten Soldaten und Freischärlern zusammen. Selbst Parteigenossen schockierte die Brutalität, mit der Röhm jenseits aller Legalität und außerhalb aller bürgerlichen Moralvorstellungen agierte. Sexuelle Ausschweifungen, wüste Sauforgien, Korruption und Gemeinheit bestimmten das Leben des skrupellosen Mannes mit dem narbenzerfurchten Gesicht. Doch Hitler benötigte das große militärische Organisationstalent des Haudegens. Unbeirrt schützte und förderte er ihn lange Zeit.

1924 gingen Röhms homoerotische Neigungen, wie er sich in seinen Memoiren freimütig erinnerte, in offene Homosexualität über. »Ich kann mich vorher an eine Reihe auch gleichgeschlechtlicher Gefühle und Akte bis in meine Kindheit erinnern, habe auch mit vielen Frauen verkehrt. Allerdings nie mit besonderem Genuß. Auch drei Tripper habe ich mir erworben, was ich später als Strafe der Natur für widernatürlichen Verkehr ansah.«[22]

Röhm rebellierte nicht länger gegen seine Natur und verurteilte den Anspruch des Staates (damals die Weimarer Republik), »durch Gesetze menschliche Triebe zu regeln oder in andere Bahnen lenken zu wollen«. Angesprochen auf seine eigene Homosexualität, erklärte er: »Natürlich kämpfe ich ... vor allem gegen den § 175.« Und er verschwieg nicht, dass er den Ideologen der NSDAP und Schriftleiter des *Völkischen Beobachters*, Alfred Rosenberg, diesen »tölpelhaften Moralathleten«, aufs Schärfste bekämpfe.

Röhm umgab sich mit jugendlichen Liebhabern und wurde bald einschlägig bekannt. Im Januar 1925 erstattete der SA-Führer gegen den 17-jährigen Strichjungen Hermann Siegesmund wegen Diebstahls Anzeige, die er bald bitter bereuen sollte. Kamen doch im Verlaufe der beim Amtsgericht Berlin-Mitte verhandelten Strafsache Dinge zur Sprache, über die Röhm lieber den Mantel des Schweigens gebreitet hätte. Der SA-Chef hatte Siegesmund zuerst auf ein Bier und dann in sein Hotelzimmer eingeladen. Dort verlangte Röhm von dem abgebrühten Lustknaben, wie dieser vor dem Richter aussagte, »einen ihm derart widerlichen

Geschlechtsverkehr«, dass er die Flucht ergriff. Nicht ohne sich an einem im Zimmer liegenden Gepäckschein schadlos zu halten. Er löste ihn ein und erhielt Röhms Koffer, der zu seiner Freude auch kompromittierende Briefe enthielt. Der junge Mann versuchte sich in Erpressung. Sein Opfer erstattete Anzeige, mit der alles publik wurde. Die sozialdemokratische Presse berichtete ausführlich über den Prozess.[23]

Der bekannteste von Röhms zahlreichen Liebhabern in den Zwanzigerjahren war jedoch Edmund Heines.[24] Als NSDAP- und SA-Mitglied widmete er sich 1925 der Betreuung der Hitlerjugend. Diese Tätigkeit musste er 1929 nach einer Verurteilung wegen Fememordes kurz unterbrechen. Er saß im Gefängnis, kam aber im Zuge einer Amnestie frei. Aufgrund seiner intimen Beziehung zu Röhm stieg er die Karriereleiter rasch hinauf, wurde SA-Obergruppenführer und schließlich Polizeipräsident von Breslau.

In der SA machte das Vorbild des Stabschefs und seiner Freunde Schule. Bei der Aufnahme junger, meist arbeitsloser Jugendlicher in die SA bevorzugte man Homosexuelle und reservierte ihnen hohe Posten. »Sind Sie glücklich verheiratet?«, pflegte Röhm Bewerber listig zu fragen.[25]

Dem stets bestens informierten Hitler blieben die Vorgänge in der SA keinesfalls verborgen. Er betrachtete sie als Privatangelegenheiten und mischte sich nicht ein. General Ludendorff schrieb dazu: »Ich habe die Unterlagen dafür in Händen, daß Hitler schon im Jahre 1927 auf die ernsten Mißstände innerhalb der Organisation durch die gleichgeschlechtliche Veranlagung der Unterführer Röhm und Heines und im besonderen auf die Verseuchung der Hitlerjugend durch Heines hingewiesen worden ist. Herr Hitler lehnte zunächst die Enthebung der Genannten völlig ab.«[26]

Als dieser Heines schließlich doch aus dem Parteidienst entließ, hatte er dafür andere Gründe. Edmund Heines musste wegen Disziplinlosigkeit gehen, erhielt jedoch 1931 eine neue Aufgabe. Röhm räumte seinen Platz ebenfalls nur vorübergehend. Und dies nicht wegen seiner der NS-Doktrin widersprechenden Veranlagung, sondern weil Hitler eine Neuorganisation der SA durchführte. Röhm ging als militärischer Berater nach Südamerika, wirkte dort als Oberstleutnant im Generalstab der bolivianischen Armee und sehnte sich nach Deutschland. In offenherzigen Briefen beklagte er seinen sexuellen Notstand, schwärmte er vom paradiesischen Berlin: »Herrgott ich zähle schon die Tage, wo ich wieder dort sein kann, und will hier wirklich ... sparen, damit ich dort etwas vom Leben habe. Das Dampfbad dort ist aber doch meines Erachtens der Gipfel alles menschlichen Glücks. Jedenfalls hat mir dort die Art und Weise des Verkehrs ganz besonders gefallen. An F. sagen Sie besonders herzlichen Gruß; auch wenn Sie meine übrigen schwarzen Bekannten – dieser Typ ist mein Ideal – im Bad oder Dampfbad wieder sehen.« In der Zwischenzeit blieb Röhm nur seine Sammlung pornografischer Fotos.

1931 folgte Röhm erneut dem Ruf Hitlers und kehrte nach Deutschland zurück. Als »Oberster Stabsführer der SA« übernahm er wieder die auf über 100 000 Mann angewachsene, unter dem Oberbefehl des »Führers« stehende SA. Und er nahm seinen alten Lebenswandel auf.

In konservativen NS-Kreisen registrierte man Röhms offen ausgelebte homosexuelle Affären mit Empörung. Hitlers Toleranz schien unverständlich. Mehr als nur Kritik äußerte die sozialdemokratische Presse Deutschlands und die faschistische Regierung Italiens. Es erregte Unmut, dass Röhm höhere SA-Führer nur aus seinem homosexuellen Umkreis rekrutierte.[27] Hitler würgte mit Erlass vom 5. Februar 1931 alle internen Klagen ab:»Der obersten SA-Führung liegen eine Reihe von Meldungen und Anzeigen vor, die sich gegen SA-Führer und -Männer richten und vor allem Angriffe wegen des Privatlebens dieser Persönlichkeiten enthalten. Die Prüfung ergibt meist, daß es sich um Dinge handelt, die gänzlich außerhalb des Rahmens des SA-Dienstes liegen. ... Den obersten SA-Führern wird zugemutet, über diese Dinge, die rein auf privatem Gebiet liegen, Entscheidungen zu treffen. Ich weise diese Zumutung grundsätzlich und in aller Schärfe zurück. ... muß ich feststellen, daß die SA eine Zusammenfassung von Männern zu einem bestimmten politischen Zweck ist. Sie ist keine moralische Anstalt zur Erziehung von höheren Töchtern, sondern ein Verband rauher Kämpfer. Aufgabe der Prüfung kann hier nur sein, ob der SA-Führer oder -Mann in der SA seine Dienstpflicht erfüllt oder nicht. Das Privatleben kann nur dann Gegenstand der Betrachtung sein, wenn es wesentlichen Grundsätzen der nationalsozialistischen Anschauung zuwiderläuft ...«[28]

Seinem Leibfotografen Hoffmann erklärte Hitler:»Bei einem Mann wie Röhm, der jahrelang in den Tropen gelebt hat, ist Homosexualität anders zu werten als bei andern. ... sein Privatleben interessiert mich nicht, wenn die nötige Diskretion gewahrt bleibt ...«[29]

Im Besitz eines Freibriefes sah Röhm keinen Grund mehr für Diskretion. Peter Graninger vom SA-Nachrichtendienst vermittelte ihm die gewünschten Partner, unter denen sich auch minderjährige Schüler und Lehrlinge befanden, um kulante 200 RM monatlich. Viele Mitarbeiter Röhms verdankten ihre Einstellung ausschließlich ihrer Veranlagung. Im Münchner»Bratwurstglöckl« hatte die homosexuelle Runde des Stabchefs der SA ihre fröhlichen Treffen, die die sozialdemokratische *Münchner Post* als »Stammtisch 175«

verhöhnte.[30] Dort hielt Röhm auch seine Hetzreden gegen das unbelehrbare Establishment der NSDAP, wobei er sich immer mehr von der Parteilinie entfernte. Er forderte die Auflösung der Reichswehr ebenso[31] wie die Abkehr von Hitlers mühsamem »Legalitätskurs«, mit dem dieser die Macht im Staate durch Wahlen zu erringen suchte. Der oberste SA-Chef plädierte für schnelles militärisches Losschlagen und nackte Gewalt.

Alte Parteikämpfer, die das Ohr Hitlers besaßen, äußerten nach einer Flut von Hetzartikeln, wie »Warme Bruderschaft im Braunen Haus« – nach außen für den § 175, in den eigenen Reihen schamloseste Unzucht – Bedenken und Unmut, blieben jedoch ungehört.[32]

Im März 1932 schien das Maß jedoch voll zu sein. Zu dieser Zeit gelangte auch Röhms lasziver Briefwechsel aus seiner bolivianischen Zeit in die Hände der sozialdemokratischen Presse. Es war wie ein Stich in ein Wespennest. Walter Buch, der oberste Parteirichter der NSDAP, wollte Röhm nicht mehr länger tolerieren.[33] Da er gegen den Willen Hitlers weder Anklage erheben noch einen Parteiprozess führen konnte, klagte er seine Sorge über den Sittenverfall der SA einem alten Vertrauten. Das Ansehen der Partei stehe auf dem Spiel! Ein geheimes Femetribunal beschloss, den Ruf der SA zu retten und Röhm – ohne Wissen des »Führers« – mitsamt seinem Klüngel auf seinem Amtssitz zu ermorden. Röhm residierte im Braunen Haus in München, dem von der NSDAP angekauften Palais Barlow, das als feudale Parteizentrale diente. Es war schwer bewacht. Enorme Sicherheitsvorkehrungen machten das Haus zu einer Festung – SA und SS patrouillierten Tag und Nacht und riegelten es hermetisch von der Umgebung ab. Vor internem Verrat konnten allerdings auch die schärfsten Maßnahmen nicht schützen. Parteigenosse und SA-Mitglied Karl Horn wurde zum

Anführer eines Mordkommandos bestimmt, da er sich als Mitglied des Bewachungspersonals innerhalb des Terrains frei bewegen konnte.[34] Er erhielt genaue Instruktionen: Röhms Adlatus und Geliebter Georg Bell sollte zur Vortäuschung eines kommunistischen Überfalls »mit einem Hammer erschlagen, dann geschmückt mit einem Hakenkreuz, aufgehängt«, Röhm selbst gehenkt werden. Für den Nachrichtenchef der SA, Leonhardt Graf Du Moulin-Eckart plante man, obwohl er sein Dienstzimmer im Braunen Haus hatte, einen Autounfall mit tödlichem Ausgang. Wenige Tage vor dem Anschlag stieß Horn im Garten des Braunen Hauses zufällig auf Graf Du Moulin. Gewissensbisse übermannten ihn, er verlor die Nerven und warnte sein Mordopfer. Dabei enthüllte er nicht nur das Komplott, sondern auch seine Auftraggeber. Parteirichter Buch erfuhr davon und suchte den gefährlichen Zeugen, unwilligen Attentäter und nunmehrigen Verräter zu beseitigen. Drei auf ihn abgegebene Schüsse verfehlten jedoch ihr Ziel. Röhm selbst umgab sich mit Leibwächtern, tauchte mit seinen engsten Mitarbeitern zeitweise unter und wandte sich hilfesuchend an einen alten Freund. Dieser sollte ihm belastendes Material gegen einen seiner SA-Mitarbeiter, den er – irrtümlich – als Urheber des Komplotts hinter den Kulissen vermutete, beschaffen. Außerdem beantragte er am 4. April 1932 eine gerichtliche Verfügung gegen die Verbreitung seines intimordinären Briefwechsels durch die Presse. Da er die Echtheit der diskriminierenden Dokumente bestätigte und auch den Wahrheitsgehalt des Inhalts nicht leugnete, wurde das Ansuchen abgelehnt.

Inzwischen ging sein verängstigter Liebhaber Georg Bell an die Öffentlichkeit. Mit Röhms Billigung gab er die Geschichte des versuchten Mordes dem Gegner, in Gestalt der sozialdemokratischen Zeitung *Vorwärts*, preis.

Dies verärgerte Martin Bormann, den späteren mächtigen Leiter der Parteikanzlei:»Ich habe auch nichts gegen die Person Röhms an sich. Meinetwegen mag sich jemand in Hinterindien mit Elefanten und in Australien mit Känguruhs abgeben, es ist mir herzlich gleichgültig … wenn der Führer diesen Mann, nach diesem Vorgehen [der Einschaltung der gegnerischen Presse] noch hält, so verstehe auch ich ihn, wie schon zahllose andere nicht mehr …«[35]

Obwohl sich ein Verbot der SA durch das Innenministerium ankündigte,[36] startete Hitler am 6. April 1932 einen Rettungsversuch. Er warf sein Prestige in die Waagschale und unterzeichnete ein Flugblatt zur Ehrenrettung des Obersten Stabschefs der SA:»Röhm bleibt mein Stabschef jetzt und nach den Wahlen. An dieser Tatsache wird auch die schmutzige und widerlichste Hetze, die vor Verfälschungen, Gesetzesverletzungen und Amtsmißbrauch nicht zurückschreckt und ihre gesetzesmäßige Sühne finden wird, nichts ändern.«[37]

Schließlich griff auch Reichsführer SS Heinrich Himmler, der damalige Sicherheitschef der Münchner Parteizentrale, ein, stellte den obersten Parteirichter zur Rede, führte mit ihm ein Gespräch unter vier Augen, tadelte ihn milde und hielt danach»die Angelegenheit« für bereinigt.

Es galt den parteiinternen Skandal zu begrenzen. Man glaubte, bereits zur Tagesordnung übergehen zu können, als eine weitere Bombe platzte. Voll Sorge um sein Leben hatte Graf Du Moulin, dem der Glauben an SA und NSDAP gänzlich abhandengekommen war, eine Klage gegen den Parteirichter Walter Buch bei einem öffentlichen Gericht eingebracht.

Röhm hörte nicht auf, gegen die Veröffentlichung seiner homoerotischen Ergüsse zu kämpfen. Er versuchte es beim

Landgericht I in München, scheiterte und ging – stets unter großer Medienresonanz – zur nächsten Instanz. Am 20. Juli 1932 wies das Oberlandgericht München sein Ansuchen erneut zurück. Dies alles geschah in einer Zeit, in der die NSDAP den Wahlkampf für die am 31. Juli 1932 stattfindenden Reichstagswahlen bestritt und sich als seriöse, gewalt- und skandalfreie Partei präsentierte. Eloquent legte der »Führer« die Reformpläne seiner friedfertigen NSDAP zum Wohle des Volkes dar. Auf seinen spektakulären und legendären Deutschlandflügen betonte er, dass die NS-Verbände – im Gegensatz zu den Kommunisten – nur im Rahmen der Gesetze operierten. Trotz Zeitungsmeldungen, wie »Aggressiver Homosexueller Röhm verseucht ungehindert die deutsche Jugend«, gewann die NSDAP stetig an Sympathisanten. Das Image der NSDAP hat durch ihre Affären, die sich von März bis November 1932 hinzogen, kaum Schaden erlitten. Am 31. Juli 1932 errang die NSDAP das beste Wahlergebnis ihrer Geschichte und befand sich auf dem Sprung zur Macht.

Im Oktober wurde die Klage von Du Moulin verhandelt. Der Richter, ein NS-Sympathisant, ließ Milde walten. Er verurteilte nur einen der Drahtzieher des Komplotts gegen Ernst Röhm wegen Anstiftung zum Mord zu sechs Monaten Gefängnis.

Das Urteil war trotzdem Wasser auf die Mühlen alter Parteifreunde und -förderer. So schlugen der Psychiater Oswald Bumke und der Münchner Verleger Lehmann vor, dass der »Führer« endlich handeln und Röhm stillschweigend aus seinem Amt entfernen solle: »Es könne nicht angehen, daß eine Bewegung, die Deutschlands Jugend mit neuen Idealen erfüllen und Deutschland erneuern will, einen Homosexuellen … an einen so hervorragenden Platz stelle.«[38] Hitler erwiderte lapidar: »Ich stehe und falle mit Röhm«, und schwieg in der Öffentlichkeit.

Dies ermutigte den obersten Führer der SA, der mittlerweile sogar Mitglied des für die Rechte der Homosexuellen kämpfenden »Bundes für Menschenrechte« geworden war,[39] zu einem höhnischen, an die Adresse seiner Kritiker gerichteten Tagesbefehl. Darin heißt es: »Ich will das Überhandnehmen ... oft lächerlicher Auswüchse von Prüderie und Schlimmerem zum Anlaß nehmen, um einmal eindeutig festzustellen, daß die deutsche Revolution nicht von Spießern, Muckern und Sittlichkeitsaposteln gewonnen worden ist ... Ich verbiete daher sämtlichen Führern und Männern der SA und SS ... sich zum Handlanger verschrobener Moralästheten herzugeben ...«[40]

Am 1. Juli 1934 schlug Röhms letzte Stunde. Der Oberste Stabschef der SA wurde im Zuge des »Röhm-Putsches« im Gefängnis Stadelheim erschossen – er stand einem Abkommen Hitlers mit der Reichswehr im Wege, war nicht mehr nützlich, sondern ein Hindernis.[41] Die homosexuellen Neigungen des einstigen Duzfreundes des »Führers« spielten in dem politischen Machtkampf keine Rolle.

Nach Röhms Tod verschärfte das braune Regime den § 175. Die Höchststrafe wurde von sechs Monaten auf fünf Jahre erhöht. Nach der gängigen Rechtsprechung des Reichsgerichtshofes aus dem Jahre 1871 wurden »beischlafähnliche« Handlungen unter Männern bestraft. Der NS-Gesetzgebung reichten bereits »begehrliche Blicke« für eine Verurteilung aus. Der Begriff »widernatürliche Unzucht« wurde durch schlichte »Unzucht« ersetzt. Neu war der § 175a für »erschwerte« Fälle, die mit bis zu zehn Jahren Zuchthaus rechnen mussten. Für jene Homosexuellen, die trotzdem durch die Maschen der ohnedies sehr willkürlichen NS-Judikatur schlüpften, gab es den »Analogieparagraphen«. Dieser besagte, dass »ungeschriebene« Rechtsquellen, wie das »gesunde Volksempfinden«, gleichberechtigt neben den Gesetzen rangierten. 1932 waren in Deutschland 801 Personen aufgrund des § 175 verurteilt worden. 1933 – 853, 1934 – 948. Im Jahre 1935 stieg die Zahl wegen der verschärften Gesetze sprunghaft auf 2 106 an, um sich dann kontinuierlich zu steigern. 1936 – 5 320, 1937 – 8 271, 1938 – 8 562 und 1939 (bis zum Kriegsausbruch am 1. September) 8 274. Auch die unter Röhm etablierte Herrschaft von Homosexuellen in der SA fand ein jähes Ende. Hitler persönlich verkündete seine »12 Forderungen an die SA«: »Ich erwarte von allen SA-Führern, daß sie helfen, die SA als reinliche und saubere Institution zu erhalten! Und zu festigen. Ich möchte, daß jede Mutter ihren Sohn in SA, Partei und HJ gehen lassen kann, ohne die Furcht, er könne dort sittlich oder moralisch verdorben werden. Ich wünsche daher, daß alle SA-Führer peinlichst darüber wachen, daß Verfehlungen nach § 175 mit dem sofortigen Ausschluß der Schuldigen beantwortet werden. Ich will Männer als SA-Führer sehen und keine lächerlichen Affen.«[42] Vorbei waren die Zeiten, als Hitler Röhms Homosexualität zur Privatsache erklärt hatte!

Nach Hitlers Erklärung wurde Homosexualität die bevorzugte Domäne von Denunzianten, die sich voll sittlicher Entrüstung mit großem Eifer an der Hatz gegen gleichgeschlechtlich liebender Volksgenossen beteiligten. Viele Ärzte, Psychiater und Historiker begrüßten den neuen scharfen Kurs.[43]

Karl August Eckhardt (1901–1979) war 1935 ein junger, aufstrebender und erfolgreicher Historiker, Universitätsprofessor, Mitglied der SS-Forschungsorganisation »Ahnenerbe« und persönlicher Freund Himmlers. »Widernatürliche Unzucht ist todeswürdig«, heißt sein Beitrag zur Geschichte der Homosexualität, den der damalige SS-Untersturmführer für die SS-Zeitung *Das Schwarze Korps* verfasste und kommentierte.[44] Er erklärte, wie – laut Tacitus – »am Leib Geschändete« (Homosexuelle) von den Germanen in Moor und Sumpf versenkt und mit Laubwerk bedeckt wurden. Wie man zur Besänftigung des Zorns der Gottheiten Wotan und Freya »weibische« Männer opferte. Dass die Nordgermanen Homosexualität mit Feigheit gleichsetzten. Die Norweger hätten den Abartigen die Wahl zwischen Lebendbegraben und Verbrennen gelassen, während man in Friesland die Auswahl auf Entmannen, Verbrennen oder Begraben erweiterte. Eckhardt legte dar, dass die Kirche widernatürliche Unzucht (mit Mensch oder Tier) ab dem 8. Jahrhundert als Ketzerei betrachtete: »Der Vorstoß der Kirche hatte vollen Erfolg. Bereits 846 ist uns die Verbrennung eines Franken, der mit einem Tier Unzucht getrieben hatte, bekannt.« In der Peinlichen Halsgerichtsordnung Kaiser Karls V. wäre Feuerstrafe oder die Enthauptung vorgesehen gewesen, bis sich im 18. Jahrhundert ein – bedauerlicher – Wandel anbahnte. »Und dieser kam bezeichnenderweise von unserem westlichen Nachbarn«, klagte der Jurist, der daraus seine Schlussfolgerungen zog. Zweimal in der Geschichte sei die nordisch-germanische – und einzig richtige – Auffassung der widernatürlichen Unzucht verfälscht worden. Das erste Mal durch die Kirche, die Homosexuelle nicht wegen der Reinhaltung der Rasse, sondern als Ketzer zur Ehre Gottes verbrannte. Ein zweites Mal durch die »westischen« Anschauungen der Aufklärung, die Homosexualität straflos duldete. Dann gab der Rechtsexperte und glühende Nationalsozialist seine radikale Empfehlung ab:

»Wie wir heute in der Frage der Mischehen artfremder Rassen zu der altgermanischen Auffassung zurückgefunden haben, so müssen wir auch in der Beurteilung der Rasse vernichtenden Entartungserscheinung der Homosexualität, zurückkehren zu dem nordischen Leitgedanken der Ausmerzung der Entarteten. Mit der Reinhaltung der Rasse steht und fällt Deutschland.«[45]

Himmler kommentierte die Ausführungen des Professors für Rechtsgeschichte über den germanischen Brauch der Versenkung homosexueller Paare in Sümpfen voll Humor: »Bei uns ist das leider, muß ich sagen, nicht mehr möglich.«[46]

Himmler hatte im Januar 1934 in den meisten deutschen Ländern die Kontrolle der Polizeigewalt an sich gerissen, im April 1934 den Titel »Inspekteur der Gestapo« erhalten und schon im Mai 1934 das Problem der Homosexualität in Deutschland aufgegriffen. Im Mai 1934 übergab er dem bisherigen SS-Obertruppführer Josef Meisinger[47] das Dezernat II 1 H und II H1 im Geheimen Staatspolizeiamt (Gestapa). Meisinger war dann für die Einleitung und Koordinierung von Maßnahmen gegen Homosexuelle zuständig. Kurz nach der »Säuberung« der SA legte er ein Verzeichnis homosexueller Einzelpersonen an – die berüchtigten »Rosa Listen«, die schließlich mehr als 100 000 Personen umfassten.[48]

Himmler schien dies nicht ausreichend. Er schuf daher im Juni 1936 eine »Reichszentrale zur Bekämpfung von Homosexualität und Abtreibung«,[49] die – nach dem Ende der Sommerolympiade 1936 in Berlin – ihre Tätigkeit aufnehmen sollte. Himmler sorgte sich nämlich – wie er selbst angab – Tag und Nacht wegen der vielen deutschen Homosexuellen. »Für einen Menschen, der normal und anständig ist, ist es nicht so furchtbar leicht, da hineinzugucken und alles zu erklären. Ich habe mir die Frage vorgelegt: Kommt es wirklich daher, daß unser Volk moralisch so verkommen und schlecht ist? Ich weiß, daß es in anderen Ländern zum Teil viel schlimmer ist. Ich weiß aber auch ebenso, daß Deutschland ... mit der Homosexualität ... nicht etwa an letzter Stelle marschiert, sondern leider recht beachtlich weit vorn steht.«[50] Rasch avancierte er zum Spezialisten auf diesem Gebiet.» ... habe ich mich mit vielen Einzelschicksalen von Menschen, die ich verhaften lassen mußte, befaßt, habe mit den Frauen gesprochen, habe mir die Männer holen lassen und mit ihnen in meinem Dienstzimmer Stunde und Stunde gesprochen. Ich glaube, heute wirklich sagen zu können: es gibt in Europa niemand, der auf dem Gebiet dieses Lasters der Homosexualität und seiner Bekämpfung so fachkundig und sachverständig ist wie die deutsche Polizei. Wenn ich das alles sehe, dann ist es mir absolut klar, daß das deutsche Volk sexuell absolut in Unordnung ist, daß wir in unserem Volke die größten Spannungen, die es überhaupt geben kann, auf diesem Gebiet haben, und wir müssen uns darüber klar sein: Wenn ein Volk in seinen allernatürlichsten Lebensgesetzen, ... Liebe – Sexualität – Erhaltung der Art – nicht in Ordnung ist, so ist das für das Ganze Dynamit.«[51]

Wie Hitler, so verurteilte Himmler Homosexuelle nicht aus Gründen der Moral. Einzelne Fälle hätte er sogar geduldet. Er fürchtete jedoch die unkontrollierbare Verbreitung dieser »Seuche«, ihre multiplikatorische Wirkung und ihre negative Auswirkung auf die Geburtenrate der Nation. »Sie finden keinen Homosexuellen«, klagte er, »der nicht 10 oder 15 verführt hat – das gibt es nicht. Und sie finden keinen irgendwo allein, sondern immer gleich 5 oder 6 im selben Amt oder Betrieb.« Bald sinnierte er, ob es nicht zweckmäßig sei, jeden gleichgeschlechtlich Veranlagten sofort kastrieren zu lassen.

Auch die schwierige Erfassung verheirateter Homosexueller beschäftigte Himmler:»Dieser Feigling von Mann heiratet und setzt noch zwei oder drei Kinder in die Welt, die meiner Überzeugung auch mit dem Hang zur Homosexualität belastet sind, und sein wirkliches Ausleben hat er mit seinen homosexuellen Freunden und Jungen. ... die Frau geht darüber kaputt ... Das ist die sexuelle Belastung, diese 1 Million Frauen, deren Männer sich dem gleichen Geschlecht zugewandt haben. Das ist viel, viel schlimmer, als Sie [die Teilnehmer der Beratung im Innenministerium] alle annehmen.«[52]

Die neue »Reichszentrale zur Bekämpfung der Homosexualität und Abtreibung« legte Himmler in die bewährten Hände von Josef Meisinger, der mit seiner »rosa« Datensammlung bereits Angst und Schrecken verbreitete.

Am 18. Februar 1937 sprach Himmler vor höheren Offizieren der SS-Schule in Bad Tölz warnende Worte:»Es gibt unter Homosexuellen Leute, die stehen auf dem Standpunkt: Was ich mache, geht niemanden etwas an, das ist meine Privatangelegenheit. Alle Dinge, die sich auf dem geschlechtlichen Sektor bewegen, sind jedoch keine Privatangelegenheit, sondern sie bedeuten das Leben und Sterben eines Volkes ...«[53] Für die »Abartigen« in den Reihen der SS kündigte er besonders scharfe Strafen an: Degradierung, Ausstoßung, KZ und – vorprogrammierter – Tod auf der Flucht.

Zu diesem Zeitpunkt hatte Himmler auch selbst schmerzlich wahrgenommen, dass gerade sein elitärer »Totenkopf«-Orden, der Inbegriff der Verherrlichung deutscher Männlichkeit, gegenüber homoerotischen und homosexuellen Strömungen keinesfalls immun war. Immer wieder erlagen

SS-Führer den Anfechtungen ihres Körpers. Selbst der Chef des SS-Hauptamtes (Kurt Wittje) musste abgelöst werden. Offiziell wegen schwerer Krankheit, inoffiziell wegen homosexueller Unzucht im Zustand der Trunkenheit. Manche höheren SS-Führer mit gleichgeschlechtlichen Neigungen suchte der Reichsführer SS selbst von ihrem Leiden zu kurieren. Er redete ihnen gut zu und verlangte ihr Ehrenwort als Sicherung gegen Rückfälle in alte Gewohnheiten.

Für einfache Volksgenossen gab es eine solche Behandlung nicht. Im Allgemeinen verurteilte man einen von der Gestapo – oft durch Denunziation – auf die »rosa« Liste gesetzten Homosexuellen vorerst zu einem Aufenthalt im Zuchthaus, wo ihn als Außenseiter ein qualvolles Martyrium durch Wärter und kriminelle Mithäftlinge erwartete. Im Wiederholungsfall erfolgte die Kastration auf »freiwilliger« Basis. Dafür benötigte man allerdings – nach dem herrschenden Gesetz – die Zustimmung des Täters und ein ärztliches Gutachten.[54] Viele der Unzucht bloß Verdächtigte fanden sich im KZ wieder, eingeliefert durch die Polizei im Zuge »vorbeugender Verbrechensbekämpfung«. Dort stand für alle, vor allem jedoch die »Mehrfachtäter«, die »Entmannung« zur Debatte. Himmler hatte die »Überredung« homosexueller Häftlinge angeordnet, den Kastrierten versprach er die – oft nicht eingehaltene – Entlassung.[55]

Die Praxis der freiwilligen, meist aber erzwungenen Kastrationen war den gesetzestreuen NS-Juristen ein Dorn im Auge. Sie forderten klare Bestimmungen. Das Justizministerium folgte ihren Argumenten und gab ein neues Gesetz »zur Behandlung Gemeinschaftsfremder« in Auftrag. Die Rechtsexperten berieten lange über einzelne Formulierungen, die Erstellung eines Entwurfs zog sich in die Länge. Himmler, der Herr aller Konzentrationslager, wurde schließlich ungeduldig. In einem Geheimerlass an die SS legalisierte er aus eigener Machtbefugnis die Kastration homosexueller KZ-Insassen ohne deren Einverständnis.[56] Derartige juristische Formalitäten interessierten die Kommandanten von KZs recht wenig. Sie betrieben ihre grausigen Geschäfte hauptsächlich nach eigenem Gutdünken.

Pierre Seel, ein Überlebender des SS-Sicherungslagers bei Schirmeck, gab seine Erlebnisse zu Protokoll: »Meine Veranlagung war in meinem Heimatort Mühlhausen bekannt und ich stand auf einer der ›rosa‹ Listen. Eines Tages bekam ich die Aufforderung, mich bei der örtlichen Polizei zu melden. Aus Angst vor Vergeltungsmaßnahmen gegenüber meiner Familie fand ich mich auf der Polizeiwache ein. Dort erlebte ich, wie Homosexuelle gefoltert, ihnen bei Widerstand die Fingernägel gezogen und ihnen mit zerbrochenen Linealen die Gedärme perforiert wurden. Ich kam in das SS-Sicherungslager Schirmeck. Eines Tages kündigte der Lagerkommandant während des Morgenappells eine exemplarische Hinrichtung an. In dem dafür ausersehenen Mann erkannte ich meinen 18-jährigen Partner. Die SS-Wachen entkleideten ihn, stülpten ihm einen Blechkübel über den Kopf und hetzten dressierte Hunde auf ihn.«[57]

Derartige Hinrichtungen waren an der Tagesordnung.

Einen generellen Plan für die gezielte, systematische Ausrottung der mit rosa Winkeln Gekennzeichneten gab es im Dritten Reich jedoch nicht.[58] Man behandelte Homosexuelle, ähnlich wie Juden, meist wesentlich brutaler als ihre Mithäftlinge, sodass die Todesrate in ihren Reihen entsprechend hoch ausfiel. Mit Besserungsversuchen zur Austreibung ihrer »Perversionen« quälte man viele Homosexuelle zu Tode. Die laienhaften, jedoch immer grausamen Maßnahmen variierten je nach Lagerleitung und umfassten – zum Gaudium des Personals – zwangsweise Sexualverkehr

202

mit den Prostituierten in den KZ-Bordellen oder Zuteilung zu Strafkommandos. »Rosa« Häftlinge wählte man häufig für tödlich verlaufende Experimente gegen Infektionskrankheiten. Sie waren auch begehrte Opfer von KZ-Ärzten, die an ihnen die Ursachen ihrer Veranlagung ergründen wollten oder sie zu heilen suchten.

Der dänische Arzt Carl Vaernet,[59] ein Mitglied der Dänischen Nationalsozialistischen Arbeiterpartei, experimentierte mit Hormonen. Nachdem das verblüffende Ergebnis seiner Tierversuche – aus weiblichen Küken wurden angeblich kräftige Hähne – bis zu dem einstigen Geflügelzüchter Heinrich Himmler durchgedrungen war, holte ihn der Reichsführer SS nach Deutschland. Der dänische Arzt schien die dringend benötigte Lösung für das Homosexuellenproblem gefunden zu haben. Im KZ Buchenwald experimentierte Dr. Vaernet an 17 Männern mit »verkehrter Disposition«. Er setzte ihnen künstliche Hormondrüsen ein und freute sich über das positive Ergebnis der Operationen. Nicht nur, dass alle 17 Häftlinge überlebten, sie versicherten ihm auch höchst glaubwürdig, von ihrem Laster gänzlich befreit zu sein. Sie wurden als geheilt entlassen. Nach 1945 setzte Vaernet seine Karriere in Argentinien fort.

Am 5. November 1937 erläuterte Hitler den Oberbefehlshabern der Wehrmacht erstmals seine aggressiven außenpolitischen Ziele. Seine Eroberungspläne fanden bei den Militärs, die nach der Niederlage des Ersten Weltkriegs Frieden suchten, keine Zustimmung. Neben dem Kriegsminister Werner von Blomberg wies vor allem der Oberbefehlshaber des Heeres, Werner von Fritsch, die Kriegspläne des »Führers« mit scharfen Worten zurück. Die in der sogenannten »Hoßbach-Niederschrift«[60] verewigte heftige Auseinandersetzung blieb nicht ohne Konsequenzen. Hitler zog sich erzürnt für zwei Monate in die Bergwelt von Berchtesgaden zurück, und die Mühlen der Gestapo begannen zu mahlen.

Der oberste »Homosexuellen-Jäger« Meisinger, den selbst sein unmittelbarer Vorgesetzter Reinhard Heydrich als »abstoßenden Widerling« bezeichnete, witterte seine große Chance.[61] Mit der Aufdeckung einer Homosexuellenbeziehung in den höchsten Militärkreisen glaubte er seine Karriere fördern sowie das Wohlwollen des »Führers« erringen zu können.

Noch im November 1937 reiste er in Begleitung eines Kriminalkommissars nach Ägypten, wo Werner von Fritsch kurz zuvor seinen Urlaub verbracht hatte, um nachzuforschen, ob der Oberkommandierende des Heeres fern der Heimat homosexuelle Kontakte gepflegt hätte. Er fand keine und änderte seine Taktik.[62] In der Folge betrieb Meisinger seine polizeilichen Ermittlungen nur oberflächlich, vielmehr setzte er auf den schrecklichen Ruf, der ihm vorauseilte. Bald fand er einen Willfährigen (Otto Schmidt) aus der Homosexuellenszene. Er zeigte ihm ein Foto von Fritsch, auf dem auch Daten standen, die der Belastungszeuge später vor Gericht verwendete. Schmidt gab an, Werner von Fritsch beim Sexualverkehr mit Männern beobachtet zu haben. Meisinger triumphierte. Er umging den Amtsweg und leitete seinen Polizeibericht direkt an Himmler weiter, der ihn wiederum Hitler vorlegte. Am 26. Januar 1938 wurde Werner von Fritsch in der Berliner Reichskanzlei in Beisein des »Führers« mit dem homosexuellen Otto Schmidt konfrontiert.[63] Dieser gab an, er habe den Oberkommandierenden des Heeres mit dem Juden Weingarten bei sexuellen Handlungen ertappt. Fritsch wies die Anschuldigungen empört zurück. Der über alle Maßen erregte »Führer« schenkte ihm jedoch keinen Glauben, enthob ihn auf der Stelle aller Ämter und übergab den Fall der Militär-justiz. Am 10. März 1938 kam es zur ersten – infolge des Einmarsches deutscher Truppen in Österreich unterbro-chenen – Verhandlung vor einem Militärgericht. In der für 18. März anberaumten, zweiten Sitzung erwiesen sich die Anschuldigungen als haltlos. Schmidt zog seine Aussage mit der lapidaren Bemerkung, dass er sich in der Person geirrt hätte, zurück. Meisinger wurde strafweise in den Archivdienst des Si-cherheitsdienstes versetzt. Während des Zweiten Weltkriegs erlangte er dann als »Schlächter von Warschau« traurige Berühmtheit. Vom Obersten Volksgerichtshof in Warschau Anfang März 1947 zum Tode verurteilt, wurde Meisinger am 7. März 1947 durch den Strang hingerichtet.

Der von jedem Verdacht freigesprochene Fritsch wartete vergeblich auf Entschuldigung und Rehabilitierung. Wie bei der Beseitigung der SA-Führung, so hatte Hitler auch in der Affäre Fritsch homosexuelle Anschuldigungen als Vorwand für seine Politik benutzt. Handstreichartig und – im Ge-gensatz zur Affäre Röhm – unblutig, schichtete er 1938 die deutsche Armeeführung für den beabsichtigten Krieg um. Der »Führer« selbst übernahm die Leitung der Wehrmacht, 16 Generäle wurden pensioniert, 44 versetzt. Zum Ober-kommandierenden des Heeres ernannte er den willfährigen General von Brauchitsch.

Mit Lesbierinnen haben sich die Nationalsozialisten wenig und nur am Rande beschäftigt. Akte lesbischer Liebe be-deuteten keine Gefahr für die Volksgemeinschaft, und man scheute sich davor, eine Lawine an Denunzierungen loszu-treten. Viele homosexuelle Frauen führten ein Doppelleben, bekamen Kinder und erfüllten damit ihre weibliche Pflicht. Man ließ sie daher gewähren, wertete ihre Sexualität als

harmlose, spielerische Tändelei, als Ausdruck exaltierter weiblicher Gefühlswelt. Demnach galt der § 175 des NS-Regimes nicht für Lesbierinnen. Nur in Österreich, wo der geschlechtsneutrale § 129 auch nach dem »Anschluss« seine Gültigkeit behielt, war theoretisch eine Bestrafung möglich. In der Praxis kam dies kaum vor.[64] Gerichtsurteile gegen homosexuelle Frauen blieben seltene Einzelfälle. Meist wurde die Mindeststrafe verhängt, aber zur Bewährung ausgesetzt. Im Gegensatz zur herrschenden Meinung gab es keine KZ-Einweisungen homosexueller Frauen unter dem Vorwand asozialen Verhaltens.

Lesbenclubs, von denen es bis 1933 allein in Berlin 30 gab, duldete das NS-Regime jedoch nicht – sie widersprachen dem NS-Bild der Frauen, die sich ihrer Aufgabe im Rahmen der Familie widmen sollten.[65] Eine Zeit lang tarnten sich diese Etablissements als »Verein der Pfeifenraucherinnen« oder als Kegelklubs. Die Damen tanzten auch miteinander im Lotterie- und Sparverein »Altes Geld«, bis die Polizei das Lokal im Interesse der Öffentlichkeit schloss. Die Wahl der »schönsten Damenwaden«, die alljährlich stattfand, musste unterbleiben. Auch »Monbijou«, Berlins exklusivster Lesbentreff, fiel den Nationalsozialisten zum Opfer. Die 1924 erstmals erschienene populäre Berliner Lesbenzeitung *Die Freundin* mit einer Auflage von 10000 Exemplaren und Themen wie »Die homosexuelle Frau und die Reichstagswahl« wurde 1933 ebenso eingestellt wie der Stadtführer »Berlins lesbische Frauen«.[66]

Ein großes Homosexuellenproblem bildete Bayreuth, das Kulturmekka des Dritten Reichs. Jedes Jahr – bis zum Ausbruch des Zweiten Weltkriegs – fand sich der »Führer« ein, um sich in elitärem Kreis an den Klängen der von ihm geliebten Wagner-Opern zu erfreuen. Nur ein kleiner Fehler trübte die schönen Tage mit Winifred Wagner, der Herrin von Bayreuth und ihrem Clan – die Homosexualität mancher Künstler, die bei den Bayreuther Festspielen auftraten. Hitler scheute sich, seine als »Paradefrau« des Dritten Reichs apostrophierte »Winnie« persönlich mit dem Problem zu konfrontieren. Er bot seinen Propagandaminister Goebbels auf, der am 27. Juli 1937 in sein Tagebuch notierte: »… über § 175 palavert. Führer ganz unerbittlich. Wir müssen auch die Theater davon säubern. Und zwar gründlich.« Schon am nächsten Tag sprach Goebbels mit Winifred Wagner ein ernstes Wort. Die Witwe von Siegfried Wagner, die jahrelang unter den homosexuellen Aktivitäten ihres

Mannes gelitten hatte, zeigte sich ahnungslos und erstaunt, als ihr Goebbels die Neigungen des Kammersängers Janssen enthüllte. »Janssen in Paragraph 175 verwickelt. [Maßnahmen] vorläufig noch aufgeschoben. Aber Bayreuth hat schwere Probleme. Ich spreche mit Frau Wagner. Sie ist darüber sehr bestürzt. Aber sie sieht ein, daß das so nicht weitergeht.«[67]

In Bayreuth, wo bei jeder neuen Inszenierung eine starke Fluktuation des – von NS-Bonzen protegierten – künstlerischen Personals stattfand, änderte sich jedoch nichts.

Im Sommer 1940 wurde vom Landgericht Darmstadt ein 19-jähriger Hilfsarbeiter aus einer ländlichen Gemeinde aufgrund des § 175 zu fünf Jahren Gefängnis verurteilt. Die Anklage hatte ihm Unzucht mit Männern in 127 Fällen vorgeworfen und in 51 Fällen auch bewiesen. Die NS-Presse berichtete voll Erstaunen über das milde Urteil – man hatte für den »Mehrfachtäter« die Todesstrafe erwartet. Der junge Mann verdankte sein Leben seinem engagierten Pflichtverteidiger. Diesem war mithilfe eines medizinischen Gutachtens der Nachweis gelungen, die »Verbrechen« des jungen Mannes als pubertäre, vorübergehende Verhaltensstörungen darzulegen.[68] Das Gericht folgte den Argumenten des Anwalts, denn der Fall passte nicht in das Weltbild der NS-Machthaber. Nach der offiziellen Diktion grassierte Homosexualität nur in den von bolschewistischen Juden verdorbenen Großstädten, nicht jedoch auf den Schollen artreiner Dorfgemeinschaften.[69]

Als man schließlich zur Kenntnis nahm, dass sich die Homosexualität nicht nur auf das Sündenbabel der Metropolen beschränkte, sah sich Hitler am 15. November 1941 zu einem Geheimerlass zur »Reinhaltung von SS und Polizei« veranlasst. In dem Bestreben, SS und Polizei von gleichgeschlechtlichen Schwächlingen zu befreien, war jeder Polizist oder SS-Angehöriger, der mit einem anderen Mann Unzucht trieb oder sich zur Unzucht verführen ließ, ohne Rücksicht auf sein Lebensalter mit dem Tode zu bestrafen.

Mit der Dauer des Regimes verschärfte sich der Kampf gegen homosexuelle »Perversion und Abartigkeit«. Doch trotz des großen Arsenals ständig verfeinerter Maßnahmen stieß das NS-Regime an seine Grenzen. Widersprüchliche Erlasse und Verordnungen erzeugten Chaos. Viele »versteckte« Homosexuelle konnten weder aufgespürt noch entlarvt werden, da sie, wie es in einem Polizeibericht heißt, »im Geheimen wüten, ansonsten ihre Neigungen listig verbergen«. Auch die Hoffnung auf ein »Wundermittel« zur Heilung Homosexueller wirkte bremsend auf die Verfechter einer Kampagne zur Eliminierung gleichgeschlechtlicher Menschen – vielleicht konnte man die »Abartigen« doch noch für »Führer und Vaterland« retten.

100 000 Homosexuelle wurden erfasst, 50 000 zu Zuchthausstrafen verurteilt. Circa 15 000 kamen in Konzentrationslager, wo nur die Hälfte überlebte.[70]
    Nach 1945 berichteten homosexuelle Menschen über die NS-Zeit, ihre ständigen Ängste, Qualen und Schikanen, die Ermordung von Partnern und Freunden. Die groß angelegte Untersuchung ergab jedoch auch, dass die braunen Machthaber ihr Ziel verfehlten – die Zerschlagung der Homosexuellenszene ist ihnen zu keinem Zeitpunkt zwischen 1933 und 1945 gelungen. Dafür ist die nationalsozialistische Bewegung selbst nach 1945 als Homosexuellenbewegung in das Bewusstsein vieler Menschen gedrungen.

§ 175 und § 175a behielten auch nach dem Ende des 1000-jährigen Reichs ihren Platz in der Strafgesetzgebung der Bundesrepublik. Einige durch die Alliierten aus KZs befreiten Homosexuellen wurden sofort der deutschen Polizei übergeben. Zwischen 1953 und 1965 kam es zur Verurteilung von ca. 10 000 männlichen Homosexuellen. Erst die Gesetzesnovellen der Jahre 1969 und 1973 sollten eine Reform der Strafgesetzgebung einleiten.[71]

1957 beschloss der im Nationalsozialismus wegen seines Hetzfilms »Jud Süß« gefeierte Regisseur Veit Harlan, mit einem Film gegen den noch immer geltenden § 175 zu protestieren. Sein Streifen »Anders als du und ich. § 175« orientierte sich an dem ersten Homosexuellenfilm der Geschichte aus dem Jahre 1919 mit dem Titel »Anders als die anderen«. Nach Ende der Dreharbeiten gab es Schwierigkeiten mit der FSK (Freiwillige Selbstkontrolle der Filmwirtschaft), die den Film nicht zur Aufführung freigab und es mit gewichtigen Argumenten begründete: »Alle Bevölkerungskreise, die noch ein Gefühl für Sitte und Recht haben – und dies ist der überwiegende Teil des Volkes –, sind in ihren Empfindungen aufs schwerste getroffen.«[72] Harlan erwies sich als flexibel, bestand nicht auf der Originalversion, drehte ein paar Szenen nach und präsentierte ein Werk zur Bekämpfung der Homosexualität. Es ist die Geschichte des 17-jährigen Gymnasiasten Klaus, der sich zum Entsetzen seiner Eltern in Homosexuellenkreisen bewegt. Der Vater zeigt den Freund seines Sohnes an, der aber mangels an Beweisen freigesprochen wird. Die Mutter wiederum führt Klaus ein hübsches Hausmädchen zu, um ihn auf die rechte Bahn zu bringen. Der Versuch gelingt, aber die rührige Mutter landet wegen Kuppelei im Gefängnis. Das stört sie nicht weiter, denn der Sohn ist gerettet. Er liebt nur mehr Frauen und hört Chopin. Die Filmkritik beurteilte Harlans Streifen als »infam, faschistoid und dilettantisch«.

Die gesellschaftliche Ächtung gleichgeschlechtlich veranlagter Menschen überdauerte das Dritte Reich. Erst am 8. Mai 1985 gedachte Bundespräsident Richard von Weizsäcker in seiner Rede aus Anlass der 40. Wiederkehr des NS-Zusammenbruchs auch der Leiden der von Hitlers Regime verfolgten Homosexuellen.[73]

Ein Mantel des Schweigens – sexuelle Aufklärung im Dritten Reich

»Das Geschlechtsleben bestimmen wir«, war nicht nur eine hohle Phrase des »Führers«. Im Dritten Reich ließ der in der Geschichte Europas einzigartige Angriff auf die Intimsphäre der Menschen nicht lange auf sich warten. Die Kontrolle der Sexualität der Deutschen aus rassepolitischen Gründen setzte ein. Richtige Partnerwahl zum Aufbau eines schönen, gesunden, arischen Volkes!

Die sexuelle Aufklärung der heranwachsenden Jugend im Sinne des Regimes schien die Voraussetzung für das ambitionierte NS-Vorhaben zu sein. Man schloss daher bereits 1933 alle unabhängigen oder kirchlichen Ehe- und Sexualberatungsstellen, die seit 1919 bestanden hatten – allein in Preußen waren dies 77 derartige Institutionen.

Doch – wie sich bald herausstellte – konnte oder wollte das Regime das entstandene Vakuum nicht füllen oder vermochte es nicht. Die Art, wie das – für die sehnlichst erwünschte Vermehrung der Deutschen – heiße Thema der Sexualerziehung zwischen 1933 und 1945 behandelt wurde, steht in großem Kontrast zu der sonstigen Effizienz der Bildungsmaschinerie des Dritten Reichs.

1949, vier Jahre nach dem Untergang der NS-Herrschaft, startete eine deutsche Wochenzeitung eine breit angelegte Umfrage zu dem Thema »Aufklärung im Dritten Reich«.[1] Tausend Erwachsene verschiedener Altersklassen, Berufsschichten und Konfessionen gaben den Psychologen Auskunft über den Modus ihrer sexuellen Aufklärung zur Zeit ihrer Jugend unter Hitler. »Durch wen wurden Sie aufgeklärt, wie und in welchem Alter?« lautete die Frage.

Nach ihren eigenen Angaben erhielten 6 Prozent aller Männer Informationen vom Vater, 11 Prozent von der Mutter, 1 Prozent von Bekannten, 51 Prozent von Freunden, 8 Prozent von Freundinnen, 3 Prozent von der Schule, 1 Prozent von der Kirche. 6 Prozent lasen einschlägige Bücher, 3 Prozent beobachteten Tiere und zogen daraus ihre Schlüsse, 10 Prozent gaben keine Auskünfte, da sie sich nicht mehr erinnern konnten, wie ihr Wissen um die menschliche Fortpflanzung zustande gekommen war.

Bei Frauen stellte sich die Situation folgendermaßen dar: 2 Prozent erhielten Informationen vom Vater, 28 Prozent von der Mutter, 1 Prozent von Geschwistern, 10 Prozent von Bekannten, 15 Prozent von Freunden, 25 Prozent von Freundinnen, 2 Prozent aus der Schule, 1 Prozent aus der Kirche. Bücher lasen sie keine und Tiere beobachteten sie auch nicht. 16 Prozent konnten sich nicht mehr erinnern.

Stattgefunden hatte die sexuelle Aufklärung bei Männern zwischen dem 8. und 15. Lebensjahr. Bei den Frauen ergab sich eine größere Streuung. 55 Prozent wurden zwischen 10 und 15, 17 Prozent zwischen 15 und 17, 7 Prozent im 18., 7 Prozent im 19., 7 Prozent im 20. Lebensjahr und 7 Prozent noch später aufgeklärt.[2]

Die Ergebnisse der Umfrage werfen ein neues Licht auf das NS-Unterrichtssystem. Nur ein verschwindend kleiner Bruchteil, nämlich 2,5 Prozent aller jungen Menschen, erfuhr über die menschliche Fortpflanzung aus der Schule, niemand bezog sein Wissen aus der Hitlerjugend. Sexualkunde für junge Volksgenossen und -genossinnen fand nicht statt. Ganz wie in den Lehrplänen der Weimarer Republik, so existierte dieses Fach auch unter Hitler – und lange danach (bis ca. 1961) – nicht. Zur Erleichterung des Lehrpersonals verzichtete das NS-Unterrichtsministerium bei der Planung der Stundenpläne auf das Tabuthema. Einige progressive Lehrer erklärten die Vermehrung von Pflanzen und Tieren und endeten mit bedeutungsvollen Andeutungen: »Kinder fallen nicht vom Himmel, Edles kommt nur von edlem Stamm.«

Die Nationalsozialisten legten größten Wert auf die Beeinflussung der Jugend. Wie jeder totalitäre Staat, so hat auch das braune Regime gleich zu Beginn das Erziehungswesen an sich gerissen. Das System vergaß niemanden, überließ nichts dem Zufall. Kaum der Wiege entwachsen, fand sich jeder Bub und jedes Mädchen auf seinem Weg: vom Pimpf der Jungenschaft zum Bann; vom Mädel der Jungmädelschaft zur Gruppe »Glaube und Schönheit«. Der unfehlbare, allmächtige »Führer« war das Vorbild und nicht, wie bisher, Vater und Mutter. Das Elternhaus trat zurück. Die den Eltern bewusst entfremdeten Kinder und Jugendlichen erfuhren eine politische, an Gehirnwäsche grenzende Indoktrinierung.

Nur die sexuelle Erziehung bildete ein Tabu, das der NS-Staat nicht antastete und totschwieg. Und nur in diesem einzigen Fall hat man die Privatsphäre der jungen Bürger respektiert. Hitlers Regime forderte zahlreichen Nachwuchs und betonte die Sauberkeit und Reinheit der Liebe, ließ jedoch zu, dass die Jugend anstelle kontrollierter Schulaufklärung ihre Informationen aus oft trüben Quellen schöpfte und sie dann wie ein Puzzle ergänzte – ganz wie es im 19. Jahrhundert Tradition gewesen war. Man zählte auch auf die – ansonsten in der Erziehung unerwünschten – Eltern.

Sie sollten ihrem Nachwuchs – im Geiste des Nationalsozialismus, wie man hoffte – beibringen, woher die Kinder kamen. Man hoffte vergebens – die Mehrzahl der Eltern erzählte den Kleinen gern von Störchen aller Art und ließ es damit gut sein.

2007 hat die Autorin 35 Männer und Frauen um Auskunft zu dem Tabuthema gebeten. Ziel war es, die trockenen Statistiken von 1949 durch genauere Angaben zu beleben. Abermals lautete die Frage an die im Alter zwischen 73 und 95 Jahren stehenden Personen verschiedenster Herkunft und Schulbildung: »Wie wurden Sie während der NS-Zeit mit der menschlichen Fortpflanzung bekannt gemacht?« Die Zeitzeugen erzählten von ihren Kindheits- und Jugenderlebnissen, den Umständen ihrer sexuellen Aufklärung, in welchem Alter sie in die Welt der Erwachsenen traten und wer dabei eine Rolle spielte. Aus den immer berührenden, manchmal amüsanten, aber stets sehr interessanten Interviews wurde eine repräsentative Auswahl getroffen.

Seine Eltern seien einfach überfordert gewesen, berichtete Herr A.: »Eines Tages rief mich mein Vater nach dem Essen, bei dem er mit meiner Mutter mehrmals bedeutsame Blicke gewechselt hatte, zu sich in sein Arbeitszimmer. Er habe etwas mit mir zu besprechen. Ich erforschte mein Gewissen, war mir jedoch keiner größeren Schuld bewusst. ›Du bist heute 17‹, eröffnete er das Gespräch. ›Du bist bald ein Mann.‹ Vater wirkte verlegen. ›Es ist an der Zeit, von Mann zu Mann zu sprechen. Du verstehst mich?‹ Ich verstand, gab es aber nicht zu erkennen und schüttelte unschuldig den Kopf. Dies verwirrte ihn. Zur Ablenkung bot er mir eine Zigarette an. Wir rauchten. ›Ich dachte, du hättest das alles längst von Kameraden erfahren, ich wollte nur das Fehlende ergänzen.‹« Herr A., der tatsächlich schon seit Langem von seinen Freunden alles über die Beziehungen zwischen den Geschlechtern erfahren hatte, stellte sich unwissend und weidete sich am Unbehagen seines Vaters. Dieser ging schließlich, schwitzend vor Nervosität, mit seinem Sohn anhand eines kleinen Büchleins das sorgfältig vorbereitete Aufklärungspensum durch. An den entscheidenden Stellen umging er das Wesentliche mit blumigen Worten. Schließlich beendete der Erzieher wider Willen zur beiderseitigen Erleichterung das Gespräch. Der Vater hatte seine Pflicht getan, das Thema kam nie mehr zur Sprache.

Die meisten Sexualkunde-Werke der NS-Zeit sind altmodisch und rückständig. Sie holen recht weit aus und formulieren vorsichtig. »Das Liebesleben des Menschen«[3] beginnt mit dem »Rätsel der Liebe«, einem langen romantischen Blick in die Urgeschichte. Der primitive Mensch erlebt die große Liebe zwischen Sonne und Meer! Es folgt das ausgiebige »Liebesleben der Pflanzen«, gefolgt vom ebenso ausführlichen »Liebesleben der Tiere«: »Wer läßt den kleinen Vogel entstehen, der eines Tages mit seinem Schnabel die Eierhöhle durchpickt? Die Liebe!«[4] Das Liebesleben der Menschen hat auf zwei Seiten Platz.

Doch der Autor fragt auch: »Wer soll unsere Kinder aufklären?«, und hat die Antwort für die Eltern parat. »Auf jedem Spaziergang können wir unseren Kindern das Liebesleben der Natur zeigen, das ich in den Kapiteln über das Liebesleben der Pflanzen und Tiere beschrieb. Wenn dort erst das Liebeswunder der Vereinigung von Samen- und Eizellen begriffen ist, wird auch verstanden werden, daß im menschlichen Leben Liebeskraft und Zeugungskraft mit Lebenskraft selbst identisch sind.«[5]

Die Zeitzeugin Frau B. berichtete:»Aufgewachsen bin ich als Tochter eines angesehenen, wohlsituierten Arztes. Sowohl mein Vater als auch meine Mutter bekannten sich zum Nationalsozialismus. Sie verehrten den ›Führer‹. Ich hatte fünf Geschwister. Obwohl meine Mutter häufig schwanger war, wurde das Thema ›Aufklärung‹ niemals auch nur ansatzweise erwähnt. Mit meinen Brüdern und Schwestern habe ich nicht darüber gesprochen. Als meine Mutter wieder ein Kind erwartete, fiel mir dies, ich weiß nicht wieso, bald auf. Ich teilte mein Wissen den ahnungslosen Geschwistern mit. Sie waren vollkommen verblüfft. Eines Tages entdeckte ich in einer Schatulle, unter Taschentüchern versteckt, ein Kondom. Ich zeigte den Fund meinen Eltern und fragte, was das sei. Der Vater überlegte nur kurz: ›Das ist ein besonderer Luftballon‹, meinte er ohne Zögern. Ich glaubte ihm.«

Der Besitz von Verhütungsmitteln war im Dritten Reich – bis zum Kriegsausbruch – offiziell verboten. Das 1933 erlassene Gesetz zur »Abänderung strafrechtlicher Vorschriften« stellte »die Ankündigung, das Anpreisen und Ausstellen von Mitteln, Gegenständen und Verfahren zum Zweck der Empfängnisverhütung oder Abtreibung« unter Strafe.[6] Die Apotheken sollten sowohl den Import als auch den Vertrieb einstellen.

Die Volksgenossen hielten sich nicht an das Verbot. 1938 wetterte der NS-Arzt Ferdinand Hoffmann angesichts der niederen Geburtenrate:»Jährlich werden 27 Millionen Kondome verbraucht.«[7] Zeitzeugen bestätigen, dass Präservative im Dritten Reich im Überfluss zu haben waren: in Verkaufsautomaten auf U-Bahn- und Zugstationen, auf öffentlichen Toiletten und in Apotheken. Selbst gläubige Christen hielten den Gebrauch von Verhütungsmitteln für sehr vernünftig. Himmlers Polizeiverordnung verschärfte 1941 das Verbot der Werbung für Verhütungsmittel[8] mit einem neuen Passus:»Jede Aufklärung über Verhütung ist für Arier verboten.« Bis zu diesem Zeitpunkt konnte man in Apotheken Diaphragmen und Spermizidtabletten kaufen. Hitler selbst glaubte nicht an den Erfolg von gesetzlichen Verboten. Vielmehr riet er ernsthaft zu einem »Kleinkrieg gegen die Verhütungsmittel«.[9]

Herr C. gab an, schon früh von der Existenz der »Präserl« genannten Kondome gewusst zu haben. Er bezog sein Wissen von Mitschülern, die ihn mittels ordinärer Witze aufzuklären suchten. Er fragte seine Eltern, wie Kinder entstehen. »Wenn man sich sehr gern hat«, lautete die Antwort. »Ob Küssen genügt?«, hat sich C. lange gefragt. Bei den jährlichen Aufenthalten zur Sommerfrische auf dem Land erweiterte der Bub sein Wissen. Er beobachtete die Paarung der Tiere und zog seine Schlüsse. Den wesentlichen Rest holte er sich von seinen älteren Freunden. Die Bedeutung des Wortes »Schwule« blieb ihm jedoch lange verborgen. Er glaubte, dies seien »Schlurfe« (Halbstarke).

Herr C. war ein intelligentes, lernbegieriges Kind. Er stammte aus einer Familie von Sozialdemokraten, überzeugten Gegnern des NS-Regimes. Er lebte mit seinen Eltern in der Nähe einer NAPOLA (Nationalsozialistische Politische Akademie), einer Kaderschmiede des Dritten Reichs, und beobachtete mit Interesse das Treiben der Elitezöglinge. Eine Episode aus dieser Zeit blieb Herrn C. im Gedächtnis. »15-jährige Zöglinge der NAPOLA trafen sich heimlich mit gleichaltrigen Mädchen. Das harmlose, gesellige Beisammensein galt als skandalöser Verstoß gegen Moral und Sitten. Die Strafe folgte auf dem Fuße. Die

Burschen mussten vor ihren im Schulhof versammelten Kameraden antreten. Sie wurden öffentlich degradiert, man riss ihnen die Koppeln ab, nahm ihnen alle Ehrenzeichen ab.«

Die strengen Eliteschulen des Dritten Reichs vermittelten politische Schulung und Bildung, das Thema Sexualkunde stand nie zur Diskussion. Gegen welche Regeln die Jugendlichen der erwähnten NAPOLA eigentlich verstießen, blieb unklar. Der NS-Staat hat Sitte und Moral nicht definiert und auch keine diesbezüglichen Vorschriften erlassen. Jede Behörde legte die Begriffe – oft im Sinne alter Traditionen – willkürlich aus und ahndete sie ebenso willkürlich.

Vom prüden Reichsführer SS Himmler oder vom Chefideologen der Partei Alfred Rosenberg, dem »Beauftragten des Führers für die Überwachung der gesamten geistigen und weltanschaulichen Schulung der NSDAP«, beanstandete Werke zur Sexualkunde verschwanden schnell vom Markt. Dazu gehörte auch das 1935 vom »Buchversand« Gutenberg, dem Vorläufer der Buchgemeinschaft, publizierte »Große Aufklärungswerk für Braut- und Eheleute«. Der Verfasser erklärt die physiologischen Vorgänge des Geschlechtsverkehrs, um dann abzuschweifen. »Es ist durchaus nicht immer, wie man meint das Geld«, schreibt er, »sondern ein oft ungehemmt hervorbrechender Naturtrieb, der gerade den Angehörigen einer bisher noch reinblütigen Adelsfamilie ein jüdisches Weib begehren läßt. ... wo die Rassenverschiedenheit, der Reiz des Gegensätzlichen, die Triebfeder der geheimen Liebesmacht ist.« Dann setzt er zum Lob des »jüdischen Typs« in seiner ästhetisch vollkommensten Form an: »Große, braune, in bläulichem Weiß schimmernde Augen, scharfes Profil, elfenbeinfarbige Haut« –

alles sehr reizvoll für »straffe, hellhäutige, blauäugige Germanengestalten«.[10] Obwohl der Verfasser auch ein Lippenbekenntnis zur Reinheit der nordischen Rasse ablegte, protestierte das SS-Organ *Das Schwarze Korps* wegen dieser »Sittenverwilderung«. »Selbst dem unbefangenen Leser wird übel ... es ist uns unvorstellbar, wie ein mit gesunden Sinnen ausgestatteter deutscher Mensch sich an dem beschriebenen ›reizerweckenden‹ Juden entflammen kann ...«[11] Das Buch wurde eingezogen.

Die Zeitzeugin Frau D. berichtete: »Als 10-Jährige hatte ich in der Volksschule eine modern denkende Lehrerin. Sie erklärte uns Mädchen die Vermehrung der Arten am Beispiel der Blumen. Sie wagte sich bis zur Fortpflanzung der Regenwürmer vor. Neugierig hob ich die Hand und fragte: ›Muss man ihnen dabei nicht helfen?‹ Die Lehrerin lächelte ob dieser großen Wissbegierde milde: ›Nein, das braucht man nicht! Sie können es alleine.‹ Hier endete die Sexualkunde für meine Mitschülerinnen und mich. Das Thema hat uns auch nicht besonders interessiert.«

Durch die Eltern wurde Frau D. nicht aufgeklärt. »Sie gaben jedoch mir und meinen Schwestern zu verstehen, dass man bei etwaigen Fehltritten der Töchter nicht streng, sondern mit Toleranz zu reagieren gedachte. ›Du kannst jederzeit mit einem unehelichen Kind zu uns kommen‹, meinten sie beruhigend. Ich wusste eigentlich nicht, was sie mir sagen wollten. Nach einigen harmlosen Flirts in der Tanzschule lernte ich mit 18 Jahren einen jungen Mann kennen, der mir gefiel, in den ich mich verliebte und den ich heiraten wollte. Da ich glaubte, dass mein Freund in der Liebe ebenso unerfahren sein würde wie ich, suchte ich nach einschlägiger Literatur. Dann kaufte ich mir ein Buch des Arztes und Sexualwissenschaftlers Dr. van de Velde und las es gründlich. Die Annahme, dass mein Freund, den ich später heiratete, über keinerlei einschlägiges Wissen verfügte, erwies sich als erfreulicher Irrtum.«

Die genehmigte Sexualliteratur der NS-Zeit fußte auf bewährten, oft jahrzehntealten Standardwerken aus der Zeit vor oder um 1900. So erlebte die »Hygiene des Geschlechtslebens« des berühmten Wiener Mediziners und Hygienikers Max von Gruber (1853–1927) eine neue Renaissance und viele neue Auflagen. Eifrig gelesen wurden auch die Bücher des holländische Gynäkologen Theodoor Hendrik van de Velde[12], der 1926 mit »Die vollkommene Ehe« internationale Berühmtheit erlangte. In beiden Fällen konnte sich die braune Bewegung nur bedingt mit den Autoren identifizieren. Sie teilten Grubers konservative Ansichten, lehnten jedoch seine Verurteilung unehelicher Kinder ab. Van de Velde wiederum galt ihnen mit seinem Eintreten für Sinnlichkeit in der Ehe als gefährlicher Revolutionär. Seine Absage an die Ehe als primäres Instrument für die Zeugung von Kindern entlarvte ihn in den Augen der Nationalsozialisten als Volksschädling. »Auf jeden Fall bin ich der Meinung, daß es nötig ist, die eheliche Geschlechtsgemeinschaft zum großen Teil und, soweit es sich praktisch ausführbar zeigt, von ihrer physiologischen Folge, der Schwangerschaft, zu trennen ...«, schrieb van de Velde in »Die Fruchtbarkeit in der Ehe«.[13] Mit Freude registrierte die NS-Bewegung, dass die römisch-katholische Kirche van de Veldes Werke auf den Index verbotener Bücher (Index librorum prohibitorum) setzte, wo sie jahrelang bleiben sollten. Das NS-Regime selbst verbot die Aufklärungsfilme des holländischen Gynäkologen.[14]

Mädchen wurden sorgfältig auf ihre Rolle als kinderreiche, deutsche Mutter vorbereitet. Der genaue Weg dorthin blieb unerwähnt und vielen ein Rätsel, das manchmal erst die Praxis auf brutale Weise löste.

Zu dem Zeitpunkt, als die Eltern der Zeitzeugin Frau E. bei ihrer Tochter Anzeichen einer Schwangerschaft bemerkten, war die Schülerin kaum der Pubertät entwachsen. In der Familie herrschte Entsetzen und Ratlosigkeit. Das häusliche Drama verlief wie ein Stück von Arthur Schnitzler um 1900. »In meiner eher gutbürgerlichen Familie sprach man nie über ›derartige Dinge‹. Meine Schwestern und ich wurden von den Eltern nie über Sexualität informiert, aber oft streng ermahnt. Wir sollten den Eltern keine Schande machen, nicht auf die schiefe Bahn geraten. Instinktiv wussten wir, dass sie damit keine kriminellen Verfehlungen, wie etwa Ladendiebstahl, meinten. Sie warnten uns Minderjährige eindringlich vor liederlichem Lebenswandel. Wir konnten diese Mahnungen und Drohungen aus heiterem Himmel nicht mehr hören. Auch mir waren sie unangenehm, doch niemals hätte ich den Mut aufgebracht, zu fragen, was verworfene Frauen eigentlich taten. Das sollte sich rächen. Ich war 16 Jahre alt und immer noch sehr naiv, als ich Herrn M. begegnete. Aufgefallen war er mir, weil mir der – wie mir schien – ältere Herr (er war knapp über 30 Jahre alt) jedes Mal, wenn er mir auf der Straße begegnete, bewundernde Blicke zuwarf. Das schmeichelte mir sehr, er hat mir auch gefallen, und meine Freundinnen beneideten mich. Schließlich hat er mich angesprochen, mich ein paar Mal auf dem Heimweg begleitet. M. führte mich – heimlich – in ein Gasthaus aus, öfter gingen wir spazieren. Ich fühlte mich wie eine erwachsene Dame. Bei einem dieser Ausflüge küsste er mich und fing an, mich zu bedrängen. Mir war dies peinlich und unangenehm, doch meine Neugier siegte. Danach sah ich ihn noch einige Male, dann ging ich ihm aus dem Weg. Manchmal dachte ich mit sehr gemischten Gefühlen an das Abenteuer zurück, hatte ein schlechtes Gewissen und kam mir verdorben vor. Schließlich habe ich die Episode, von der ich wusste, dass sie meine Eltern auf das Schärfste verurteilt hätten, verdrängt. Ich war froh, niemanden, selbst meine beste Freundin nicht, eingeweiht zu haben. Alles würde, wie ich glaubte, geheim bleiben. Ich würde einfach nicht mehr daran denken. Was dann folgte, war schrecklich. Ich selbst war ahnungslos, doch meine Mutter vermutete bei mir erste Anzeichen einer Schwangerschaft und stellte mich zur Rede. Ich erinnere mich noch genau, wie ich mich bei dem Gespräch schämte. Plötzlich wurden Dinge ausgesprochen, die ich noch nie von meiner Mutter gehört hatte. Schließlich erzählte ich ihr von dem Abenteuer. Bald stellte sich heraus, dass die flüchtige Affäre tatsächlich nicht ohne Folgen geblieben war. Wilde Szenen folgten. Als ein Ausbund von Unmoral und Laster brachte ich Schande über meine Eltern, die mich mit bitteren Vorwürfen überschütteten. Unter dem Mantel strengster Verschwiegenheit beratschlagten sie im Kreis der engsten Verwandten. Schließlich hat einer meiner Onkel von einem Frauenarzt erfahren, der illegale Abtreibungen durchführte.

Wie ich mich erinnere, wurden das beträchtliche Honorar, größte Vorsicht und absolute Verschwiegenheit vereinbart. Dann fand ich mich an einem Nachmittag in der düsteren Praxis des Arztes ein. Ich erhielt eine Injektion, jedoch keine Narkose. Der Eingriff muss ohne ausreichende Betäubung durchgeführt worden sein, denn er war sehr schmerzhaft. Dieses schreckliche Erlebnis hat mich noch lange verfolgt. Außerdem litt ich unter der Verachtung meiner Eltern, die bei allen möglichen Gelegenheit nicht mit warnenden Anspielungen sparten.«

Das »Gesetz gegen Mißstände im Gesundheitswesen« verbot – Arierinnen – Abtreibungen ohne zwingende medizinische und eugenische Indikation sowie die Sterilisation und Kastration (erbgesunder, arischer Menschen) und belegte sie zuerst mit hohen Strafen, ab Kriegsausbruch sogar mit der Todesstrafe. Bücher, die das Recht der Frauen auf Schwangerschaftsabbruch befürworteten, wurden eingezogen. Filme zu diesem Thema erhielten Aufführungsverbot. Dazu zählte unter anderen auch »Das Recht des Kindes« der bekannten Drehbuchautorin Thea von Harbou. Im Vertrauen auf die gesunden Instinkte des deutschen Nachwuchses nahm man auch das Risiko sexuellen Missbrauchs Minderjähriger in Kauf.

Zeitzeugin Frau F. stammte aus einer sehr konservativen Familie. Nach der Matura begann F. ein Studium an der Universität, da sie den Lehrberuf einschlagen wollte. Sie stand im ersten Semester, als ihr Vater, ein ehemaliger Burschenschafter, eine Einladung zu einem geselligen Treffen seiner alten Studentenverbindung erhielt. Feste dieser Art waren sehr beliebt. Gegeben und bezahlt wurden sie von großzügigen Honoratioren, die mit Gattinnen und Töchtern erschienen. Auch auf dem Krampuskränzchen, zu dem der Arzt seine junge, hübsche Tochter mitnahm, amüsierte man sich gut. Frau F. genoss den Abend vor allem deshalb, weil sie die Bekanntschaft eines gut aussehenden, intelligenten, einige Jahre älteren Jusstudenten machte. Man fand Gefallen aneinander, verabredete sich und traf sich dann regelmäßig. Die Eltern des Mädchens hatten gegen die Bekanntschaft ihrer Tochter nichts einzuwenden. Ihre Tochter aufzuklären kam weder dem Arzt noch seiner Frau in den Sinn. Sie luden jedoch den Studenten mit den guten Manieren häufig am Sonntag zum Essen ein, da er, wie man damals sagte, ›ernste Absichten‹ zu haben schien. Dies war tatsächlich der Fall, das junge Paar plante eine gemeinsame Zukunft und meldete sich für eine Genossenschaftswohnung an. Nach einer Bekanntschaft von einem Jahr wurde Frau F. samt Freund zu einer Silvesterfeier außerhalb ihres Wohnortes geladen. Die beiden sagten zu, feierten fröhlich und übernachteten in einem gemeinsamen Zimmer. Zu Intimitäten kam es dabei nicht, da die von ihren Freundinnen in groben Zügen aufgeklärte und gewarnte Frau F., wie ihr Freund und späterer Ehemann angab, aus Angst vor einer Schwangerschaft förmlich zitterte. Bei ihrer Rückkehr ins Elternhaus schlug der jungen Frau eine eisige Atmosphäre der Missbilligung entgegen. Sie spürte, dass man sie wegen des vermuteten Fehltritts verachtete. Es fiel jedoch kein Wort. Die Eltern blickten streng, fragten jedoch nichts und die Tochter erklärte nichts. In einer Anwandlung von Trotz verstand sie nicht, wofür sie sich entschuldigen sollte. Frau F. wurde noch lange als »gefallenes Mädchen« behandelt. Die Beziehung zu ihrem Freund überdauerte die Krise. Auf dringenden Wunsch des Mädchens blieb sie weiterhin platonisch. Vier Jahre nach dem ersten Treffen hat das Paar nach Abschluss des Studiums des Mannes geheiratet.

»Geschlechtsverkehr findet in der Ehe statt, nicht zu viel und nicht zu wenig«, war die Meinung der Allgemeinheit, die in diesem Punkt mit den NS-Ideologen übereinstimmte.[15]

Frauen sollten sich möglichst um voreheliche Enthaltsamkeit bemühen, Männer den Umgang mit – verbotenen – Prostituierten meiden. Reger, gesunder Geschlechtsverkehr in der Ehe – ausreichend, doch nicht zu viel – fördere das Wohlbefinden der Partner, diene aber vor allem dem Wohl der Volksgemeinschaft. Übergroße Häufigkeit – das heißt mehr als zwei- bis dreimal pro Woche – lehnte der berühmte Hygieniker Max von Gruber ab. Beim Geschlechtsverkehr sei – aus Gründen besserer Empfängnis – Frauen die Rückenlage zu empfehlen. Grubers Werk »Die Hygiene des Sexuallebens« (1911) wandte sich nur an Männer. Ohne Umschweife schildert es die physiologischen Vorgänge von Zeugung und Geburt. In Schulen wurde es nie verwendet.

Die Eltern von Frau G. bildeten unter den zu Fragen von Zeugung und Geburt eisern schweigenden Erziehungsberechtigten eine große Ausnahme. Sie waren Inhaber eines kleinen Gemischtwarengeschäfts und in ihrer Freizeit begeisterte Anhänger der Freikörperkultur. Im Verein mit Gleichgesinnten tummelten sie sich nackt auf den für sie reservierten Plätzen in den Donauauen. Ihre Tochter G. begleitete sie. Über Sexualität sprach man in aller Offenheit. Die Aufklärung von Frau G. im Rahmen der Familie galt als selbstverständlicher Teil der Erziehung. Sie selbst gibt an, im Bund Deutscher Mädel, dem sie unwillig angehörte, keinerlei Aufklärungsunterricht erhalten zu haben. Sie erinnert sich jedoch, dass man dem BDM nicht ohne triftigen Grund fernbleiben durfte. Erschien ein Mädchen nicht zu den Stunden, wurde es von zwei Vertretern dieser Organisation von zu Hause »abgeholt«, die Eltern hatten sich zu entschuldigen.

Zeitzeuge Herr H. lernte in der Volksschule über das »Fest der Beschneidung Christi«. Der aufgeweckte, vielseitig interessierte Knabe bat den Religionslehrer um nähere Information und erhielt sie. »Das Jesuskind hatte lange, blonde Locken. Als es größer wurde, beschloss seine Mutter Maria, ihm die Haare schneiden zu lassen. Zur Erinnerung daran begehen wir noch heute dieses Fest.« Der Achtjährige gab sich mit dieser Auskunft zufrieden. Jahre später, Herr H. besuchte inzwischen ein elitäres Jesuitenkolleg, kam das Thema wieder zur Sprache. »Weiß jemand etwas über die Beschneidung Christi?«, fragte der Professor. Der nunmehr 13-Jährige erinnerte sich, hob die Hand und trug stolz sein Wissen aus der Volksschule vor. Umso erstaunter und gekränkter war er, als der Lehrer rot anlief, aufsprang und ihm wegen dieser blasphemischen Verhöhnung Gottes eine schallende Ohrfeige versetzte. Über die Sache selbst senkte sich der Mantel des Schweigens. Herr H. fragte nicht mehr zu dem speziellen Thema. Seine sexuelle Aufklärung entnahm er der Literatur und den Witzen älterer, erfahrener Schulfreunde.

Zeitzeuge Herr I. erinnert sich: »Mein erster Kontakt mit Sexsymbolen war ein aufgestelltes Parallelogramm, als Zeichen für Frauen, über das wir unbändig lachen mussten. Als Kind erkundigte ich mich einmal nach der Herkunft von Babys, die aus dem Nichts aufzutauchen schienen und plötzlich für immer da blieben. Mein Vater, Lehrer für Mathematik und Zeichnen, griff zum Buntstift. Gewandt zeichnete er mir mehrere Störche auf. ›Sie bringen auf Wunsch kleine Kinder, aus Sümpfen.‹ Auf dem Land sah ich verstohlen kleinen Mädchen beim Baden zu und bemerkte, dass sie sich von kleinen Buben unterschieden. Das gab mir zu denken. Verliebt habe ich mich schon an meinem ersten Schultag. Als ich das verehrte Mädchen zu küssen versuchte, schlug es mir voll Empörung mit seinem Federpennal auf den Kopf. Ich habe mich dann auf das Schreiben von Liebesgedichten verlegt. Mein Vater, als Lehrer, beobachtete mich, bestand darauf, meine Rechtschreibfehler zu korrigieren, und bremste damit meinen Hang zur Poesie. Mit zunehmendem Alter empfand ich nicht die Spur einer Ermutigung, mit den Eltern über die Liebe zwischen Mann und Frau zu sprechen. Dafür hörte ich viele anzügliche Witze meiner Kameraden. Einmal flüsterten sie mir ›BH‹ zu. Ich glaubte, das sei weibliche Unterwäsche, und wurde dafür ausgelacht. Sie meinten, das seien Berufshuren, von denen es in unserer Kleinstadt einige gebe. Der Film ›Sünden-babel‹, den ich ohne elterliche Erlaubnis im Kino sah, er-weiterte mein Wissen beträchtlich, und ich formte mir mei-ne Meinung: Kleine Kinder kommen aus dem Nabel der Mutter. In der Unterstufe des Gymnasiums habe ich mich häufig in eine ganze Reihe von Mädchen verliebt, ohne dass die Objekte meiner schüchternen Verehrung etwas bemerk-ten. Als ich ca. 14 Jahre alt war, kam ein neuer, infolge eini-ger Klassenwiederholungen bereits älterer Schüler, in un-sere Klasse. Er entpuppte sich als frühreifer Freidenker und wertvolle Quelle in Bezug auf Sexualität.«

Frau J. durchlief im Dritten Reich eine Laufbahn als Schaft-, Schar-, Gruppen- und Ringführerin im Bund der Deutschen Mädel. Sie gestaltete Heimabende, bei denen gebastelt, ge-sungen und vorgelesen wurde. Über die Liebe zwischen den Geschlechtern sprach die junge BDM-Führerin nie, da sie davon selbst keine Ahnung hatte. Eines Tages erschien ein Militärarzt bei den Mädchen: »Er war geschickt worden, uns über Geschlechtskrankheiten, ihre Arten, Folgen und Ge-fahren aufzuklären. Wir lauschten interessiert, aber auch unangenehm berührt. Wie konnte man diese unappetit-lichen Dinge nur in unserer Anwesenheit erörtern! So wie ich selbst, dürften auch meine Schützlinge nichts allzu Genaues über den Geschlechtsverkehr gewusst haben. Der Arzt beendete seinen Vortrag mit dem warnenden Hinweis auf die weite Verbreitung von Syphilis, Gonorrhö und an-deren Sexualkrankheiten. Er regte eine Diskussion an, aber keine der verlegenen und schockierten Zuhörerinnen stellte Fragen.«

Anstelle von Aufklärung gab es für die Jugend Aufrufe zur Keuschheit. Auch der »Führer« plädierte gegen frühzeitige sexuelle Betätigung. Als probates Mittel zur Ablenkung etwaiger frühreifer Gedanken schien ihm dabei die Ermüdung der Jugendlichen durch viel Sport. Der NS-Volkserzieher Reinhard Ritter warnte die Jugend vor Alkohol als Quelle des Schwachsinns und sexueller Schädigung.[16] Raucher würden geschlechtskrank, impotent und schließlich unfruchtbar. Rauchenden Mädchen kündigte er die Verkümmerung der Eierstöcke, Verlust der Frische, Schönheit und Jugendlichkeit an. Ihr Teint erhalte einen merkwürdigen, grauen, manchmal fahlgelben Ton.

Die Zeitzeugin Frau K. berichtete dazu: »Wir waren drei Mädchen zuhause, ich das jüngste. Meine Mutter arbeitete für eine Frauenzeitschrift, mein Vater war Journalist. Bei uns herrschte eine freisinnige Stimmung, meine Eltern waren überzeugte Anhänger der Sozialdemokraten. Sie führten ein gastliches Haus, hatten eine Menge Freunde, auch aus Künstlerkreisen. Es wurde viel gefeiert, und die Feste zogen sich bis zum Morgengrauen hin. Ich muss ca. sechs Jahre alt gewesen sein, als ich vor dem Einschlafen noch einmal das Badezimmer aufsuchte. Dort bot sich meinen entsetzten Augen etwas, das ich als bedrohlichen Ringkampf zwischen einer Frau und einem Mann, beide in derangierten Kleidern, einschätzte. Unterdrücktes Stöhnen begleitete den Vorgang. Ich zögerte nicht lange und wandte mich Hilfe suchend an meine Mutter. Diese beruhigte mich zwar, sprach jedoch auch eine Ermahnung aus. Sie meinte, ich hätte still weggehen müssen, denn zwischen den beiden hätte nur eine harmlose Art von Spiel stattgefunden. Es sei sehr unhöflich, sie dabei zu stören. Dabei blieb es. Aufgeklärt wurde ich nicht. Manchmal erzählte mir meine Mutter, wie mich der Storch ganz überraschend gebracht hatte. Allerdings sprach sie, die selbst stark rauchte, auch oft von der Gefahr von Nikotin und Alkohol für Frauen, die ein Kind erwarteten. Das wunderte mich, denn mir fehlte der Zusammenhang. Es waren meine Schwestern, die mich Jahre später in die Geheimnisse der Sexualität einweihten.«

Sexuelle Aufklärung blieb auch nach 1945 ein Tabuthema, an dem nicht gerüttelt wurde. Erst nach 1960 gab das deutsche Bundesministerium unter Käte Strobel den ersten Sexualkundeatlas für Schulen in Auftrag. 1967 erschien die erste Aufklärungsfibel.

Swing und Sex
im »sauberen Reich«

»Man konnte als Frau während des Krieges abends unbesorgt allein ausgehen, Zustände wie heutzutage gab es damals nicht«, lautet eine häufige Aussage zur NS-Zeit. »Das Gesindel verschwand von den Straßen, Sittenstrolche wurden zu ehrlicher Arbeit angehalten, keinem anständigen Menschen wurde ein Haar gekrümmt.«[1]

Das 1000-jährige Reich vermittelte den Eindruck überwältigender Effizienz. »Der frische Zug im neuen Staat«, jubelte ein NS-Blatt.[2]

Nach einer kurzen Übergangsphase der Säuberung Deutschlands von Kriminellen, Arbeitsscheuen, Sexualtätern, Sittenstrolchen, asozialen Jugendlichen und rassisch Minderwertigen war Platz für eine neue Gesellschaft – frei von Verbrechen und Sittlichkeitsdelikten, von Unmoral und Rassenschande! Das Regime stand als Garant für die Sicherheit der Volksgenossen, es ermöglichte allen jenen ein friedliches Zusammenleben, die sich einerseits mit den NS-Zielen identifizierten oder zumindest schwiegen und anderseits in das Schema der arischen Gemeinschaft passten. Nach dem Chaos der Weimarer Zeit wurde für Ordnung und Ruhe, oft für Grabesruhe, gesorgt.

Die rechtliche Basis dafür bildete das sogenannte »Ermächtigungsgesetz«[3], das der Regierung Hitler unbeschränkte Gewalt verlieh, und das »Gewohnheitsverbrechergesetz«.[4]

Die offizielle Kriminalstatistik bestätigte die neuen Machthaber. 1933 sank die Zahl der Verbrechen im Vergleich zum Vorjahr um 13,1 Prozent.[5] Gewaltakte, wie Raub, Erpressung und Nötigung, gingen ebenso wie Tötungsdelikte und Diebstähle um ein Drittel, Betrügereien um ein Viertel zurück.

Zwischen 1918 und 1933 hatte es in Deutschland nach amerikanischem Vorbild organisiertes Verbrechen, sogenannte »Ringvereine«, gegeben, die keineswegs im Verborgenen blühten. Es waren Netzwerke zum Wohlergehen ihrer kriminellen Mitglieder. Sie boten den Frauen inhaftierter Verbrecher neben finanzieller Unterstützung Schutz und Hilfe. Sie beschäftigten eigene Vertragsanwälte, die als »Ehrenmitglieder« auf dem jährlichen Ball ihrer Klienten erschienen. Eine der Kapellen wurde sogar von einem Kriminalbeamten dirigiert.[6]

Damit hatte es 1933 ein schlagartiges Ende. Keine sentimentale Milde im Kampf gegen Straftäter, lautete das Motto. Verbrecherviertel wurden abgeriegelt und straßenweise systematisch durchkämmt. Kriminalpolitische Maßnahmen, wie die berüchtigte unbegrenzte »Vorbeugehaft«[7], kamen zur Anwendung. Ein kurzer Lokalaugenschein oder bloßer Verdacht genügte für die Einlieferung in ein KZ, wo die »Volks- und Reichsfeinde« mittels harter Arbeit umerzogen wurden.

Am 24. April 1934 nahm der gefürchtete Volksgerichtshof (VGH) anstelle des alten Reichsgerichts seine Arbeit auf. Hitler selbst ernennt die Hälfte seiner Mitglieder. Der lästige Passus der Reichsverfassung »Keine Strafe ohne Gesetz«[8] weicht der Formulierung: »Bestraft wird, wer eine Tat begeht, die das Gesetz für strafbar erklärt, oder die ... nach gesundem Volksempfinden Bestrafung verdient.«[9]

Doch der schöne Schein von einer friedfertigen, neuen NS-Ordnung trog. Unter der strengen Goebbels'schen Zensur berichteten die Medien nur von Straftaten, die zum Bild des erfolgreichen, nunmehr sauberen Reichs passten – nämlich jene, die auf das Konto sogenannter Rassenschädlinge und Asozialer, Zwangsarbeiter und »Entarteter« gingen. Die Geheimhaltung funktionierte perfekt. Nach der Devise »Es kann nicht sein, was nicht sein darf«, hörte man nur von wenigen, exemplarischen Kriminalfällen, las man – auf roten Plakaten – die Vollstreckung der Todesurteile. Die NS-Diktatur folgte damit dem Muster anderer totalitärer Staaten. Auch in der Sowjetunion wurden Verbrechen ausschließlich von Klassenfeinden begangen. Alltagsgewalt gab es weder unter den Nationalsozialisten noch im bolschewistischen Arbeiterparadies. Die Illusion der heilen Welt erforderte, dass »Führer« und »Väterchen« Stalin niemals erkrankten. Russland blieb selbst von Naturkatastrophen verschont. Als in den Dreißigerjahren ein Flächenbrand wütete, der sich auf Moskau zubewegte, hüllten sich die Zeitungen in diskretes Schweigen, bis die ersten Rauchschwaden die Vorstädte der Metropole erreicht hatten.

In Deutschland zeigte der Fall von Bruno Lüdke, welch undurchdringlicher Schleier sich über die gesamte Medienlandschaft gelegt hatte.[10]

Ende Januar 1943 entdeckten spielende Kinder im Berliner Köpenicker Stadtwald eine tote ältere Frau (Rosa Noack). Sie war erdrosselt worden, der Mörder hatte sich an der Leiche vergangen. In der Nähe des Tatortes fanden sich Hühnerreste. Die Ermittlungen der Kriminalpolizei konzentrierten sich zuerst auf die Zwangsarbeiterkreise Berlins. Nur diese besaßen – der herrschenden NS-Logik zufolge – die bestialische Fähigkeit zu einem derart abscheulichen Verbrechen. Dann stieß man zufällig auf den als verrückt,

aber harmlos geltenden Bruno Lüdke, der wegen Landstrei-
cherei und kleinerer Diebstähle immer wieder Bekanntschaft mit Strafanstalten gemacht hatte.

Beim Verhör im Januar 1943 entdeckte man – nach Angaben der Justiz – Blutspuren und Hühnerfedern auf der
Kleidung Lüdkes. Ja, er habe die Alte, die vor ihrem Haus
ein Huhn rupfte, gefragt, ob sie mal will, sie hätte »Nee« gesagt. Der Verdächtige gab an, dass es nach diesem Affront
für ihn kein Halten gab. Er erdrosselte die Frau mit bloßen
Händen, verging sich an der Leiche und versteckte sie in
einem Gebüsch. In der Folge entpuppte sich Lüdke als
»Konfessor«, der bereitwillig nicht nur den Mord an Rosa
Noack gestand. Stolz erzählte er, auf seiner Wanderschaft
zwischen München und Hamburg insgesamt 84 weitere
Frauen getötet zu haben. Er sei ein friedlicher Mensch, bei
der Erhängungsszene in dem Film »Jud Süß« sei ihm sogar
übel geworden. Doch von Zeit zu Zeit, wenn man ihn allzu
ärgere oder beleidige, müsse er sich abreagieren. Nach seinem ersten Mord im Jahr 1928 folgte ein weiterer 1933. Von
da an steigerte sich die Frequenz seiner Untaten, er wurde
zum größten Serienkiller der deutschen Geschichte. Die
deutsche Kriminalpolizei feierte die Ergreifung Lüdkes als
großen Coup. Mit einem Schlag hatte sie über zwei Drittel
aller zwischen 1928 und 1943 begangenen, bisher ungeklärten Sexualmorde gelöst.[11]

Propagandaminister Goebbels formulierte das gesunde
Rechtsempfinden der Volksgemeinschaft:[12] »Es ist erwünscht,
daß der bestialische Massenmörder und Frauenschlächter
keines normalen Henkertodes stirbt. Ich schlage vor, ihn bei
lebendigem Leib zu verbrennen oder vierteilen zu lassen.«

Ordentlichen Prozess gab es keinen. Ganz geheim über-
stellte man Lüdke an das kriminalmedizinische Institut in
Wien, wo er bei der Erforschung der Ursachen seiner Ver-

Bruno Lüdke (1908–1944). Serienmörder oder Opfer der NS-Justiz?

anlagung auf mysteriöse Weise sein Leben ließ. Die Krankengeschichte verschwand.[13]

1957 widmete sich der Film »Nachts, wenn der Teufel kam« der unheimlichen Geschichte von Deutschlands größtem Mörder.[14] Wenig später tauchten Unterlagen jener Berliner Gesundheitsbehörde auf, die 1940 die Entmannung Lüdkes wegen erblichen Schwachsinns angeordnet und auch durchgeführt hatte.[15] Erste Zweifel an der Rolle des einfältigen und geständnisfreudigen Landstreichers als Lust- und Serienmörder wurden laut. Hatte die NS-Justiz den »Fall Lüdke« zur Verbesserung der Kriminalstatistik konstruiert?[16] Die Beantwortung der Frage ist ausständig, die Interpretation von Schuld oder Unschuld Lüdkes umstritten. Eine TV-Dokumentation »Schuldig, auf einen Blick«[17] sieht den geistig Unzurechnungsfähigen als Opfer des NS-Regimes.

In jedem Fall werfen 84 Sexualmorde ein bezeichnendes Licht auf die geringe Effizienz des nach Parteiinteressen und Ideologie orientierten NS-Polizeiapparats. War Lüdke schuldig, dann ist er jahrelang unbehelligt durch Deutschland gewandert und dabei voll Ruhe seinem blutigen Handwerk nachgegangen.

War Lüdke unschuldig, dann starben von 1933 bis 1943 in Deutschland im Durchschnitt mehr als acht Frauen pro Jahr als Opfer ungeklärter Gewaltverbrechen. Unter immer gleichen Umständen – zuerst erdrosselt, dann geschändet. Die NS-Justiz klärte keinen einzigen Mord auf, fasste keinen einzigen Mörder. Kriminalpolizei und Täter arbeiteten im Stillen, Presse und Rundfunk gingen schweigend über die vielen Frauenleichen hinweg.

Zur Verbesserung des Ansehens des Polizeiapparats griff man schließlich auf Lüdke, den verrückten »Konfessor«, zurück.

Krankhafte Triebtäter ohne kontrollierbare Motive ließen sich durch drakonische Strafen nicht abschrecken. Obskure, biologistische und rassistische Vorurteile versperrten den linientreuen Kriminalbeamten jegliche Einsicht in das Wesen der Täter. Terror, das traditionelle Mittel jedes totalitären Regimes, versagte in diesen Fällen, und die Polizeimethoden der NS-Zeit waren nicht wirkungsvoller als die der Weimarer Republik.

In Hitlers Diktatur war freie Meinungsäußerung mit Lebensgefahr verbunden, und die Bevölkerung achtete daher auch auf jedes Wort. Um die in der Volksgemeinschaft tatsächlich herrschende Stimmung zu erkunden, beschäftigte das NS-Reichssicherheitshauptamt (RSHA) in ganz Deutschland Tausende Polizeispitzel. Diese mischten sich unauffällig unters Volk, fuhren in öffentlichen Verkehrsmitteln, kauften in Geschäften ein und schimpften dabei über die Preise und das Regime. Sie verwickelten Passanten in Gespräche, kritisierten freimütig den »Führer« und horchten ihre ahnungslosen Opfer aus. Ihre Berichte an das RSHA in Berlin blieben erhalten.[18]

So erfährt man im Umweg über die Informanten, dass viele Menschen die »Reichsaktion Arbeitsscheu« im April 1938 guthießen, bei der Beamte von Fürsorge- und Arbeitsämtern – nach eigenem Gutdünken – Listen von »Parasiten der Gesellschaft« erstellten. Die Gestapo holte die bezeichneten Personen zur Zwangsarbeit ab.[19]

In ihrer Erleichterung über den Kampf gegen Verbrecher verdrängten oder übersahen viele Deutsche die Kehrseite der Medaille: ihre zunehmende eigene Hilflosigkeit gegenüber Willkür, den rapiden Abbau aller Bürgerrechte und den rapiden Aufbau eines Terrorsystems unter dem Schutz der biederen Fassade des NS-Staates. Im Falle von Polizeiaktionen gab es keine Rechtsmittel, keinen Rechtsschutz oder Rechtsbeistand.

Beim Ausbruch des Zweiten Weltkriegs glaubte das selbstsichere NS-Regime gegen Lappalien wie die harmlosen »Soldatenliebespostkarten« vorgehen zu müssen. Auf diesen schießen »dauergewellte« Mädchen jungen »schmucken« Soldaten Pfeile der Liebe ins Herz. Blumenübersäte Wiesen, Bootsstege oder lauschige Bänke in schöner Natur bilden den Hintergrund. Derartige Frivolitäten erregten die Missbilligung der Behörden. Auf den Feldpostkarten sollten gute, rassisch einwandfreie Mädchen- und Frauenköpfe, Köpfe aus der deutschen Geschichte, Porträts von Führern der NS-Bewegung und Wehrmacht oder Motive aus dem Kunstschaffen der Gegenwart prangen.[20] Der Vorschlag der biederen Beamten wurde nicht realisiert, denn schon kurz nach dem Einmarsch in Polen traten derart gravierende Sicherheitsprobleme auf, dass zur Aufrechterhaltung der Ordnung die gesamte Kriminalgesetzgebung verschärft werden musste. Ende 1939 meldeten Polizeibeamte dem Sicherheitsdienst einen starken Anstieg von Diebstählen und Raubüberfällen unter dem Schutz der vorgeschriebenen Verdunkelung. Die Rationierung von Lebensmitteln zog gehäufte Einbrüche in Lebensmittelgeschäften nach sich.[21] Rasse- und Sexualverbrechen stiegen dramatisch an.

Eine Fülle neuer Verordnungen brach über die Deutschen herein. Dazu gehörten: Rundfunk-VO, Volksschädlinge-VO, Kriegswirtschafts-VO, Gewaltverbrecher-VO, VO zum Schutz der deutschen Wehrkraft, VO-gegen jugendliche Schwerverbrecher. Der Strafrahmen reichte von Zuchthaus bis Todesstrafe.[22]

§ 4 der »Verordnung zum Schutz der deutschen Wehrkraft« untersagte[23] jeglichen persönlichen Kontakt mit Zwangsarbeitern und Kriegsgefangenen, der über das beruflich notwendige Minimum hinausging. Explizit jedoch verbot er den Geschlechtsverkehr mit den »Artfremden«.[24]

Im Verlauf des Zweiten Weltkriegs wurden ca. fünf Millionen Fremdarbeiter aus allen Teilen Europas zur Aufrechterhaltung der Kriegsindustrie, aber auch der Landwirtschaft zwangsweise nach Deutschland gebracht. Fritz Sauckel war der »Generalbevollmächtigte für den Arbeitseinsatz« (GBA), der im Auftrag des Reichsministers für Rüstung und Kriegsproduktion, Albert Speer (seit 1942), immer neue Schübe von Zwangsarbeitern lieferte. Später wurde ihre Zuteilung an Fabriken und landwirtschaftliche Betriebe vom Wirtschafts- und Verwaltungshauptamt der SS übernommen. Daneben gab es noch Zehntausende internierte Kriegsgefangene in Deutschland, vor allem Engländer, Franzosen und Amerikaner. Die »minderrassigen« Hilfskräfte aus den eroberten Gebieten sollten die an der Front stehenden deutschen Männer ersetzen. Sie taten dies in einer Weise, die die Grundfesten des NS-Staates erschütterte. Nachdem Deutschland fast »judenfrei« geworden war, zog für die Nationalsozialisten bereits eine neue Gefahr auf. Es drohten, wie die Behörden alarmiert feststellten, erneut Rassenprobleme samt Rassenschande – die Angst vor einer »biologischen Unterwanderung« war groß.

Viele Mädchen und Frauen kümmerte der § 4 wenig. Obwohl streng verwarnt, begriffen sie nicht, dass all diese – meist jungen – Männer, mit denen sie Seite an Seite auf dem Feld oder in den Fabriken arbeiteten, rassisch minderwertige Untermenschen waren. Im Gegenteil. Der Reichssicherheitsdienst berichtete, dass die weibliche Bevölkerung – junge und alte – häufig der unerklärlichen Faszination von Fremdarbeitern erliege, und ortete ein Versagen der jahrelangen rassenpolitischen Schulung. Auch die ältere Bevölkerung klagte über den ungenierten intimen Umgang mit »Fremdsippigen«. Das Rassenpolitische Amt der SS in München schlug beim Propagandaministerium Alarm: Auf bayerischen Höfen tummelten sich deutsche Mädchen mit französischen Kriegsgefangenen! Minister Goebbels befahl daraufhin allen Gauleitungen die Durchführung einer großen Aufklärungskampagne unter dem Slogan: »Nicht nur mit Juden, auch mit Ausländern ist der Verkehr verboten!«[25]

Trotzdem landeten bereits 1940 über 2 000 Fälle von
»Unzucht mit Artfremden« vor dem Richter. Die verhängten
Zuchthausstrafen wirkten nicht abschreckend. Kurz nach
der Verurteilung einer Frau im Kreis Neidenburg zu sechs
Jahren Zuchthaus wegen wiederholten Geschlechtsverkehrs
mit einem polnischen Kriegsgefangenen, wurde eine weitere Frau im Nachbarkreis Osterode (Ostpreußen) wegen des-
selben Delikts verhaftet.

Die »Unzucht mit Artfremden« blieb nicht ohne Folgen.
Am 7. Oktober 1941 verpflichtete ein Erlass des Reichsge-
sundheitsführers Dr. Conti alle Jugendämter zur – rück-
wirkenden – Meldung aller »unehelich geborenen Kinder
mit fremdvölkischem Vater oder fremdvölkischer Mutter«.[26]
Gezählt wurden 7 150 Kinder, realistische Schätzungen beliefen sich auf ca. 12 500, die NS-Behörden befürchteten
100 000 Fälle.

Schon Ende 1940 verlegten sich die lokalen Parteizen-
tralen, denen die Gerichte zu lax arbeiteten, auf Selbstjustiz. Sie beorderten Mitglieder der NSDAP zu Aktionen zum
»Schutz des deutschen Blutes«. Deren öffentliche Hetzreden
blieben nicht wirkungslos. Sie stachelten den Pöbel auf,
bald kochte die Volksseele, brutale, spontane Manifestatio-
nen des natürlichen Volksempfindens folgten. So zeichnete
sich der Ort Lingen bei Osnabrück durch einen Rückfall in
das Mittelalter aus.[27] Ein in der Küche eines Kriegsgefange-
nenlazaretts beschäftigtes Mädchen hatte sich mit einem
jungen Polen näher angefreundet. Auf Befehl des Kreislei-
ters schnitt man ihr die Haare ab, dann rasierte man ihr den
Kopf. Eine begeisterte Menge sah johlend zu.

»In vielen Fällen haben die Dorfbewohner zur Selbsthilfe
gegriffen«, bemerkte der Sicherheitsdienst voll Befriedigung, als die von den Gerichten geduldete Selbstjustiz gegen
»Ehr- und Sittenlose« immer weitere Kreise zog. In vielen

Städten hat man schwangere Frauen nicht nur geschoren, ihnen Tafeln mit »Polenhure und Polensau« umgehängt, sondern sie auch – wie mittelalterliche Verbrecher – auf Esel gebunden und durch die Straßen geführt. Viele anständige Mitbürger bespuckten und verhöhnten die sündigen Sexualtäterinnen.

In Komotau (Chomotuv, Nordtschechien) mussten Frauen Plakate mit der Aufschrift: »Wir Säue haben uns mit Kriegsgefangenen eingelassen« tragen. Auch stellte man die Verbrecherinnen gegen die »deutsche Ehre« stundenlang an den Pranger.

Die in Sexualprozessen mit ausländischen Tätern ergangenen Urteile weisen eine große Bandbreite auf. Während die ordentlichen Gerichte oft Nachsicht walten ließen, setzten die Sondergerichte auf große Härte. So wurde im August 1941 in Münster ein polnischer Sittlichkeitsverbrecher, der sich an einem fünf- und einem siebenjährigen Mädchen vergangen hatte, nur zu einer Gefängnisstrafe im Ausmaß von zehn Monaten verurteilt.[28] In einem anderen Fall hatte sich ein Pole vor Frauen und Kindern in einem Ärgernis erregenden, unsittlichen Aufzug, nämlich nackt, gezeigt. Er wurde von einem Sondergericht zu sechs Jahren Zuchthaus und anschließender Entmannung verurteilt.

Wie im Fall einer von einem Polen schwangeren 16-Jährigen konnte selbst ein menschliches Urteil schreckliche Folgen haben. Das ordentliche Gericht ließ mildernde Umstände gelten und ordnete für das Mädchen Fürsorgemaßnahmen nach der Entbindung an. Zu der für den Kindesvater vorgesehenen einjährigen Zuchthausstrafe kam es nicht, da die Gestapo einschritt. Während das Mädchen unbehelligt blieb, holte man ihren Freund aus dem Gefängnis, erhängte ihn und ließ die Fremdarbeiter des Ortes an der Leiche vorbeimarschieren. Tatsächlich wurden viele der Blutschande mit deutschen Frauen überführte oder bloß verdächtigte ausländische Männer Opfer von Lynchjustiz.

Die aktenkundigen Sexualdelikte nahmen jedoch weiter zu, 1942 stiegen sie auf 9000. Die Zahl der unehelichen Kinder aus diesen Verbindungen wurde auf 20000 geschätzt. Die Dunkelziffer der Abtreibungen betrug ein Vielfaches. Nur wenige Frauen, wie eine Vertreterin der schlesischen NS-Frauenschaft, konnten sich mit Geschick verantworten. Diese Landwirtin, Mutter von zwei kleinen Kindern, deren Ehemann an der Ostfront diente, brachte Anfang 1943 ein Kind zur Welt. Der Vater war ein Ostarbeiter, der zu diesem Zeitpunkt schon längst – wie man vermutete – mithilfe seiner Geliebten geflohen war. Diese führte zu ihrer Verantwortung an:»Der B. war bei mir in Stellung. Anfang Juni 1941 trat er an mich heran und verlangte, ich solle geschlechtlich mit ihm verkehren, oder er laufe jetzt in der größten Arbeit weg. Er hat die Aufforderung immer wieder getan, und da ich auf der 35 Morgen großen Landwirtschaft mit meiner Schwägerin allein bin und B. in der Landwirtschaft tüchtig war, ließ ich mich verleiten.«

Sie führte Klage darüber, dass die lokalen Vertreter des Wirtschafts- und Verwaltungshauptamtes der SS versagt hätten: eine anständige deutsche Frau, wie sie, wäre schutzlos der Gewalt eines rassenfremden Sittenstrolchs ausgeliefert worden. Sie blieb straflos.

In den späteren Kriegsphasen gab es für Ausländer und Ausländerinnen, die gegen das Verbrüderungsverbot verstießen und in die Fänge des NS-Apparates gerieten, kaum ein Entrinnen. Um dies zu garantieren, stattete Ernst Kaltenbrunner, der gefürchtete Chef[29] des Reichssicherheitshauptamtes, die Gestapo mit Sondervollmachten zur Ausschaltung des Justizapparates aus:»Als schwerwiegende Verstöße sind … Gewalt- und Sittlichkeitsverbrechen sowie Geschlechtsverkehr mit deutschen Frauen und Mädchen anzusehen. Eine Abgabe an die Justiz findet grundsätzlich nicht statt. An sie sind nur Fälle weiterzuleiten, in denen aus stimmungspolitischen Gründen eine gerichtliche Aburteilung wunschgemäß erscheint … und sichergestellt ist, daß das Gericht die Todesstrafe verhängen wird …«[30]

Schwangere Zwangsarbeiterinnen wurden in ihre Heimat abgeschoben, bis ein Erlass des »Generalbevollmächtigten für den Arbeitseinsatz« Sauckel dem einen Riegel vorschob. Es sollte diesen Frauen nicht mehr möglich sein, sich durch eine Schwangerschaft dem Dienst am deutschen Volk zu entziehen.[31]

Im Laufe des Krieges nahmen Sittenverfall und -bedrohung, wie das Reichssippenamt erschüttert feststellte, enorme Ausmaße an:»Bei der großen Zahl der im Reichsgebiet bei Bauern auf dem Land arbeitenden, ausländischen Helfer verwischen sich die Grenzen und der volkstumsbedingte Abstand in bedenklicher Weise. Die Behandlungsvorschriften werden nicht eingehalten, ja, auf manchen Höfen finde eine regelrechte Verbrüderung statt. Gemeinsam klage man über die harten Zeiten. … Am schlimmsten ist jedoch die Frauenfrage. Es gibt tausende und abertausende Fälle. Die deutsche weibliche Bevölkerung, egal ob gottgläubig oder christlich, zeigt unangebrachtes Mitleid. Sie behandeln ausländische wie deutsche Arbeitskräfte. Jeder Abstand und Anstand ist im Schwinden begriffen, tausende und abertausende Fälle von Unzucht sind die Folge. Oftmals ersetzen die jungen Ausländer den einsamen deutschen, in schwierigsten Umständen lebenden Frauen ihre an der Front dienenden Männer.«[32] Einer dieser Fälle wurde in einem Gast-

haus in Bayreuth aufgedeckt. Die Spitzel schilderten voll
Abscheu, wie sich der Kriegsgefangene der Gunst der Wirtin
erfreute. Ahnungslos erklärte diese den unheimlichen Gästen:»Das ist der Anton, unser Gefangener, ein seelenguter
Mensch. Wissen Sie, er mag kein Schweinefleisch ... ich
habe ihm deshalb heute zwei Tauben gebraten.«[33]

Immer wieder mussten die verdeckten Fahnder feststellen, dass die Mehrzahl der fremdenfreundlichen Frauen aus
erbbiologisch einwandfreiem Milieu kam. Von einer Min-
derwertigkeit könne nicht gesprochen werden. Trotzdem
entstammten gerade diesen Familien sehr häufig »artvergessene« Mädchen. Diese traten – oft auf eigene Initiative –
mit ausländischen Männern in Kontakt, tranken mit ihnen
in Gasthäusern, um anschließend – aufmerksamen Beob-
achtern zufolge – mit ihnen in dunkle Parkanlagen zu entschwinden. Auch an den Universitäten herrschte – nach
Ermittlungen der Staatspolizei – ein wahres Sündenbabel
an Rassenschande: In Darmstadt gingen Studentinnen mit
Chinesen aus, in Dresden vergnügten sich deutsche Mädchen mit türkischen Studenten der Technischen Hoch-
schule, in Berlin gingen »Artvergessene« mit Arabern in das
Strandbad Wannsee.[34]

Während in den Fabriken mit großen Fremdarbeiterkon-
tingenten, Angaben des SD zufolge, »normale«, das heißt
unmenschliche Bedingungen herrschten, lebten Kriegsgefangene mit ihren privaten Arbeitgebern oft in engem, persönlichem Kontakt. Vor allem Franzosen nahmen am Familienleben teil, waren auch zugegen, wenn die Erlebnisse von
Angehörigen an der Front besprochen wurden, und lasen
mit ihnen die Feldpostkarten. Sie fielen durch ihre amourösen Abenteuer auf, während englische Kriegsgefangene
Deutschland auf andere, besonders gefährliche Weise zer-

setzten. Oft verglichen sie nämlich den Zweiten mit dem Ersten Weltkrieg, der nach anfänglichen deutschen Siegen doch mit der Niederlage Deutschlands geendet hätte. Ihr stures Festhalten, ihr hartnäckiger Patriotismus, ihr Glaube an den Endsieg Englands übte auf nicht gefestigte Volksgenossinnen eine verheerende Wirkung aus.

Als Affront empfanden die NS-Machthaber, dass es nicht gelang, den von den westlichen Kriegsgefangenen betriebenen Missbrauch mit Liebesgaben aus der Heimat zu unterbinden. »Mit den – durch die Genfer Konvention ermöglichten und vom Internationalen Roten Kreuz verteilten – Hilfspaketen treiben sie Schwarzhandel, erkaufen sie sich die Zuneigung irregeleiteter deutscher Mädchen und Frauen. Vielfach machen sich jugendliche Schülerinnen an Kriegsgefangene heran, betteln sie um Süßigkeiten an und bieten dafür amouröse Gegenleistungen«, lauteten die Klagen der Polizei.

Im Verlauf des Krieges registrierte der Inlandsgeheimdienst schließlich den Zusammenbruch aller von der NSDAP geforderten Werte.

So kam es – wie die Spione der SS feststellten – nicht selten vor, dass die – noch nicht deportierten – Mitglieder von Judengemeinden ihre Kennzeichnungspflicht umgingen, den Judenstern unter ihrem Rockaufschlag versteckten oder gar abnahmen. In herausfordernder Weise schlichen sie sich, als Arier getarnt, wieder in das deutsche Kulturleben ein, besuchten sie Kaffeehäuser, Kinos und selbst Theater. Es sei böswilligen Arierinnen dadurch leicht gemacht, ungestört mit Juden zu verkehren, ja Rassenschande zu begehen. Dem nicht genug! Bei diesem ungeheuerlichen Verbrechen ertappt, beteuerten die morallosen Volksgenossinnen, bei ihren Freunden keinen rassischen Unterschied bemerkt zu haben.[35]

Viele Ehen litten unter der langen Kriegsdauer. Die andauernde Trennung und die vollkommen verschiedenen Lebensbedingungen von Front und Heimat veränderten das Verhalten und die Moralbegriffe der Partner. Auch die beim Flächenbombardement der Städte veranlassten Evakuierungsmaßnahmen für Frauen und Kinder blieben nicht ohne Auswirkungen auf das Eheleben. Die Informanten des Sicherheitsdienstes berichten darüber: »Die UA-gestellten Ehemänner [unabkömmlich im Hinterland] erklärten, daß das Familienleben den einzigen Ausgleich für ihre schwere Arbeit darstelle. Man solle ihnen nicht auch noch das letzte nehmen, was überhaupt noch das Leben lebenswert mache. Nicht minder seien aber auch die Ehefrauen einer starken seelischen Belastung ausgesetzt. Ihrem inneren Bedürfnis entspreche es, im eignen Heim zu leben, ... sie wiesen auf die sexuellen Probleme und die Gefahr der Zerrüttung der Ehen hin. Es liegen auch Meldungen vor, nach denen das sittliche Verhalten der evakuierten Frauen z. T. alles andere als einwandfrei zu bezeichnen ist. Die Beschwerden über sittliche Entgleisungen der evakuierten Frauen mehren sich ebenso wie die Klagen über den Mißmut, die fehlende Arbeitsfreude und den gelockerten Lebenswandel der allein zurückgebliebenen Ehemänner.«[36]

Während man Frauen in Deutschland den Verkehr mit »Fremdartigen« strikt untersagte, sah man zwar die Gefahren für den fremdrassigen Geschlechtsverkehr der Soldaten, hielt sich jedoch – im Hinblick auf die Kampfmoral – mit Verboten für die Wehrmacht zurück. Selbst der »Führer« kannte die Grenzen seiner Macht und rührte die Tabuthemen Sexualität, Alkohol und Nikotin, soweit es die Kampftruppen betraf, nicht an.

Auf den Polenfeldzug im Herbst 1939 war am Westwall und an der Maginotlinie ein langer »Sitzkrieg« (bis 10. 5. 1940)

*»Der Ge-
schlechtsverkehr
zwischen Deut-
schen und Zivil-
arbeitern und
-arbeiterinnen
polnischen
Volkstums wird
schärfstens
geahndet.«*

Verhalten gegenüber Zivilarbeitern polnischen Volkstums

Wir haben nunmehr eine Anzahl polnischer Zivilarbeiter zugewiesen erhalten. Wir geben daher im nachstehenden die Bestimmungen über das allgemeine Verhalten diesen polnischen Zivilarbeitern gegenüber bekannt, damit sich jeder einzelne darnach richten und sich bei Verstößen nicht auf Unkenntnis berufen kann:

Jeder deutsche Betriebsführer hat sich stets bewußt zu sein, daß die ihm unterstellten Zivilarbeiter polnischen Volkstums Angehörige eines Feindstaates sind und sein Verhalten darnach einzurichten. Jeder gesellige Verkehr zwischen diesen Zivilarbeitern und Deutschen ist verboten. Jeder Betriebsführer hat darauf zu achten, daß die diesen Arbeitskräften auferlegten Beschränkungen genauestens eingehalten werden. Diese Beschränkungen sind unter anderem Meldepflicht binnen 24 Stunden nach Eintreffen am Arbeitsort, Verbot des Besuches von Theatern, Kinos, Gaststätten und ähnlichem gemeinsam mit der deutschen Bevölkerung, der Zwang, ein stets sichtbares, mit der jeweiligen Oberkleidung fest verbundenes Abzeichen auf der rechten Brustseite zu tragen, und ein Ausgehverbot für bestimmte Nachtstunden.

Deutsche Volksgenossen, die den Erfolg dieser Auflagen dadurch beeinträchtigen, daß sie zum Beispiel für die Polen Geld und Bekleidungsstücke sammeln, Briefe vermitteln, Fahrkarten kaufen, die den Polen offenstehenden Gaststätten während deren Anwesenheit besuchen und ähnliches mehr, werden zur Rechenschaft gezogen. Der Geschlechtsverkehr zwischen Deutschen und Zivilarbeitern und -arbeiterinnen polnischen Volkstums wird schärfstens geahndet.

Jeder Betriebsführer ist verpflichtet, alle ihm zur Kenntnis kommenden Zuwiderhandlungen dieser Arbeitskräfte gegen die bestehenden Anordnungen und sonstige abträgliche Verhalten unverzüglich der Ortspolizeibehörde zu melden.

Der Betriebsführer hat dafür zu sorgen, daß die seiner Gefolgschaft angehörenden deutschen Volksgenossen eine Berührung mit den Arbeitskräften polnischen Volkstums während der Arbeit auf das unbedingt notwendige Maß beschränken und außerhalb der Arbeit ganz vermeiden.

Verhalten gegenüber Ostarbeitern

Gegenüber den Ostarbeitern, die durch das Abzeichen „Ost" kenntlich sind, ist genau das gleiche Verhalten zu beobachten wie gegenüber den Kriegsgefangenen. Es ist daher jeder nicht arbeitsmäßig bedingte Verkehr mit den Ostarbeitern strengstens verboten. Wir machen alle Gefolgschaftsmitglieder darauf aufmerksam, daß für diesbezügliche Vergehen die strengsten Strafen vorgesehen sind.

ohne militärische Handlungen gefolgt. Die lange Untätigkeit verlockte die gut versorgten Truppen zu amourösen Kontakten mit den Einheimischen. In rassisch verwandten Ländern, wie Belgien, Holland, Norwegen und Dänemark, wurden intime Beziehungen zu örtlichen Mädchen und Frauen sogar gern gesehen. Schätzungen zufolge hatte ein Zehntel der dänischen Frauen und ein Fünftel der Norwegerinnen im Verlauf des Krieges Beziehungen zu deutschen Männern.[37] Auch in Frankreich wurden sexuelle Beziehungen mit der weiblichen Bevölkerung, wenn schon nicht begrüßt, so doch toleriert. Die rassisch wertvollen Kinder von Französinnen und Deutschen suchte der Schirmherr des »Lebensborns«, Reichsführer SS Himmler, sogar nach Deutschland zu holen. Nur die stets an vorderster Front eingesetzte Waffen-SS, Himmlers Elitetruppe, unterlag einem besonderen Ehrenkodex. Sie sollte Vorbildwirkung entfalten. Ihr wurde der Verkehr auch mit Frauen verwandter Rassen dezidiert verboten.

Der Sexualverkehr seiner Soldaten, das Einschleppen von Geschlechtskrankheiten und die Verschwendung ihrer deutschen Erbmasse an rassisch Minderwertige bereitete Hitler große Sorgen. Der von nordischen Männern mit »Weibern der Ostgebiete« gezeugte Nachwuchs und das ebenso unerwünschte Nebenresultat, nämlich die Aufnordung von Untermenschen, für die er nach dem Endsieg Sklavenstatus vorgesehen hatte, beunruhigten ihn. Appelle um Zurückhaltung verhallten ungehört, Schulungen über die Pflicht zur Reinhaltung der Rasse blieben erfolglos.

Guter Rat war teuer. Auf expliziten Wunsch des »Führers« war zur Beginn der NS-Diktatur die Produktion und der Vertrieb von Verhütungsmitteln unter Strafe gestellt worden. Schließlich sprang der »Führer«, der 1933 ambitioniert verkündet hatte: »Wir führen einen Kleinkrieg gegen

Kondome!«, über seinen Schatten.[38] Er beugte sich der sexuellen Notsituation und ließ seine eigene Verordnung aus dem Jahre 1933 aufheben.

Wie im Ersten Weltkrieg, wo Kondome – acht Stück pro Monat – zur Standardausrüstung der Soldaten gehörten, wurde auch die Wehrmacht mit zwölf Präservativen pro Mann und Monat versorgt. Viele Soldaten trugen sie als sichtbares Zeichen von Männlichkeit und Einsatzbereitschaft ständig in der Brusttasche ihrer Uniform.[39] Bald jedoch stellte die Verknappung aller Rohstoffe, auch der von Kautschuk, ein ernstes Problem dar. Reichsgesundheitsführer Dr. Conti sann auf Abhilfe. Schließlich regte er zur Empfängnisverhütung den Einsatz chemischer Mittel an. Die entsprechenden Salben könnten allerdings wegen des Rohstoffmangels nicht von allererster Qualität sein. Sie hätten unangenehme Nebenwirkungen, reizten die Schleimhäute und führten zu juckenden allergischen Reaktionen. Der Plan wurde schließlich verworfen. Hitler verlegte sich auf Appelle:»In der Heimat warten hunderttausende frischer junger Frauen und leider auch zahlreiche Kriegerwitwen ...«[40]

Schon in»Mein Kampf« äußerte sich Hitler sehr vehement gegen die käufliche Liebe.»Die Prostitution ist eine Schmach der Menschheit«, schrieb er,[41]»... kann also an eine wirkliche Bekämpfung der Prostitution nur herangetreten werden, wenn durch eine grundsätzliche Veränderung der sozialen Verhältnisse eine frühere Verheiratung ... ermöglicht wird«, heißt es an einer Stelle.»Nein, wer der Prostitution zu Leibe gehen will, muß in erster Linie die geistige Voraussetzung zu derselben beseitigen helfen ...«, an einer anderen, um dann zu dem Schluss zu kommen:»Der Kampf gegen die Syphilis und ihre Schrittmacherin, die Prostitution, ist eine der ungeheuersten Aufgaben der Menschheit.«

1933 schlossen sämtliche in Privatbesitz stehenden Bordelle Deutschlands ihre Pforten.

Es schmerzte den »Führer«, dass er im Kampf gegen das älteste Gewerbe der Welt bereits kurz nach Beginn des von ihm entfesselten Kriegs kapitulieren musste. Es erging ihm dabei wie der erzkatholischen späteren österreichischen Kaiserin Zita, die 1914 aus Gründen der soldatischen Moral eine zähe, aber aussichtslose Kampagne gegen Freudenhäuser geführt hatte. Hitlers Kapitulation ging in Etappen vor sich – von der Aussparung des Themas in den »Führer«-Reden, über stille Ablehnung und Duldung bis zur Genehmigung und Schaffung von Etablissements unter staatlicher Kontrolle. Der NS-Staat übernahm die Rolle der Zuhälter! Der Krieg hatte dafür den letzten Ausschlag gegeben. Auch Hitler sah ein, dass die sexuellen Bedürfnisse der Soldaten nicht durch den Anblick edler Skulpturen zu befriedigen waren. Die zugunsten von Wehrmachtsbordellen vorgebrachten Argumente überzeugten ihn: 1) Die Ausschaltung unkontrollierbarer Kontakte der Truppen mit der Zivilbevölkerung. 2) Die Möglichkeit rassen- und abwehrpolitischer Überwachung. 3) Die Verminderung der Gefahr der Preisgabe militärischer Informationen. 4) Die Eindämmung von Geschlechtskrankheiten. 5) Die Beseitigung der Straßenprostitution. 6) Die Verhinderung von Homosexualität.

Auch der Hinweis, dass man schon im Ersten Weltkrieg und bereits davor, vor allem in den Garnisonsstädten, nie ohne Freudenhäuser ausgekommen sei, wog schwer.

Schon im Frühjahr 1940 hatte der für die »Überwachung der gesamten geistigen und weltanschaulichen Schulung und Erziehung der NSDAP« zuständige Reichsleiter Alfred Rosenberg, bewogen durch die Verdoppelung der Jugendkriminalität seit 1937, im Rundfunk eine engagierte Rede

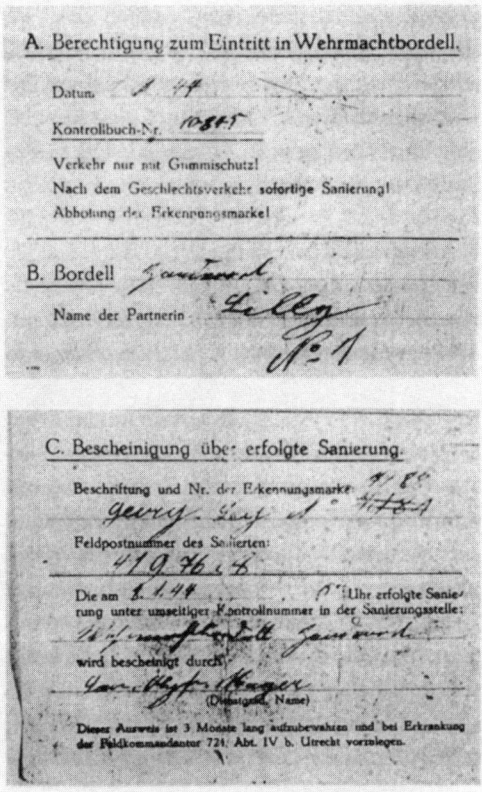

über die »Verwilderung« der deutschen Jugend und ihrer Sitten gehalten.[42]

Spitzel des Sicherheitsdienstes der SS mischten sich an den darauffolgenden Tagen unter das Volk, um das Echo der Bevölkerung zu erkunden. Sie vermerkten bedauernd, dass Rosenbergs Appell kaum interessiert hatte: »Die wenigen Zuhörer begrüßten es, daß endlich jemand von der Parteispitze zur moralischen Verkommenheit der Jugend Stellung genommen hatte.«[43]

Immer häufiger standen jugendliche Straftäter vor Gericht. Es handelte sich dabei um Delikte wie Unzucht mit

Erwachsenen, Bandenwesen, kleinere Diebstähle, Rowdytum und sittliche Verstöße. Die städtischen Jugendämter
orteten unterschwellige Proteste gegen die starren Zwänge
und die Lenkung in HJ und BDM, die das NS-Erziehungssystem untergruben. Jugendgerichte lieferten aktenkundige
Beispiele: eine ärztliche Reihenuntersuchung[44] minderjähriger Schulmädchen, die ergeben hatte, dass viele von ihnen
kurz davor Geschlechtsverkehr hatten. Fünf Hitlerjungen
im Alter zwischen 14 und 17 Jahren, die gleichaltrige Mädchen vergewaltigten. Schulmädchen, die – häufig – Soldatenquartiere aufsuchten, um sexuelle Erfahrung zu sammeln.
Mädchen und Jungen, die sich – nach den HJ-Appellen –
zum Gruppensex zusammenfanden. Ein 16-Jähriger, der
sich als Lustknabe verdingte. Eine 15-Jährige, die auf Vorhaltungen wegen ihrer hemmungslosen Sexualität antwortete:»Ich lasse mir nichts dreinreden, werde ich schwanger, bin ich das, was der ›Führer‹ verlangt, eine deutsche
Mutter.«

Victor Klemperer, ein unvoreingenommener Zeitzeuge,
schrieb 1935 dazu in sein Tagebuch:»A.K. [eine Krankenschwester] erzählt verzweifelt, die Krankenhäuser seien
übervoll, nicht nur von schwangeren, sondern auch von
tripperkranken fünfzehnjährigen Mädchen. Der BDM. Ihr
Bruder habe sich aufs äußerste gewehrt, seine Tochter eintreten zu lassen.«[45]

Auch der NS-Arzt Ferdinand Hoffmann bestätigte dies:
»Vorehelicher heterosexueller Geschlechtsverkehr ist nahezu allgemein verbreitet. Es wird ›freie Liebe‹ praktiziert.«[46]

Fast gleichzeitig mit Rosenbergs Rede wurde die Polizeiverordnung zum Schutz der Jugend erlassen.[47] Diese
untersagte Minderjährigen den Aufenthalt im Freien nach
Einbruch der Dunkelheit, beschränkte den Besuch von

Gaststätten und Vergnügungsanstalten und drohte bei Verstößen mit Haft. Danach konnten selbst unter 16-Jährige nach dem Strafrecht für Erwachsene behandelt und zum Tode verurteilt werden.[48] Im Verlauf des Dritten Reichs häuften sich die Klagen von Reichsjugendführern, dass eine wachsende Zahl Heranwachsender beiderlei Geschlechts keinen Gefallen an den staatlich verordneten Jugendorganisationen zeigte.[49] Sie blieben Heimstunden unter fadenscheinigen Ausreden fern, hatten kein Interesse an nationalsozialistischer Schulung und nahmen selbst an den obligatorischen NS-Feiern nur widerwillig teil. Wie die Ordnungshüter des NS-Staates feststellten, entfalteten die lustlosen Jugendlichen anderswo unerwünschte, jedoch rege Tätigkeit.[50] Sie gründeten Cliquen und Banden, schmückten sich mit verrückten Abzeichen und gaben sich Namen, die in nichts an »Führer und Reich« erinnerten. Sie genossen den Reiz des Verbotenen in vollen Zügen, stellten eine Art Protestbewegung dar, blieben jedoch unpolitisch.[51] So gab es in München zwei miteinander konkurrierende Banden. Die auf gemeinsame Diebszüge spezialisierte »Charlieblase« und die an Orgien mit 14-Jährigen interessierten »Buschwölfe«. In Kassel gab es die »Bärenbande« und in Düsseldorf den Klub der »Goldenen Horde«, wilde Rivalen der »Shambeko-Bande«. In Ahlfelden etablierte sich der »Schlangenklub«, in Chemnitz »Die Stadtbadbrühe«. Manche Gruppen waren nach heutigem, nicht jedoch nach NS-Standard harmlos, wie die im Verborgenen blühenden »Swing-Clubs« nach amerikanischem Vorbild.[52] So wurden 1940 in Frankfurt am Main auch die »OK-Gang« und der »Harlem-Club« ausgehoben, die Mitglieder in Erziehungsanstalten verfrachtet. Sie hatten Jazz gehört, sich auffallend gekleidet und Politik verabscheut.[53] Die überwiegend Minderjährigen hatten aber auch wilde Feste unter dem Motto »Herren erscheinen in der Badehose, Damen: oben nichts, unten nichts« gefeiert. Den Vernehmungsbeamten verschlug es die Sprache. Einige der verbotenen Jugendclubs bewegten sich auf kriminellem Terrain. Sie suchten Nervenkitzel und überfielen als Mutprobe im Schutz der Dunkelheit HJ-Streifen und Passanten. Etabliert waren die illegalen Jugendgruppen und -banden im gesamten Reichsgebiet. Und dies, obwohl Heinrich Himmler, Reichsführer SS und Chef der deutschen Polizei, mehrere Erlasse zur »Bekämpfung jugendlicher Cliquen« herausgab,[54] SS und Kriminalpolizei die jugendlichen »Volksschädlinge« jagten.

Im August 1941 richtete das Propagandaministerium eine dringliche Anfrage an das Reichssicherheitshauptamt. Wie seien derartige Zustände unter den Augen der Gestapo möglich?[55] Es ging um eine Hot- und Swing-Session von dreihundert Jugendlichen im Hamburger Alsterpavillon. Es handle sich dabei um »degenerierte und kriminell veranlagte, auch mischblütige Jugendliche, die nach angelsächsischen Vorbildern tanze und die gesund empfindende Bevölkerung durch ihre … musikalischen Exzesse terrorisiere«.

Die registrierten Verfallserscheinungen der Jugend beschränkten sich jedoch nicht nur, wie aus den Akten des Reichsjustizministeriums ersichtlich,[56] auf größere Städte. »Recht üble Verhältnisse scheinen in der kleinen, ländlichen Giebelstadt zu herrschen. Dort mußten etwa vierzig Kinder und Jugendliche beiderlei Geschlechts, die seit geraumer Zeit … miteinander Unzucht getrieben hatten, empfindlich beanstandet werden. In den meisten Fällen waren Kinder von zehn bis vierzehn Jahren beteiligt …«

Intern gestand der Sicherheitsdienst der SS, dass »die bisherigen Maßnahmen zur Eindämmung der durch Kriegsgefangene und Zwangsarbeiter sowie undeutschen Frauen und asozialen Jugendlichen verursachten Gefahren für das Volkstum« ergebnislos geblieben waren.[57] Alle Möglichkeiten der Propaganda durch Film und Redner der Partei seien bereits ausgeschöpft worden. Selbst der Einsatz der Parteispitze zeige keine Auswirkungen. Dieser Geheimbericht basiert auf genauen Statistiken. Sein Wahrheitsgehalt steht außer Zweifel, sein Inhalt ist sensationell. Stellt er doch eine von NS-Beamten selbst abgegebene Bankrotterklärung des NS-Regimes in der sozialen Frage dar.

Anmerkungen

Der »Führer« und die Sexualität

1   Adolf Hitler, Monologe im Führerhauptquartier 1941–1944. Die Aufzeichnungen Heinrich Heims hrsg. v. Werner Jochmann, Hamburg 1980, S. 324.

2   Ebd., S. 316.

3   Ebd., S. 231.

4   Ebd., S. 316.

5   Hans-Jochen Gamm, Der Flüsterwitz im Dritten Reich, München 1963, S. 111.

6   Klaus Kellmann, Stalin. Eine Biographie, Darmstadt 2005, S. 19.

7   Anna Maria Sigmund, Diktator, Dämon, Demagoge. Fragen und Antworten zu Adolf Hitler, München 2006, S. 26.

8   Anna Maria Sigmund, Des Führers bester Freund, München 2003, S. 22. Christa Schröder, Er war mein Chef. Aus dem Nachlaß der Sekretärin von Adolf Hitler. Hrsg. v. Anton Joachimsthaler, München 1985, S. 153.

9   Carola Hofmann, die Witwe eines Münchner Studiendirektors, in deren Haus Hitler in der Frühzeit verkehrte.

10   Elsa Bruckmann (1856–1946). Die Frau des reichen Münchner Verlegers Hugo Bruckmann führte in München einen großen Salon.

11   Hitler, Monologe, S. 316.

12   Alfred Maleta, Bewältigte Vergangenheit. Österreich 1932–1945, Graz 1981, S. 45 ff.

13   Briefe an Adolf Hitler, Landsberg. Nachlass von Emil Maurice. Kopien im Besitz der Autorin. Helmut Ulshöfer (Hrsg.), Liebesbriefe an Adolf Hitler. Briefe in den Tod. Unveröffentlichte Dokumente aus der Reichskanzlei, Frankfurt/Main, 1996. Ein Forschungsprojekt des Historikers Alexander Geppert untersucht dieses Phänomen. H. J. Vehlewald, »Forscher untersuchen Lie-

besbriefe an Nazi-Diktator Hitler. Süßer Adolf, ich bin zu allem bereit«. In: *Bild* v. 13. 2. 2004.
14 Hitler, Monologe, S. 230.
15 Ebd., S. 230 f.
16 Joseph Goebbels, Tagebücher in fünf Bänden 1924–1945. Hrsg. v. Ralf Georg Reuth. Bd. 1: 1924–1929, München 1999, S. 207.
17 Eva Braun am 10. 5. 1935. Die Fragmente des Tagebuchs von Eva Braun. Das Tagebuchfragment transponiert und vollständig wiedergegeben bei Werner Maser, Adolf Hitler. Legende – Mythos – Wirklichkeit, München 1975, S. 349.
18 Persönliche Auskunft von Wilhelm Schneider, Sommer 2000.
19 Aussage von Albert Speer. FIAT Intelligence Report Nr. 19, Teil III v. 1. 10. 1945. Nachlass Albert Speer, Bundesarchiv, Koblenz.
20 Anna Maria Sigmund, Die Frauen der Nazis III, München 2002, S. 65.
21 Richard Overy, Verhöre. Die NS-Elite in den Händen der Alliierten 1945, Berlin 2005, S. 225. Titel der englischen Originalausgabe: Interrogations.
22 Nach Aussagen seiner Sekretärinnen Johanna Wolf, Christa Schroeder, Gerda Daranowski, Traudl Junge u. a.
23 Interview von David Irving mit Karl von Puttkamer. Bericht von Irving in der Zeitung *Observer* am 21. 10. 2001.
24 Friedrich Nietzsche, Die fröhliche Wissenschaft, 2 Bde., Leipzig 1882, Bd. 1, S. 57 ff.
25 Hitler, Monologe, S. 231. Helene Hanfstaengl, geb. Niemeyer, war die Tochter eines deutsch-amerikanischen Geschäftsmanns.
26 Ebd., S. 117 f.
27 Ebd., S. 310.
28 Ilse Hess, die Frau von Rudolf Hess, Stellvertreter des »Führers«; Anneliese von Ribbentrop, Frau des Außenministers Joachim von Ribbentrop.
29 Maser, Hitler, S. 357.
30 Hitler, Monologe, S. 392.
31 Ebd., S. 247.
32 Ebd., S. 387. Clara Tabody (1915–1986), ungarische Schauspielerin, Sängerin und Revuestar (»Maske in Blau«).
33 Ebd., S. 380.
34 Ebd., S. 387.
35 Brian Crozier, Franco, München 1967, S. 252 ff.

36 Am 23. 10. 1940 nach Hendaye.
37 Hitler, Monologe, S. 384. Richard Overy, Verhöre, S. 236.
38 Hitler, Monologe, S. 335.
39 Friedrich Nietzsche, Menschliches, Allzumenschliches. Ein Buch für freie Geister, 2 Bde., Chemnitz 1878/79, Bd. 1, S. 416.
40 Hitler, Monologe, S. 229.
41 Hitler, Mein Kampf, S. 248.
42 U. a. Gerdy Troost, Winifred Wagner, Leni Riefenstahl, Gertrude Scholz-Klink. Als Künstlerin schätzte Hitler die Malerin Angelika Kauffmann (1741–1807).
43 Hitler, Monologe, S. 316.
44 Ebd., S. 109.
45 Nietzsche, Menschliches, Allzumenschliches, Bd. 1, S. 419.
46 Hitler, Monologe, S. 172.
47 Nietzsche, Menschliches, Allzumenschliches, Bd. 1, S. 407.
48 Max Domarus, Hitler. Reden und Proklamationen 1932–1945. Kommentiert von einem deutschen Zeitgenossen. Bd. I: Triumph 1932–1938, Würzburg 1963, S. 531.
49 Nietzsche, Menschliches, Allzumenschliches, Bd. 1, S. 414 f.
50 Hitler, Monologe, S. 309.
51 Ebd., S. 109.
52 Ebd., S. 235.
53 Ebd., S. 310.
54 Otto Weininger (1880–1903) Geschlecht und Charakter, Wien 1903.
55 Stefan Zweig in: Berliner Tagblatt v. 3. 10. 1926.
56 Hitler übernahm diesen Ausspruch von dem Schriftsteller Dietrich Eckhart. Hitler, Monologe, S. 148.
57 Paul Julius Moebius, Über den physiologischen Schwachsinn des Weibes, Leipzig und Wien 1900.
58 Sigmund, Diktator, Dämon, Demagoge, S. 110 ff.
59 Hitler, Monologe, S. 357.
60 »Die Rolle des Juden in der Medizin«. In: Deutsche Volksgesundheit aus Blut und Boden, Heft August/September 1933, Berlin 1933.
61 Univ.-Prof. Max von Gruber (1853–1927) wirkte zwischen 1887–1902 als Vorstand des Instituts für Hygiene der Universität Wien, schuf die strengen österreichischen Sanitätsgesetze, seine »Gruber'sche Reaktion« diente der frühen Erkennung von Infektionskrankheiten. Hygiene des Geschlechtslebens. Für Männer dargestellt von Prof. Dr. med. Max v. Gruber, Wien

1901. Das Werk wurde bis 1927 400 000 Mal verkauft. Es erlebte bis nach dem Zweiten Weltkrieg viele Auflagen.

62 Max v. Gruber, Hygiene, S. 4 f.

63 Die Wiener *Arbeiter-Zeitung* am 28. 3. 1926.

64 Elisabeth Malleier, »Der ›Bund für Männerrechte‹«. In: *Wiener Geschichtsblätter*, 58. Jg., Heft 3, 2003, S. 208 ff.

65 Hitler, Monologe, S. 392.

66 Hitler, Mein Kampf, S. 275.

67 Wolfsschanze bei Rastenburg, jetzt Ketrzyn in Polen.

68 Hitler, Monologe, S. 311.

69 Ebd., S. 229.

70 Ebd., S. 229 f.

71 Ebd., S. 230.

72 Ebd.

73 Ebd.

74 Hitlers politisches Testament v. 29. 4. 1945. NS 20/129, Bundesarchiv, Koblenz.

75 Schriftenreihe des Reichsausschusses für Volksgesundheit, Heft 10, Berlin 1934.

76 Anna Nahowsky. Materialien dazu: Nachlass Friedrich Saathen, Wienbibliothek Handschriftensammlung ZPH 714, Archivbox 10.

77 Schrattbriefe.

78 Thomas Weidner, Lola Montez oder eine Revolution in München. München 1998. Katalog zur gleichnamigen Ausstellung im Münchener Stadtmuseum.

79 Steuerakte Hitler, Fin. A 496. Bayerisches Hauptstaatsarchiv, München.

80 Hitler, Monologe, S. 338.

81 Hitler, »Kampf gegen Prostitution«. In: Mein Kampf, S. 275.

82 Eine eindringliche Schilderung der Straßenszenen bei: Maria Riva, Meine Mutter Marlene, München 1992, S. 54 ff.

83 Sie entstanden 1939–1941. Stefan Zweig, Die Welt von Gestern. Erinnerungen eines Europäers, Stockholm 1942. Ausgabe Fischer-Taschenbuch, Frankfurt/Main 1970, S. 104.

84 Zweig, Die Welt von Gestern, S. 110.

85 Ludwig Fleck, Entstehung und Entwicklung einer wissenschaftlichen Tatsache. Frankfurt/Main 1980.

86 Hitler, Mein Kampf, S. 270.

87 Ebd.

88 Erste ausführliche populäre Beschreibung in: Deutsches Kolo-
    niallexikon Bd. III, Berlin 1911, S. 207.
89 Hitler, Mein Kampf, S. 269 ff.
90 Hitler, »Gesunder Geist nur im gesunden Körper«. In: Mein
    Kampf, S. 276 ff.
91 Ebd., S. 277.
92 Ebd., S. 275.
93 Hugh Sebag-Montefiore, Enigma, the battle for the code, Lon-
    don 2000, S. 89 ff. Andrew Hodges, Enigma, Berlin 1994.
94 Hitler, Mein Kampf, S. 275.
95 Johann Gross, Spiegelgrund. Leben in NS-Erziehungsanstalten,
    Wien 2000. Herwig Czech, »Die Ermordung behinderter Kinder«.
    In: Erfassung, Selektion und »Ausmerze«, Wien 2003, S. 103 ff.
96 Hitler, Monologe, S. 358.
97 Ebd.
98 Ebd.
99 Berliner Morgenpost v. 14. 11. 1937.
100 Akten der Reichskanzlei. Die Regierung Hitler Bd. IV: 1937.
    R 43 II/1523, Bl. 95. S. 796.
101 Akten der Reichskanzlei, Die Regierung Hitler. Bd. IV, XXX.
    Dok. 21a, 186a.
102 Laut Hitlers Diener Wilhelm Schneider, Mitglied des Stabs zur
    persönlichen Betreuung des »Führers«. Auskunft im Sommer
    2000.
103 Hitler, Monologe, S. 359.
104 Akten der Reichskanzlei. Die Regierung Hitler Bd. IV: 1937,
    R 43 II/1541, Bl. 151; S. 762.
105 Hitler, Monologe, S. 382.
106 »… habe ich mich nunmehr vor Beendigung dieser irdischen
    Laufbahn entschlossen, jenes Mädchen zur Frau zu nehmen, …«
    Hitlers politisches Testament v. 29. 4. 1945. Anna Maria Sigmund,
    Die Frauen der Nazis, München 2000, S. 273.
107 Verhör Albert Speers durch Captain Otto Hoeffding am 1. 10. 1945.
108 Hermann Fegelein verheiratet mit Margarete Braun.
109 Emil Maurice: CIC-Vernehmung v. 5. 6. 1945. Kopie des Proto-
    kolls im Besitz der Autorin.
110 Herbert Döhring arbeitete zusammen mit seiner Frau Anna von
    Mai 1936 bis Februar 1943 auf dem Berghof.
111 Anton Joachimsthaler, Hitlers Liste, München 2003, S. 454.

112 Interview mit Wilhelm Schneider im Sommer 2000.
113 Albert Speer, Erinnerungen, Berlin 1969; Spandauer Tagebücher, Frankfurt/Main–Berlin–Wien 1975.
114 Verhör Albert Speers durch Captain Otto Hoeffing. Nachlass Speer, Bundesarchiv Koblenz.
115 Zu Hitlers Aktzeichnungen vgl. »Nackt ist nicht nackt«, S. 124 f.
116 Lothar Machtan, Hitlers Geheimnis. Das Doppelleben eines Diktators, Berlin 2001.
117 Das Buch Hitler. Geheimdossier des NKWD für Josef W. Stalin, zusammengestellt aufgrund der Verhörprotokolle des persönlichen Adjutanten Hitlers, Otto Günsche, und des Kammerdieners Heinz Linge, Moskau 1948/49. Hrsg. v. Henrik Eberle u. Matthias Uhl, Bergisch Gladbach 2005.

Moral in der NS-Elite

1   Adolf Hitler, Monologe im Führerhauptquartier 1941–1944. Die Aufzeichnungen Heinrich Heims hrsg. v. Werner Jochmann, Hamburg 1980, S. 85.
2   Verordnung v. 7. 11. 1936. Stephanie Zibell, Jakob Sprenger (1884–1945), NS-Gauleiter und Reichsstatthalter von Hessen, Marburg/Lahn 1999.
3   Rede Hitlers am »Parteitag der Freiheit« 1935. Max Domarus, Hitler. Reden und Proklamationen 1932–1945. Kommentiert von einem Zeitgenossen. München 1965, S. 531.
4   1885–1946.
5   Personalakte Julius Streicher, Bayerisches Hauptstaatsarchiv, München.
6   Fritz Nadler, Eine Stadt im Schatten Streichers. Bisher unveröffentlichte Tagebuchblätter, Dokumente und Bilder vom Kriegsjahr 1943, Nürnberg 1969. Hitler, Monologe, S. 158.
7   Fred Hahn, »Lieber Stürmer!« Leserbriefe an das NS-Kampfblatt. 1924–1945. Eine Dokumentation aus dem Leo-Baeck-Institut, New York. Bearbeitung d. deutschen Ausgabe v. Günther Wagenlehner. In: Zeitpolitische Schriftenreihe 19, Stuttgart 1978, S. 72.
8   Der Stürmer. Deutsches Wochenblatt zum Kampfe um die Wahrheit. Hrsg. v. Julius Streicher, Nürnberg 1923–1945.

9 Jay W. Baird, »Julius Streicher – Der Berufsantisemit«. In: Die Braune Elite II. Hrsg. v. Ronald Smelser, Enrico Syring, Rainer Zitelmann, Darmstadt 1993, S. 231 ff.

10 Adolf Hitler, Mein Kampf, Ausgabe 1938, S. 279.

11 Der Stürmer, Nr. 37, S. 1.

12 Aussage von Bernhard Kolb. In: Hahn, »Lieber Stürmer«, S. 96.

13 Hitler, Monologe, S. 158.

14 Erwin Jellinek, ein gelegentlicher »Stürmer«-Mitarbeiter aus Wien-Rodaun, wurde am 28. 1. 1941 zum Hauptschriftleiter vorgeschlagen. Schreiben des Stürmer-Chefredakteurs Hiemer an Erwin Jellinek v. 31. 10. 1940. Stürmer-Archiv, Nürnberg.

15 Joseph Wulf, Presse und Funk im Dritten Reich. Eine Dokumentation. Gütersloh 1964, S. 252.

16 Ebenso: »Der Pudelmops-Dackelpinscher und andere besinnliche Erzählungen«. Hrsg. v. Stürmer-Verlag, Nürnberg 1940.

17 »Trau keinem Fuchs …« Ein Bilderbuch für Groß und Klein von Elvira Bauer, Stürmer-Verlag Nürnberg 1936. Ähnliche Sprüche auch im »Giftpilz«.

18 Zu Streichers größten Kritikern zählten Rudolf Hess, Heinrich Himmler, Martin Bormann, Wilhelm Frick und Joseph Goebbels.

19 Nadler, Eine Stadt, S. 150.

20 Werner Maser, Hermann Göring. Hitlers janusköpfiger Paladin, Berlin 2000, S. 272.

21 Nadler, Eine Stadt, S. 21.

22 Ebd., S. 193.

23 Hitler, Monologe, S. 158.

24 Ebd., S. 159.

25 Ebd., S. 159 f.

26 Ebd., S. 160.

27 Auf Anordnung Hitlers durfte das Urteil nur als »gutachtliche Erkenntnis« bezeichnet werden.

28 Hitler, Monologe, S. 160.

29 Baird, »Streicher«. In: Braune Elite II, S. 239 f.

30 Hermann Esser (1900–1981) war ursprünglich Mitglied der SPD, wechselte zur DAP; erster Schriftleiter des Völkischen Beobachters; Stadtrat in München; Bayerischer Staatsminister; 1933–1945 Mitglied des Reichstags und Vizepräsident; 1939 Staatssekretär im Ministerium für Volksaufklärung und Propaganda; 1939 Publikation »Die jüdische Weltpest« (München

1939). 1949 Entnazifizierungsverfahren: 5 Jahre Arbeitslager;
Entlassung 1952. Jana Richter, »Hermann Esser«. In: Biogra-
phisches Lexikon zum Dritten Reich. Hrsg. v. Herrmann Weiß,
Frankfurt/Main 1998, S. 113. NS-Akteure: »Alte Kämpfer« in
und aus München. In: München – »Hauptstadt der Bewegung«.
Bayerns Metropole und der Nationalsozialismus. Katalog der
gleichnamigen Ausstellung im Münchner Stadtmuseum, München 1993, S. 230 f.

31 Die Bezeichnung »Alter Kämpfer« für Parteigenossen der ersten
Jahre ist ebenso irreführend wie der »Tag der Alten Garde«, womit auf einen langen Kampf hingewiesen werden sollte. Tatsächlich handelte es sich bei den NS-Veteranen meist um relativ
junge Männer.

32 Akten Scheidungsprozess Therese und Hermann Esser. R43
II/1150b. Bundesarchiv, Koblenz.

33 18. Gesetz zur Vereinheitlichung des Rechts der Eheschließung
im Lande Österreich und im übrigen Reichsgebiet v. 6. 7. 1938.
RGBl. I 1938, 807.

34 § 47 (1) Der Ehegatte kann ein Scheidungsbegehren einbringen,
wenn der andere die Ehe gebrochen hat.

35 In seiner Reichstagsrede v. 26. 4. 1942 erklärte er, nicht eher
ruhen zu wollen, als bis jeder Deutsche die Schande einsehe, die
mit der Ausübung des Berufsstandes der Juristen verbunden sei.

36 § 55(1): Ist die häusliche Gemeinschaft seit drei Jahren aufgeho-
ben und infolge Zerrüttung die Wiederherstellung nicht zu erwarten ... kann jeder Ehegatte Scheidung begehren.

37 Hans Frank, Neues Deutsches Recht, Ausgabe B, Wiener Ausgabe, München 1938.

38 Hans Frank, Rechtsgrundlagen des nationalsozialistischen Füh-
rerstaates, München 1938; Walter Frank, Horst Dreier, Walter
Pauly, Ingolf Pernice von Gruyter, Die deutsche Staatsrechtslehre in der Zeit des Nationalsozialismus, Berlin 2001, S. 9–147,
175–269.

39 Carl Schmitt (1888–1985), Professor für Staatsrechtslehre, Herausgeber der Deutschen Juristenzeitung. In: DJZ 1934, Sp. 945 ff.
C. Schmitt, Verfassungsrecht des Großdeutschen Reichs, Berlin
1939.

40 Personalakte Hermann Esser. Protokolle zur Causa Esser. R 43
II/1150b. Bundesarchiv, Koblenz.

41 Die Akademie für Deutsches Recht wurde 1933 von Dr. Hans Frank gegründet. Mitglieder in der seit 1934 staatlichen Organisation waren Politiker, Ökonomen und Juristen.

42 Zeitschrift der Akademie für Deutsches Recht (1934–1945); Arbeitsberichte der Akademie für Deutsches Recht.

43 Helmut Heiber (Hrsg.), Reichsführer! Briefwechsel, Briefe an und von Himmler, Stuttgart 1968, S. 264.

44 Dr. Helfried Pfeifer (1886–1970), Professor für Staatslehre und Staatsrecht an der Universität Wien.

45 Der Fall wurde in der Berliner Börsenzeitung v. 17. 5. 1941 veröffentlicht.

46 Aus der Rede von Dr. Goebbels anlässlich der Ausstellung »Die Frau« im März 1933.

47 Erst 1945 prägte der Freud-Schüler Otto Fenichel den Ausdruck Sexsucht.

48 Zit. n. Albert Speer, Erinnerungen, Berlin 1969, S. 165.

49 Anna Maria Sigmund, Die Frauen der Nazis, München 2000, S. 135 ff.

50 Rede Heinrich Himmlers auf der SS-Gruppenführertagung in Posen am 4. 10. 1943. Zit. in: Der Nationalsozialismus. Dokumente 1933–1945. Hrsg. v. Walther Hofer, Frankfurt/Main 1957, S. 113.

51 Ebd.

52 Heinrich Fraenkel/Roger Manvell, Himmler, Frankfurt/Main–Berlin 1965, S. 19.

53 Sigmund, Frauen der Nazis, S. 296 f.

54 Heinrich Himmler, Die Schutzstaffel als antibolschewistische Kampforganisation, München 1936, S. 29.

55 Eigenhändiger Brief Heinrich Himmlers v. 20. 6. 1944. Auktionshaus Firma Andreas Thies e. K., Kirchheim/Teck. Objekt Nr. 936.

56 Unveröffentlichter Liebesbrief Heinrich Himmlers an Hedwig Potthast v. 27./28. 7. 1941. Auktionshaus Andreas Thies e. K., Kirchheim/Teck, Objekt 934.

57 Erinnerungen Martin Bormanns. Mitteilung am 25. 9. 1999. Zit. in: Sigmund, Frauen der Nazis II, S. 22.

58 Eigenhändiger Brief Heinrich Himmlers v. 27./28. 7. 1941. Auktionshaus Firma Andreas Thies e. K. Kirchheim/Teck, Objekt 936.

59 Ebd., Brief Himmlers v. 20. 6. 1944.

60 Felix Kersten, Totenkopf und Treue. Heinrich Himmler ohne Uniform, Hamburg 1955, S. 224.

61 Heiber, Reichsführer!, S. 305.

62 Ronald Smelser, Robert Ley. Hitler's Labor Front Leader, Oxford – New York – Hamburg 1988.

63 Robert Smelser, »Robert Ley, der braune Kollektivist«. In: Die braune Elite I. Hrsg. v. Ronald Smelser, Enrico Syring, Rainer Zitelmann, Darmstadt 1994, S. 181.

64 Smelser, Robert Ley, S. 109. Renate Wald, Mein Vater Robert Ley. Meine Erinnerungen und Vaters Geschichte, Nürnberg 2004.

65 Robert Ley, Soldaten der Arbeit, München 1938, S. 71.

66 Smelser, Robert Ley, S. 110.

67 Speer, Erinnerungen, S. 158. Smelser, Robert Ley, S. 111.

68 Aus: Ein Zwiegespräch. Robert Ley am 14. 8. 1945. Nachlass Ley, NL 1468, Bd. 4, Bundesarchiv, Koblenz.

69 Smelser, Robert Ley, S. 114.

70 Nachlass Ley, Bestand N 1468, Bundesarchiv, Koblenz.

71 WO 208/4427, 7th Army Interrogation Center, Personalakte Robert Ley, Bericht über Robert Ley v. 29. 5. 1945, S. 1. Zit. b. Richard Overy, Verhöre. Die NS-Elite in den Händen der Alliierten 1945, Berlin 2005, S. 633.

72 Overy, Verhöre, S. 489.

73 Niccolò Machiavelli in »Il Principe«, verfasst 1513, publiziert 1523 in Florenz.

74 Bei Machiavelli werden »rechtmäßige« Mittel erwähnt.

75 Hitler, Monologe, S. 229.

76 Ebd., S. 316.

77 Am 27. 9. 1939 erfolgte mit der Gründung des RSHA (Reichssicherheitshauptamtes) die Zusammenlegung aller Sicherheitsdienste und die Schaffung einer zentralen Behörde. Leiter: Reinhard Heydrich. Amt IV – Gegnererforschung und -bekämpfung (Gestapo), IV A2 – Sabotageabwehr, IV E – Abwehr, VI SD-Ausland. Wilhelm Canaris war Leiter des Amtes Ausland/Abwehr im Oberkommando der Wehrmacht.

78 Werner von Blomberg (1878–1946), 1933–1938 Reichswehrminister, 1936 Erster Generalfeldmarschall der Wehrmacht.

79 Ian Kershaw, Hitler 1936–1945: Nemesis, London 2000, S. 51 ff. mit reichen Quellenangaben.

80 »Die Enthüllung«. In: Anna Maria Sigmund, Des Führers bester Freund, München 2005, S. 123 ff.

81 Carl Wilhelm Severing (1875–1952), sozialdemokratischer Politiker und Reichsminister.

82 Hitler, Monologe, S. 161.

83 Ebd., S. 161. Mathilde von Kemnitz, geb. Spieß (1877–1966), stand den völkischen Kreisen nahe. Sie heiratete in dritter Ehe Erich Ludendorff, einen der führenden Generäle des Ersten Weltkriegs, der später Reichstagsabgeordneter der NS-Freiheitspartei und Begründer der völkischen Bewegung wurde.

Nackt ist nicht nackt

1 »Nacktheit oder schamlose Entblößung?« In: Das Schwarze Korps, Folge 47 v. 25. 11. 1937, S. 6.

2 »Zweierlei Fest – München, traditionelle Stadt der Festzüge«. In: München – »Hauptstadt der Bewegung«. Bayerns Metropole und der Nationalsozialismus. Katalog zur gleichnamigen Ausstellung im Münchner Stadtmuseum, München 1994, S. 342 ff.

3 Adolf Hitler, Mein Kampf, Ausgabe 1938, S. 279.

4 Der Begriff »Entartung« wurde erstmals 1891/92 von Max Nordau geprägt. Im Dritten Reich wurde er auf die bildende Kunst, aber auch die Musik angewandt. 1938 gab es in Düsseldorf die Ausstellung »Entartete Musik«.

5 RGBl. I, S. 612.

6 Ernst Piper, Nationalsozialistische Kunstpolitik, Frankfurt 1987. Joseph Wulf (Hrsg.), Kultur im Dritten Reich, Berlin 1989.

7 Josephine Baker, 1906–1975. Sie war fünfmal verheiratet, besaß die französische Staatsbürgerschaft und war Trägerin des »Croix de Guerre«. Sie verstarb an den Folgen eines Gehirnschlags.

8 Entartete Musik. Eine Abrechnung von Staatsrat Dr. Hans Severus Ziegler, Düsseldorf 1939.

9 Joachim Kronsbein, »Die Sünde persönlich«. In: Der Spiegel, Nr. 2 v. 8. 1. 2007, S. 212. Lothar Fischer, Anita Berber. Göttin der Nacht, Berlin 2006.

10 Hedwig Kiesler, 1914–2000. Filme: »Algiers« (1938), »Lady of the Tropics« (1939), »I take this Woman« (1940), »White Cargo«

(1942), »Samson und Delilah« (1949) u. v. a. Sie war sechsmal verheiratet. Aus ihrer Erfindung, dem »frequency hopping« (Frequenzsprungverfahren), bezog sie nie Tantiemen. Sie starb völlig verarmt in Altamonte Springs, Florida.

11 Dagmar Herzog, Die Politisierung der Lust. Sexualität in der deutschen Geschichte des 20. Jahrhunderts, München 2005, S. 51 f.
12 Hitler, Mein Kampf, S. 458.
13 Ebd., S. 457 f.
14 Albert Zoller, Hitler privat, Düsseldorf 1949, S. 52.
15 Paul Schultze-Naumburg, Modische Schönheit, Berlin 1937, S. 95.
16 *Das Schwarze Korps*, Folge 47 v. 25. 11. 1937, S. 6.
17 Wolfgang Willrich, »Das deutsche Antlitz«. In: *Das Schwarze Korps*, Folge 1, 6. 3. 1935, S. 11.
18 1897–1948.
19 Auszug aus der Rede Hitlers zur Eröffnung der Ausstellung »Entartete Kunst« am 19. 7. 1937.
20 Mit Ölfarben konnte Nolde nicht arbeiten, da der Geruch ihn verraten hätte.
21 1887–1958. 1938 Professor an der Kunsthochschule Dresden. Zahlreiche Akte: »Weiblicher Akt mit rotem Strumpf«, 1937; »Sitzender weiblicher Akt«, 1938. Seine Werke erzielten 2006 auf dem Kunstmarkt Preise von 1 000 bis 15 000 Euro.
22 »Die Prophetin Hanna«, Rembrandt Harmensz van Rijn, 1639. Kunsthistorisches Museum, Wien.
23 Zeitschrift *Das Reich* v. 18. 8. 1940.
24 1840–1884, österreichischer Maler, einer der bedeutendsten Künstler der Wiener Ringstraßenepoche.
25 1808–1885, bayerischer Maler im Stil der Spätromantik.
26 Adolf Hitler, Monologe im Führerhauptquartier 1941–1944. Die Aufzeichnungen Heinrich Heims hrsg. v. Werner Jochmann, Hamburg 1980, S. 156.
27 1892–1959.
28 Hildegard Brenner, Die Kunstpolitik des Nationalsozialismus, Reinbek bei Hamburg 1963, S. 113 ff.
29 Ausschnitt der Rede Joseph Goebbels' auf dem Jahrestag der NS-Gemeinschaft »Kraft durch Freude« im August 1937.
30 Eintragung v. 1. 10. 1937. Joseph Goebbels, Tagebücher. Hrsg. v. Ralf Georg Reuth, Bd. 3: 1935–1939. München 1999, S. 1134.

31 »Kunstbolschewismus am Ende. Aus der Rede des Führers zur Eröffnung des Hauses der Deutschen Kunst in München«. In: Führer durch die Ausstellung Entartete Kunst, Berlin o. J.; S. 16, S. 24 ff.

32 Adolf Ziegler, Führer durch die Ausstellung Entartete Kunst, S. 12.

33 Hitler, Monologe, S. 386.

34 Ebd., S. 157.

35 1938–2000.

36 Günther Picker, Der Fall Kujau. Frankfurt/Main 1992, S. 15 ff.

37 Ausstellungskatalog: Kunst im Dritten Reich. Dokumente der Unterwerfung, Frankfurter Kunstverein 1975.

Hitlers Kinder

1 Univ.-Prof. Dr. Fritz Lenz am 15. 6. 1937 anlässlich einer geheimen Besprechung im Reichsinnenministerium. Akten der Reichskanzlei. Regierung Hitler 1933–1945. Bd. IV: 1937. Bearb. v. Friedrich Hartmannsgruber, München 2005, Nr. 101.

2 Aufgrund der Bestimmungen des »Gesetzes gegen heimtückische Angriffe auf Staat und Partei und zum Schutz der Parteiuniform« v. 20. 12. 1934. RGBl. I 1934, S. 1269.

3 Eheschließungen, Geborene und Gestorbene im Gebiet des Deutschen Reichs 1851–1901. In: Statistisches Jahrbuch für das Deutsche Reich. Hrsg. vom Kaiserlichen Statistischen Amt, Berlin 1880–1909. 24. Jg. 1903, S. 25. Die Geburtenzahlen fielen zwischen 1851–1900 nie unter 1 210 629.

4 Statistisches Jahrbuch, 54. Jg., S. 36.

5 1919 standen 1 260 500 Geburten 978 380 Todesfällen gegenüber. Statistisches Jahrbuch für das Deutsche Reich für die Jahre 1919–1933. Jgg. 38–52. Hrsg. v. Statistischen Reichsamt, Berlin. Im Folgenden verwendete Jahrbücher: 54. Jg., 1935, 57. Jg. 1938, 59. Jg. 1942/43.

6 Friedrich Burgdörfer (1890–1967), Direktor der Abteilung Bevölkerungsstatistik des Reichsamtes Berlin. Burgdörfer, Volk ohne Jugend. Geburtenschwund und Überalterung. Ein Problem der Volkswirtschaft, der Sozialpolitik, der nationalen Zukunft, Berlin 1932.

7 Hans Grimm, Volk ohne Raum, München 1926. Er bezog sich allerdings auf die deutschen Kolonien.

8 Richard Oscar Walther Darré, Neuadel aus Blut und Boden, München 1930, S. 7 ff.

9 Der Slogan »Raum ohne Volk« wurde bereits 1839 von dem Philosemiten Lord Shaftesbury im Hinblick auf Palästina geprägt. Er wurde 1901 von dem Zionisten Israel Zangwill übernommen: »Palästina ist ein Raum ohne Volk, die Juden sind ein Volk ohne Land.« Adam M. Garfinkle, »On the origin, meaning, use and abuse of a phrase«. In: Middle Eastern Studies Vol. 27, New York, 1987, Nr. 4.

10 Plakat für die Reichstagswahl v. 29. 3. 1936. DHM CP.56/227.

11 »Gesetz zur Durchführung einer Volkszählung«, 12. 4. 1933, RGBl. I, 1933, S. 199.

12 Statistisches Reichsamt, Neue Königstraße, Berlin.

13 Die letzte Volkszählung hatte 1925 stattgefunden.

14 Götz Aly, Karl Heinz Roth, Die restlose Erfassung. Volkszählen, Identifizieren, Aussondern im Nationalsozialismus, Berlin 1984, S. 21 f.

15 Herwig Czech, »Erfassung. Selektion und ›Ausmerze‹. Das Wiener Gesundheitsamt und die Umsetzung der nationalsozialistischen ›Erbgesundheitspolitik‹ 1938–1945«. In: Forschungen und Beiträge zur Wiener Stadtgeschichte, Bd. 41, S. 56 ff.

16 Aly, Die restlose Erfassung, S. 21. »Amtliche Statistik, Bevölkerung und staatliche Politik in Westeuropa 1850–1950«. In: Peter Collin, Thomas Horstmann (Hrsg.), Das Wissen des Staates. Geschichte, Theorie und Praxis, Baden-Baden 2004, S. 10 f. Jutta Wietog, Volkszählungen unter dem Nationalsozialismus. Eine Dokumentation zur Bevölkerungsstatistik im Dritten Reich. Hrsg. v. Wolfram Fischer, Berlin 2001. Volkszählung v. 16. 6. 1933. Veröffentlichungen des Statistischen Reichsamtes, Die Volks-, Berufs- und Betriebszählung v. 16. 6. 1933; Heft 5, 1933.

17 Dr. Alfred Ploetz prägte den Begriff »Rassenhygiene« zusammen mit Wilhelm Schallmayer.

18 Alfred Ploetz, Die Bedeutung der Frühehe für die Volkserneuerung nach dem Krieg, München 1918.

19 Dr. Alfred Ploetz, »Die Tüchtigkeit unserer Rasse und der Schutz der Schwachen: ein Versuch über Rassenhygiene und ihr Ver-

hältnis zu den humanen Idealen, besonders zum Socialismus«.
In: Grundlagen einer Rassenhygiene Bd. 1, Berlin 1895.

20 Karl Binding, Alfred Hoche, Die Freigabe der Vernichtung un-
    werten Lebens. Ihr Maß und ihre Form, Leipzig 1920. S. 6 ff.

21 Hitler, Monologe im Führerhauptquartier 1941–1944. Die Auf-
    zeichnungen Heinrich Heims hrsg. v. Werner Jochmann, Ham-
    burg 1980, S. 242.

22 Ebd.

23 RGBl. I 1933, S. 65.

24 »Gesetz zur Verminderung der Arbeitslosigkeit« v. 1. 6. 1933.
    RGBl. I 1933, S. 323. Verbindungen mit Erbkrankheiten in
    der Verwandtschaft waren von jeglicher Förderung ausgeschlos-
    sen.

25 1937: 702 303 Eheschließungen; 179 653 Kredite (25,5 %).

26 16. 10. 1934. RGBl. I 1934, S. 985.

27 Akten der Reichskanzlei. Die Regierung Hitler. Bd. IV: 1937,
    Dok. 127, R 43 II/427, Bl. 30, S. 460, S. 755.

28 Hanna Vollmer-Heitmann, Wir sind von Kopf bis Fuß auf Liebe
    eingestellt. Die Zwanziger Jahre, Hamburg 1993, S. 30 f.

29 Hans Vorländer, Die NSV. Darstellung und Dokumentation einer
    nationalsozialistischen Organisation, Boppard 1988, S. 62 ff.

30 Der Beschluss fiel am 24. 3. 1936. RGBl. I 1936, S. 252.

31 SD-Meldungen aus dem Reich. MA 441/7-Bl. 8365. Institut für
    Zeitgeschichte, München.

32 Hitler, Monologe, S. 306.

33 Dörte Winkler, Frauenarbeit im Dritten Reich, Hamburg 1977,
    S. 193.

34 Die Arbeitslosenzahlen sanken auf 1,6 Millionen.

35 Hansjoachim Koch, Geschichte der Hitlerjugend. Ihre Ursprünge
    und Entwicklung 1922–1945, Percha 1979, S. 262.

36 Akten der Reichskanzlei. Regierung Hitler, Bd. IV, S. 352 ff.

37 Univ.-Prof. Dr. Karl Astel (1898–1945), Rassenhygieniker beim
    SS-Rasse- und Siedlungshauptamt. Univ.-Prof. Dr. Fritz Lenz
    (1887–1976), Univ.-Prof. für Rassenhygiene an der Universität
    Berlin.

38 1932 – 509 597, 1933 – 631 152.

39 Hans Jürgen Eitner, Hitlers Deutsche. Das Ende eines Tabus,
    Gemsbach 1990, S. 222.

40 Akten der Reichskanzlei. Regierung Hitler, Bd. IV, S. 373 ff.

41 Roderich von Ungern-Sternberg, Die Ursachen der neuzeitlichen Ehezerrüttung, Berlin 1937. Seinem statistischen Material zufolge scheiterten zwischen 45 und 65 % aller Frühehen nach kurzer Zeit.

42 Akten der Reichskanzlei. Regierung Hitler, Bd. IV, S. 378.

43 Ebd., S. 380.

44 Das Familien- und Erbrecht unter dem Nationalsozialismus. Ausgewählte Quellen zu den wichtigsten Gesetzen und Projekten aus den Ministerialakten. Hrsg. v. Werner Schubert, München–Wien–Zürich, 1993.

45 Hitler, Monologe, S. 310. Der Anteil der unehelichen Kinder betrug zwischen 1851 und 1903 ca. 10 % an der Bevölkerung.

46 Otto Meißner (1880–1953), Staatssekretär und Leiter des Büros des Reichspräsidenten, ab 1937 Chef der Präsidialkanzlei des »Führers«.

47 Franz Gürtner (1881–1941), Reichsjustizminister 1932–1941.

48 Hitler, Monologe, S. 381.

49 Das »Deutsche Institut für Jugendhilfe« unter der Leitung von Heinrich Webler.

50 Jill Stephenson, Women in Nazi Society, London 1975, S. 58 ff.

51 Hitler, Monologe, S. 109.

52 Die Gründung erfolgte am 26. 6. 1933. RGBl. I 1934, S. 22.

53 Im zuständigen Familienrechtsausschuss. Ausschussprotokolle der Akademie für Deutsches Recht. Hrsg. v. Werner Schubert, Werner Schmid, Jürgen Regge, III/2, Berlin 1986–2003, S. 280 ff., S. 399, S. 432.

54 Art. 121 der Weimarer Verfassung.

55 Hitler, Monologe, S. 311.

56 Reichsinnenminister Wilhelm Frick in einer ministeriellen Besprechung am 27. 7. 1939. NS 20/30, Bd. 1, Bundesarchiv, Koblenz.

57 »Verordnung des Reichsjustizministeriums Nr. 2697«. In: Reichshaushalts- und Besoldungsblatt v. 21. 6. 1937.

58 Reichserntedankfeste waren die größten Massenveranstaltungen im Dritten Reich. Sie wurden von 1933 bis 1937 abgehalten. Die Teilnehmerzahlen betrugen 1933 ca. 500 000 und 1937 über 1 300 000.

59 Bernhard Gelderblom, Die Reichserntedankfeste auf dem Bückeberg 1933–1937. Die Reden Hitlers, Hameln 1998.

60 Die Geburtenzahlen entsprachen dem Stand von 1925.

61 Zit. n. Czech, Erfassung, Selektion und »Ausmerze«, S. 63 f.

62 »Eingabe des Ministerialdirektors Gütt an Hitler. 22.10.1934«.
    In: Die Regierung Hitler. Bd. II: 1934/35. Teilband 1. Bearb. v.
    Friedrich Hartmannsgruber, München 1999, Dok. Nr. 27.

63 Mit geändertem Strafausmaß und Ausnahmen (§ 218a).

64 Czech, Erfassung, Selektion und »Ausmerze«, S. 75.

65 Geburtenzahlen 1919 – 1 260 500; 1923 – 1 297 499; 1935 –
    1 263 967.

66 Götz, Die restlose Erfassung, S. 23.

67 Regierung Hitler, Bd. II, Dok. Nr. 27.

68 Hitler, Monologe, S. 242.

69 Ebd., S. 378.

70 Ebd., S. 199.

71 Harvard Law School Library. Nuremberg Trials Project. Item
    Nr. 2493 v. 1.9.1939. Hans-Walter Schmuhl, »Philipp Bouhler
    – Ein Vorreiter des Massenmordes«. In: Die braune Elite II. Hrsg.
    v. Ronald Smelser, Enrico Syring, Rainer Zitelmann, S. 39 ff.

72 Ernst Klee, Euthanasie im NS-Staat, Frankfurt/Main 2004,
    S. 323 ff.

73 In einem Brief an Heinrich Himmler v. 18.3.1942. NS 19/2397,
    Bl. 16 ff. Bundesarchiv, Berlin. Dr. Leonardo Conti (1900–1945),
    Reichsgesundheitsführer, Chef der Reichsärztekammer, Leiter
    des NS-Ärztebundes und des Hauptamtes für Volksgesundheit.
    Er nahm 1940 an der »Brandenburger Probevergasung« teil und
    beging 1945 im Gefängnis in Nürnberg Selbstmord.

74 Henry Friedländer, Der Weg zum NS-Genozid. Von der Eutha-
    nasie zur Endlösung, Berlin 1997, S. 84 ff. Arnim Trus, »Vom
    Leid erlösen?« Zur Geschichte der nationalsozialistischen Eu-
    thanasie-Verbrechen, Frankfurt/Main, 1995.

75 Regierung Hitler, Bd. IV, S. 372 ff.

76 § 50 StGB. R22/966. Bundesarchiv, Koblenz.

77 Francis Galton, Hereditary Genius, London 1869.

78 Ottmar Freiherr von Verschuer (1896–1969) Mediziner, Human-
    genetiker, Rassen- und Zwillingsforscher. 1942–1948 Direktor
    des Kaiser-Wilhelm-Instituts für Anthropologie. Ab 1951 Inha-
    ber des Lehrstuhls des Instituts für Humangenetik der Univer-
    sität Münster.

79 Dr. Josef Mengele 1911–1979. Ulrich Völklein, Josef Mengele –
    Der Arzt von Auschwitz, Göttingen 1999.

80 Friedländer, Der Weg zum NS-Genozid, S. 21 ff.

81 Eine umfassende Darstellung samt genauen Quellenangaben stammt von Georg Lilienthal, Der Lebensborn e. V. Ein Instrument nationalsozialistischer Rassenpolitik, Frankfurt/Main–Stuttgart 1985. Dorothee Schmitz-Köster, »Deutsche Mutter bist Du bereit …« Alltag im Lebensborn, Berlin 1997.

82 Die Original-Satzungen des »Lebensborn e. V.« befinden sich im Deutschen Bundesarchiv, Koblenz.

83 Einem ledigen SS-Gruppenführer wurden 8 % seines Gehaltes, ca. 250 RM monatlich, abgezogen. Insgesamt beliefen sich Beiträge und Spenden auf ca. 423 000 RM jährlich. Dazu kamen noch jährlich 700 000 bis zu 1 000 000 RM vom NSV.

84 Eine komplette Liste aller in- und ausländischen Heime und des Personals bei: Schmitz-Köster, »Deutsche Mutter …«, S. 238 ff.

85 Vgl. »Die Sexualität des ›Führers‹«, S. 50.

86 Laut Personenstandsgesetz v. 19. 5. 1938. RGBl. I 1938, S. 533.

87 www.wernigerode.de/WRPortal/Landkreis/Buergerservice/Kreis geschichte/kreisgeschichte2.htm

88 Weihnachten.

89 Laut Sitzung des »Lebensborns« am 5. 4. 1939. Akten des »Lebensborns« NS 20/30, Bd. 1, Bundesarchiv, Koblenz.

90 Laut § 1708 BGB (1): »Der Vater des unehelichen Kindes ist verpflichtet, dem Kinde bis zur Vollendung des 16. Lebensjahres den der Lebensstellung der Mutter entsprechenden Unterhalt zu gewähren.«

91 »Führer«-Erlaß v. 28. 7. 1942.

92 Akten »Lebensborn« NS 20/30, Bd. 2, Bundesarchiv Koblenz.

93 Arthur Seyß-Inquart (1892–1946). Ab 29. 5. 1940 Reichskommissar in den besetzten Niederlanden.

94 Hitler, Monologe, S. 241.

95 Ebd., S. 392.

96 Rudolf Hess, »An eine unverheiratete Mutter«. MA33/Bl. 4115. Institut für Zeitgeschichte, München.

97 Fortpflanzungsbefehl v. 28. 10. 1939. Josef Ackermann, Heinrich Himmler als Ideologe, Dokument 4, Göttingen–Zürich–Frankfurt/Main 1970. Zit. u. a. bei Norbert Westenrieder, Deutsche Frauen und Mädchen, Düsseldorf 1984, S. 42.

98 Helmut Heiber (Hrsg.), Reichsführer! Briefwechsel. Briefe an und von Himmler, Stuttgart 1968, S. 211. Bradley Smith u. a., Heinrich Himmler. Geheimreden 1933 bis 1945 und andere Ansprachen, Frankfurt/Main–Berlin–Wien 1974, S. 189.

99   Festschrift für das Reichstreffen des Reichsbundes der Kinder-
     reichen am 5./6.–7. 6. 1937 in Frankfurt/Main, MA 47, Institut
     für Zeitgeschichte, München.
100 Hitler, Monologe, S. 199.
101 Leonardo Conti, Denkschrift »Die Erhöhung der Kinderzahl
     durch Eheanbahnung, Eheberatung und Wahlkinder«. Bundes-
     archiv Koblenz NS 20/30, Bd. 2.
102 Anna Maria Sigmund, »Carin Göring. Nordisches Idol und Kult-
     figur«. In: Die Frauen der Nazis, München 2000, S. 29 ff.
103 Sir Eric Phipps. Zit. in David Irving, Göring. München und
     Hamburg 1986, S. 235.
104 Werner Maser, Hermann Göring. Hitlers janusköpfiger Paladin,
     Berlin 2000, S. 272 ff.
105 The RuSHA–Case. Military Tribunal No. 1, Case 8. In: Trials
     of War criminals before the Nuernberg Military Tribunals under
     Control Council Law, No. 10. Nuernberg October 1946–April
     1949. Vol. IV, S. 597–1185; Vol. V, S. 1–177.
106 »The RuSHA Case«. In: Trials of War Criminals before the
     Nuernberg Military Tribunals under Control Counsil Law NO. 10,
     New York 1950, H. 5, S. 163. Der letzte Krieg. Hrsg. v. d. Bun-
     deszentrale für politische Bildung, September 1989, S. 10 ff.
107 Judy Barden, »Freundin und Candy«. In: Das ist Germany. Hrsg.
     v. Arthur Settel, Frankfurt/Main 1950, S. 148 ff.
108 Illustrierte-Filmbühne Nr. 05607.
109 Der Spiegel v. 4. 1. 1961, S. 59 ff.
110 Will Berthold, Lebensborn e. V. Tatsachenroman, München
     1976.
111 Georg Lilienthal, Der Lebensborn e. V.; Stuttgart–New York
     1985. Neu bearb. 1993.
112 Kurt Hirche, Der braune und der rote Witz, Düsseldorf/Wien 1964.
     Ähnlich: Heinz Boberach, Meldungen aus dem Reich, München
     1968, S. 141.
113 Gertrude Scholtz-Klink (1902–1999) war die strenge und un-
     attraktive NS-Reichsfrauenführerin.
114 Werner Maser, »Adolf Hitler. Vater eines Sohnes«. In: »Zeitge-
     schichte« des Historischen Instituts der Universität Salzburg,
     5. Jg. 1977/1978, S. 173 ff.
115 Der Spiegel, Ausgabe 45, 1977.
116 17. 5. 1939.

277

117 »Staatsgebiet und Bevölkerung Mittel- und Südosteuropas«. In: Allgemeines Statistisches Archiv. Hrsg. v. Dr. Friedrich Zahn, 29. Bd., Jena 1940, S. 130.

118 1933 – 14,7 Geburten pro 1 000 Einwohner, 1938 – 19,6 Geburten pro 1 000 Einwohner. Das entsprach dem Niveau von 1924 bis 1928. Jutta Wietog, Volkszählungen unter dem Nationalsozialismus, Berlin 2001, S. 26 ff.

119 Eitner, Hitlers Deutsche, S. 25.

Homosexuelle als »Volksschädlinge«

1 Friedrich Koch, Sexuelle Denunziation. Die Sexualität in der politischen Auseinandersetzung, Frankfurt/Main 1986, S. 27.

2 Max Domarus, Hitler. Reden und Proklamationen. Kommentiert von einem Zeitgenossen, 4 Bde., Bd. I/1, München 1965, S. 398. Der Nationalsozialismus. Dokumente 1933 bis 1945. Hrsg. v. Walther Hofer, Frankfurt/Main (49. Auflage) 2004, S. 65.

3 Von dem Schriftsteller Karl Maria Benkert (1824–1882), der sich später Kertbeny nannte.

4 Homosexuellenbewegung im Kaiserreich und der Weimarer Republik. In: Burkhard Jellonek, Homosexuelle unter dem Hakenkreuz, Paderborn 1990, S. 37 ff.

5 Der Sexualforscher Magnus Hirschfeld. Ein Leben im Spannungsfeld von Wissenschaft, Politik und Gesellschaft. Hrsg. v. Elke-Vera Kotowski u. Julius H. Schoeps, Berlin 2004. Ralf Dose, Magnus Hirschfeld: Deutscher, Jude, Weltbürger, Teetz 2005.

6 1825–1895. Jurist, Vorkämpfer der Homosexuellenbewegung.

7 Friedrich Radszuweit 1876–1932, deutscher Unternehmer, Verleger und Autor.

8 Zwischen 1882 und 1920 wurden jährlich zwischen 118 und 761 Männer verurteilt. Die meisten kamen mit der Mindeststrafe oder einer Verwarnung davon. Hans-Georg Stümke, Homosexuelle in Deutschland. Eine politische Geschichte, München 1989, S. 26.

9 Jellonnek, Homosexuelle unter dem Hakenkreuz, S. 28; S. 37–50.

10 Aussage von Emil Maurice, Hitlers Vertrautem und Begründer der SA am 25. 5. 1945 bei einer Vernehmung durch die CIC

(Counter Intelligence Corps). Originalurkunde im Besitz der Autorin.

11 Günter Grau, Homosexualität in der NS-Zeit. Dokumente einer Diskriminierung und Verfolgung, Frankfurt/Main, S. 53.

12 *Der Völkische Beobachter* v. 2. 8. 1930.

13 Hans-Jürgen Eitner, Hitlers Deutsche. Das Ende eines Tabus, Gemsbach 1991, S. 179.

14 Stümke, Homosexuelle in Deutschland, S. 92.

15 Hans Frank, Nationalsozialistische Strafrechtspolitik, München 1938, S. 32.

16 Neben dem »Bund für Menschenrecht« (BfM) auch den Deutschen Freundschaftsverband (DfB) sowie viele kleine regionale Vereine.

17 Kurt Kolle, Psychiatrie. Ein Lehrbuch für Studierende und Ärzte, Berlin/Wien 1939, S. 135 ff.

18 NS 19 HR 4a. Bundesarchiv, Koblenz.

19 Johann Deussen, »Sexualpathologie«. In: Fortschritte der Erbpathologie, Rassenhygiene und ihrer Grenzgebiete 3, München 1939, S. 29.

20 1840–1902. Deutsch-österreichischer Psychiater und Rechtsmediziner. Inhaber von Lehrstühlen für Psychiatrie in Graz und Wien. 1886 erschien sein Hauptwerk »Psychopathia Sexualis«.

21 Ernst Röhm, 1887–1934. Conan Fischer, »Ernst Julius Röhm – Stabschef der SA und unentbehrlicher Außenseiter«. In: Die braune Elite I. Hrsg. v. Ronald Smelser, Enrico Syring, Rainer Zitelmann, Darmstadt 1990, S. 212 ff.

22 Ernst Röhm, Die Geschichte eines Hochverräters, München 1934 (6. Auflage), S. 260 ff.

23 Bericht in der *Münchner Post* v. 30. 6. 1926.

24 1897–1934. Erschießung im Röhm-Putsch. »Die Stellvertretenden Gauleiter und die Vertretung der Gauleiter der NSDAP im ›Dritten Reich‹«. In: Materialien aus dem Bundesarchiv Koblenz, Heft 13, S. 40.

25 Jellonek, Homosexuelle unter dem Hakenkreuz, S. 85.

26 Helmut Klotz, Der Fall Röhm, Berlin 1932. Institut für Zeitgeschichte, München, MA 610/20.

27 Brief an den Reichsorganisationsleiter v. 30. 7. 1932. Zit. n. Fischer, Röhm, S. 222.

28 Heinrich Bennecke, Hitler und die SA, München 1962, S. 163 f.; Dokument 13, S. 253.

29 Max Domarus, Hitler. Reden und Proklamationen 1932–1945. Bd. 1, Würzburg 1973, S. 102.

30 *Münchner Post*, Nr. 85, v. 14. 4. 1931.

31 Ab 1928 waren die stark einschränkenden Bestimmungen des Versailler Vertrages in einigen Punkten gelockert worden, sodass 1932 bereits wieder einige Truppenteile zur Verfügung standen.

32 *Münchner Post* v. 22. 6. 1931.

33 Peter Hoffmann, Hitler's personal security. Protecting the Führer, 1921–1945. Montreal 2000, S. 20 ff.

34 Manuskript mit Aussagen der Beteiligten zum Mordkomplott: NS 26/1935, f. 27; f. 64 ff.; f. 72 f. Bundesarchiv, Koblenz.

35 Hans Peter Bleuel, Das saubere Reich. Die verheimlichte Wahrheit. Eros und Sexualität im Dritten Reich, Bern und München 1972, S. 132.

36 Das Verbot wurde am 13. 4. 1932 bekannt gegeben. Bennecke, Hitler und die SA, S. 178.

37 Klotz, Der Fall Röhm, Institut für Zeitgeschichte, München, MA 610/20.

38 Oswald Bumke, Erinnerungen und Betrachtungen. Der Weg eines deutschen Psychiaters, München 1952, S. 160 ff.

39 Jellonek, Homosexuelle unter dem Hakenkreuz, S. 78.

40 Bleuel, Das saubere Reich, S. 134.

41 »Röhm-Putsch« v. 30. 6.–1. 7. 1934.

42 Max Domarus, Hitler. Reden und Proklamationen 1932–1945, Würzburg 1973, S. 401.

43 Rudolf Klare, Homosexualität und Strafrecht, Berlin 1937. In diesem Standardwerk der NS-Zeit wird eine drastische Verschärfung der Strafbestimmungen gefordert. Burkhard Jellonek, Rüdiger Lautmann, »Nationalsozialistischer Terror gegen Homosexuelle«. In: Entgrenzte Gewalt. Hrsg. KZ-Gedenkstätte Neuengamme, Herbert Diercks (Red.), Bremen 2002, S. 184.

44 *Das Schwarze Korps*, Folge 12, 22. 5. 1935, S. 13.

45 Im Mai 1945 wurde Eckhardt seiner Ämter enthoben, 1948 in den Ruhestand versetzt. Bis zu seinem Tod 1979 wirkte er als Privatgelehrter und veröffentlichte zahlreiche Werke zur Rechtsgeschichte des Mittelalters.

46 Rede Heinrich Himmlers auf der Gruppenführer-Tagung in Bad
    Tölz am 4.6.1937, MA 311/Bl. 1828 ff. Institut für Zeitge-
    schichte, München.
47 1899–1947.
48 Richard Plant, Rosa Winkel. Der Krieg der Nazis gegen die Ho-
    mosexuellen, Frankfurt/Main 1991, S. 58 ff.
49 Eine Sonderabteilung der Gestapa. Die Aktenbestände der »Reichs-
    zentrale« sind nicht erhalten. Es gibt jedoch lokale Gestapo-Ak-
    tenbestände, die eine Rekonstruktion des Vorgehens der Behör-
    den gegen Homosexuelle zulassen (Burkhard Jellonek).
50 Akten der Reichskanzlei, Regierung Hitler 1933–1945. Hrsg. für
    die Historische Kommission bei der Bayerischen Akademie der
    Wissenschaften v. Hans Günter Hockerts, für das Bundesarchiv
    v. Hartmut Weber. Die Regierung Hitler Bd. IV: 1937, bearb.
    v. Friedrich Hartmannsgruber, München u. Oldenburg 2005,
    S. 374.
51 Ebd., S. 372 ff.
52 Ebd., S. 374.
53 Agnes Peterson, Bradley Smith, Heinrich Himmlers Geheimre-
    den, Frankfurt/Main 1974, S. 94.
54 Die juridische Grundlage bildete das »Gesetz zur Änderung des
    Gesetzes zur Verhütung erbkranken Nachwuchses« v. 26.6.1935
    mit der Zusatzverordnung v. 23.1.1936: An der Freiwilligkeit
    darf nicht gerüttelt werden.
55 Die Verfügung Himmlers stammt v. 20.5.1935, also vor In-
    krafttreten der Zusatzbestimmungen zum »Gesetz zur Verhü-
    tung erbkranken Nachwuchses«.
56 Geheimerlass v. 14.11.1942. Grau, Homosexualität in der NS-
    Zeit, S. 305 ff.
57 Totgeschlagen, totgeschwiegen, den homosexuellen Opfern des
    Nationalsozialismus. Website des Lesben- und Schwulenverbands
    Deutschland.
58 Burkhard Jellonek, Rüdiger Lautmann, Nationalsozialistischer
    Terror gegen Homosexuelle. Verdrängt und ungesühnt, Bremen
    2002.
59 1893–1965. Hans-Davidsen Nielsen u. a., Carl Vaernet: Der dä-
    nische Arzt im KZ Buchenwald, Wien 2004.
60 Der Autor der Niederschrift war Oberst Friedrich Hoßbach, Hit-
    lers Wehrmachtsadjutant. Walter Bußmann, »Zur Entstehung

und Überlieferung der ›Hoßbach-Niederschrift‹«. In: Vierteljahreshefte für Zeitgeschichte, 16. Jg. 1968, S. 373–384.

61 Karl-Heinz Jansen, Fritz Tobias, Der Sturz der Generäle. Hitler und die Blomberg-Fritsch-Krise 1938, München 1994, S. 95 ff.

62 Jansen, Tobias, Der Sturz, S. 160.

63 »Der Fall Fritsch-Blomberg 1938«. In: *Der Spiegel*, Nr. 5, 1984, S. 96 f.; Nr. 6, 1984, S. 148 f.; Nr. 7, 1984, S. 132 f.

64 Wie die Forschungen von Claudia Schoppmann beweisen. Claudia Schoppmann, Nationalsozialistische Sexualpolitik – weibliche Homosexualität. Dissertation an der FU Berlin, 1990. Claudia Schoppmann, Verbotene Verhältnisse. Frauenliebe 1938–1945, Berlin 1999.

65 Birgit Haustedt, Die wilden Jahre in Berlin. Eine Klatsch- und Kulturgeschichte der Frauen, Dortmund 1999, S. 70 ff.

66 Ruth Margarete Roellig, Berlins lesbische Frauen, Berlin 1928.

67 »Winifred Wagner. Wolf und Winni«. In: Anna Maria Sigmund, Die Frauen der Nazis II, Wien 2000, S. 180.

68 Er stützte sich dabei auf den Passus des § 175, der besagte: »Bei einem Beteiligten, der zum Zeitpunkt der Straftat noch nicht 21 Jahre alt ist, kann in leichten Fällen von der Strafe abgesehen werden.«

69 Bleuel, Das saubere Reich, S. 280.

70 Übersicht des Statistischen Reichsamtes über Verurteilungen wegen widernatürlicher Unzucht. Zusammengestellt bei Grau, Homosexualität, S. 197.

71 Bernd Faulenbach, »NS-Interpretation und Zeitklima. Zum Wandel der Aufarbeitung der jüngsten Vergangenheit«. In: Aus Politik und Zeitgeschichte 22 (1987), S. 19 ff.

72 Ferdinand Habel, Zerschnittener Film. Zensur im Kino, Leipzig 2003, S. 22.

73 Richard von Weizsäcker, Von Deutschland aus. Reden des Bundespräsidenten, München 1987, S. 13.

Ein Mantel des Schweigens –
sexuelle Aufklärung im Dritten Reich

1   Die Nürnberger Wochenzeitung *Wochenend.*
2   Zit. n.: »Die sogenannte sexuelle Aufklärung«. In: Kurt Seel-
    mann, Kind, Sexualität und Erziehung. Zum Verständnis der ge-
    schlechtlichen Entwicklung und Fehlentwicklung von Kind und
    Jugendlichen, München/Basel 1952. S. 22 ff.
3   Hugo Hertwig, Das Liebesleben des Menschen, Berlin 1940.
4   Ebd., S. 119.
5   Ebd., S. 204.
6   Am 26. 5. 1933. RGBl. I 1933, S. 295.
7   Ferdinand Hoffmann, Sittliche Entartung und Geburtenschwund,
    München 1938, S. 21 ff.
8   Himmlers Verordnung blieb in der BRD bis 1969 bestehen.
9   Am 22. 10. 1934. Akten der Reichskanzlei. Regierung Hitler
    1933–1945. Die Regierung Hitler. Bd. II: 1934/35. Bearb. v.
    Friedrich Hartmannsgruber, München 1999, Nr. 27.
10 Das große Aufklärungswerk für Braut- und Eheleute. Hrsg. v.
    Buchversand Gutenberg, Dresden 1935, S. 35.
11 Herbert Rindt, »Schlecht getarnt …!« In: *Das Schwarze Korps,*
    Folge 13, 29. 5. 1935, S. 7.
12 Theodor Hendrik van de Velde (1873–1937), Direktor des Gy-
    näkologischen Instituts in Haarlem, Holland.
13 Dr. Theodor H. van de Velde, Die Fruchtbarkeit in der Ehe und
    ihre wunschgemäße Beeinflussung, 2. Aufl., Leipzig und Stutt-
    gart 1929, S. 12.
14 »Die Ehe«, 1928. »Fruchtbarkeit. Das Problem der Mutterschaft«,
    1929.
15 Hans Peter Bleuel, Das saubere Reich. Die verheimlichte Wahr-
    heit. Eros und Sexualität im Dritten Reich, Bern und München
    1972, S. 31.
16 Reinhard Gerhard Ritter, Die geschlechtliche Frage in der deut-
    schen Volkserziehung, Berlin 1936, S. 62.

Swing und Sex im »sauberen Reich«

1   Eine 85-jährige Zeitzeugin über den Alltag im Dritten Reich. Interview im März 2007. Niederschrift im Besitz der Autorin. Ähnliche Angaben bei Hans-Jürgen Eitner, Hitlers Deutsche. Das Ende eines Tabus, Gernsbach 1990, S. 176 ff.

2   *Der Volkswart*, Nr. 26, München 1933.

3   Das »Gesetz zur Behebung der Not von Volk und Reich« v. 24. 3. 1933 ermöglichte den Ausnahmezustand. RGBl. I 1933, S. 141.

4   »Gesetz gegen gefährliche Gewohnheitsverbrecher und über Maßregeln der Sicherung und Besserung« v. 24. 11. 1933. Es bildete den Übergang zum NS-Täterstrafrecht. BGBl. I 1933, S. 995–999.

5   Franz Exner, Kriminologie, Berlin 1949, S. 102.

6   Eitner, Hitlers Deutsche, S. 177.

7   Das »Gesetz gegen gefährliche Gewohnheitsverbrecher« v. 24. 11. 1933. Erlass v. 14. 12. 1937 über vorbeugende polizeiliche Verbrechensbekämpfung.

8   § 116. Eine Tat kann nur bestraft werden, wenn die Strafbarkeit gesetzlich bestimmt war, bevor die Tat begangen wurde.

9   § 2 des StGB v. 28. 6. 1935.

10 Bruno Lüdke, geb. 1908 in Köpenick, gest. 1944 in Wien.

11 Michael Newton, Die große Enzyklopädie der Serienmörder, Graz 2002, S. 246.

12 MA 452/1709 ff. Institut für Zeitgeschichte, München.

13 Laut der offiziellen Sterbeurkunde v. 26. 4. 1944, ausgestellt v. Standesamt Wien-Alsergrund, starb Lüdke an »Herzfleischentartung«.

14 Robert Siodmak, »Nachts, wenn der Teufel kam«, 1957.

15 Gunther Prodöhl, Kriminalfälle ohne Beispiel, Berlin, 1960, S. 12 ff.

16 J. A. Blaauw, Seriemoordenaar, Baarn 1994.

17 ARTE-Themenabend v. 19. 11. 2006.

18 Heinz Boberach (Hrsg.), Meldungen aus dem Reich. Die geheimen Lageberichte des Sicherheitsdienstes der SS, 1938–1945. 17 Bde., Herrsching 1984.

19 Zit. b. Christoph Kleßmann (Hrsg.), Nicht nur Hitlers Krieg. Der Zweite Weltkrieg und die Deutschen, Düsseldorf 1989, S. 30 f.

20 Heinz Boberach (Hrsg.), Meldungen aus dem Reich. Auswahl aus den geheimen Lageberichten des Sicherheitsdienstes der SS 1939–1944. München 1968, S. 71.

21 Ebd., S. 40 f., S. 44.

22 Ebd., S. 64 ff.

23 Die VO v. 25. 11. 1939 richtete sich vor allem gegen die Zersetzung der Wehrmacht, gegen Sabotage, Diebstahl und Zerstörung von Wehrmachtseigentum.

24 Auszug aus den »Werksnachrichten Österr. Saurer Werke«, 2. Jg., Folge 2 v. 2. 3. 1942.

25 Eitner, Hitlers Deutsche, S. 66.

26 Erlass des Reichsministeriums des Inneren v. 7. 10. 1941, IV WII 22/ 418026, Bundesarchiv Berlin.

27 Bleuel, Das saubere Reich, S. 296.

28 Boberach, Meldungen, Auswahl, S. 174.

29 1903–1946. Ab 30. 1. 1943 Nachfolger Reinhard Heydrichs als Leiter des Reichssicherheitshauptamtes in Berlin. Erlass des RSHA v. 10. 2. 1944.

30 Robert M. W. Kempner, SS im Kreuzverhör, München 1964, S. 197.

31 Erlass v. 15. 12. 1942.

32 Boberach, Meldungen, Auswahl, S. 265.

33 Ebd., S. 266.

34 Bleuel, Das saubere Reich, S. 307.

35 Boberach, Meldungen, Auswahl, S. 208.

36 Ebd., S. 363 f.

37 Dagmar Herzog, Die Politisierung der Lust. Sexualität in der deutschen Geschichte des 20. Jahrhunderts, München 2005, S. 76.

38 Verbot der Verhütungsmittel am 26. 5. 1933, RGBl. I 1933, S. 295. Vgl. »Ein Mantel des Schweigens«, S. 218 f.

39 Udo Pini, Leibeskult und Liebeskitsch. Erotik im Dritten Reich, München 1992, S. 326, 353 ff.

40 Bleuel, Das saubere Reich, S. 304.

41 Hitler, Mein Kampf, Kampf gegen Prostitution, S. 275 ff.

42 Am 11. 3. 1940. Thema: »Volkskameradschaft«. Bestand Rosenberg NS 18/213, Bundesarchiv, Koblenz.

43 Boberach, Meldungen, Auswahl, S. 72.

44 Im ostpreußischen Bezirk Holland. Bestand R 22/3364, Bundesarchiv, Koblenz.

45 Victor Klemperer, Ich will Zeugnis ablegen bis zum letzten. Tagebücher 1933–1945. Hrsg. v. Walter Nowojski unter Mitarbeit v. Hadwig Klemperer. Bd. I, 1933–1941, Berlin 1995, S. 224 f.

46 Ferdinand Hoffmann, Sittliche Entartung und Geburtenschwund, München 1938, S. 13 ff.

47 Am 9. 3. 1940. RGBl. I, S. 499.

48 RGBl. I, 1939, S. 2000 v. 4. 10. 1939.

49 Matthias von Hellfeld und Arno Klöne, Die betrogene Generation. Jugend in Deutschland unter dem Faschismus. Quellen und Dokumente, Köln 1985.

50 Zahlreiche Berichte über Jugendbanden in: Heinz Boberach, Meldungen aus dem Reich, Bd. 11, Berlin 1984.

51 Im Unterschied zu Gruppierungen wie »Die Edelweißpiraten«, die dem Widerstand gegen das NS-Regime angehörten. Allgemein: Detlev Peukert, Die Edelweißpiraten. Protestbewegung jugendlicher Arbeiter im Dritten Reich. Eine Dokumentation, Köln 1983. »Cliquen- und Bandenbildung unter Jugendlichen. Reichsjugendführung – Personalamt – Überwachung. Berlin, September 1942.« In: Die Edelweißpiraten. Hrsg. v. Detlev Peukert, Köln 1983, S. 160–229.

52 Günther Discher, »… wird in Schutzhaft genommen«. In: Heinrich Himmler und die Liebe zum Swing. Erinnerungen und Dokumente. Hrsg. v. Franz Ritter, Leipzig 1992, S. 189–192.

53 Hans Dieter Schafer, »Amerikanismus im Dritten Reich«. In: Nationalsozialismus und Modernismus. Hrsg. v. Michael Prinz u. Rainer Zitelmann, Darmstadt 1991, S. 199.

54 »Bekämpfung jugendlicher Cliquen. Erlasse des Reichsführers SS und Chef der deutschen Polizei, des Reichsjugendführers und des Reichsjustizministers«. In: Peukert, Edelweißpiraten, S. 132–137.

55 Bestand MA 667, Bl. 4196 ff. Institut für Zeitgeschichte, München.

56 Bestand R 22/3355. Bundesarchiv, Koblenz.

57 Boberach, Meldungen, Auswahl, S. 267, S. 361.

Ausgewählte Literatur

Verzeichnis der außer in den Anmerkungen zitierten häufiger
benutzten Literatur.

Adorno, Theodor W., u. a. Der autoritäre Charakter. Studien über
Autorität und Vorurteil. Hrsg. v. Institut für Sozialwissenschaft,
Amsterdam 1968.

Akademie für Deutsches Recht 1933–1945. Die Protokolle der
Ausschüsse. Hrsg. v. Werner Schubert, Werner Schmid, Jürgen
Regge. III/2: Familienrechtsausschuß; VII: Strafprozeßrecht und
Strafrechtsangleichung, 1934–1941; VIII: Strafrecht, Strafvoll-
streckungsrecht, Wehrstrafrecht, Strafgerichtsbarkeit der SS und des
Reichsarbeitsdienstes, Polizeirecht sowie Wohlfahrts- und Fürsorge-
recht; XI: Jugendrecht, auch Jugendarbeitsrecht und Jugendstraf-
recht, 1934–1941; XI: Rechtsfragen der Bevölkerungspolitik,
1934–1940; Berlin bzw. Frankfurt/Main 1986–2003.

Akten der Partei-Kanzlei der NSDAP. Rekonstruktion eines
verlorengegangenen Bestandes. Hrsg. v. Institut für Zeitgeschichte.
T. I/1–2. Bearb. v. Helmut Heiber; T. II/3–4 bearb. v. Peter
Longerich, München 1983, 2002.

Akten der Reichskanzlei. Regierung Hitler T. I/1–2: 1933/34. Hrsg.
v. Konrad Repgen u. Hans Booms. Bearb. v. Karl-Heinz Minuth,
Boppard 1983; Bd. II/1–2: 1934/35 u. Bd. III: 1936. Hrsg. v. Hans
Günter Hockerts u. Friedrich P. Kahlenberg. Bearb. v. Friedrich
Hartmannsgruber, München 1999, 2002. Bd. IV: 1937. Bearb. v.
Friedrich Hartmannsgruber, Boppard/Rhein 2005.

Akten zur Deutschen Auswärtigen Politik 1918–1945. Aus dem
Archiv des Deutschen Auswärtigen Amtes. Ser. C: 1933–1937,
Bd. V/1–2: 1936, Bd. VI/1–2: 1936/37, Göttingen 1977, 1981.

Allers, Rudolf, Sexualpädagogik. Grundlagen und Grundlinien, Salzburg u. Leipzig 1934.

Aly, Götz u. *Roth, Heinz Karl,* Die restlose Erfassung. Volkszählen, Identifizieren, Aussondern, Berlin 1984.

Angermund, Ralph, Deutsche Richterschaft 1919–1945. Krisenerfahrung, Illusion, politische Rechtsprechung, Frankfurt/Main 1990.

Ayass, Wolfgang (Hrsg.), »Asoziale« im Nationalsozialismus, Stuttgart 1995.

Bagel-Bohlen, Anja u. *Salewski, Michael,* Sexualmoral und Zeitgeist im 19. und 20. Jahrhundert, Opladen 1990.

Barron, Stephanie (Hrsg.), Degenerate Art: The Fate of the Avant-Garde in Nazi Germany, Los Angeles 1991.

Behnken, Klaus u. *Wagner, Frank* (Hrsg.), Inszenierung der Macht. Ästhetische Faszination im Faschismus. Berlin 1987.

–, Erbeutete Sinne. Nachträge zur Berliner Ausstellung »Inszenierung der Macht, ästhetische Faszination im Faschismus«, Berlin 1988.

Bennecke, Heinrich, Hitler und die SA, München u. Wien, 1962.

Berger, Thomas (Hrsg.), Lebenssituationen unter der Herrschaft des Nationalsozialismus, Hannover 1981.

Besier, Gerhard, Die Kirchen und das Dritte Reich. Spaltungen und Abwehrkämpfe 1934–1937. München 2001.

Biddis, Michael, History as Destiny: Gobineau, H. S. Chamberlain, and Spengler, Transactions of the Royal Historical Society, 6th series, 7, London 1997, 73–100.

Binding, Karl u. *Hoche, Alfred,* Die Freigabe der Vernichtung lebensunwerten Lebens, Leipzig 1920.

Bleuel, Hans Peter, Das saubere Reich. Die verheimlichte Wahrheit. Eros und Sexualität im Dritten Reich, Bern u. München 1972.

Bliewies, Theodor, »Mädchen in Not«. In: Der Seelsorger, Nr. 14, 1938.

Boberach, Heinz (Hrsg.), Meldungen aus dem Reich. Auswahl aus den geheimen Lageberichten des Sicherheitsdienstes der SS 1939–1944, München 1968.

–, Meldungen aus dem Reich. Die geheimen Lageberichte des Sicherheitsdienstes der SS 1938–1945. 17 Bde., Herrsching 1984.

Bock, Gisela, Zwangssterilisation im Nationalsozialismus. Studien zur Rassenpolitik und Frauenpolitik, Opladen 1986.

Broszat, Martin, Der Staat Hitlers. Grundlegung und Entwicklung seiner inneren Verfassung, München 1981.

Bussmann, Georg (Hrsg.), Kunst im Dritten Reich. Dokumente der Unterwerfung, Frankfurt/Main 1974.

Chamberlain, Sigrid, Adolf Hitler, die deutsche Mutter und ihr erstes Kind. Über zwei NS-Erziehungsbücher, Gießen 2000.

Csallner, Carl, Das Geschlechtsleben, seine Bedeutung für Individuum und Gemeinschaft, München 1937.

Czarnowski, Gabriele, Das kontrollierte Paar. Ehe- und Sexualpolitik im Nationalsozialismus, Weinheim 1991.

Determan, Barbara (Hrsg.), Verdeckte Überlieferungen. Weiblich- keitsbilder zwischen Weimarer Republik, Nationalsozialismus und fünfziger Jahren, Frankfurt/Main 1991.

Deuerlein, Ernst (Hrsg.), Der Aufstieg der NSDAP in Augenzeugenberichten, Düsseldorf 1968.

Dodd, William E., Diplomat auf heißem Boden. Tagebuch des USA-Botschafters in Berlin 1933–1938, Berlin 1962.

Domarus, Max, Hitler. Reden und Proklamationen 1932–1945. Kommentiert von einem deutschen Zeitgenossen. Bd. I: Triumph 1932–1938. Bd. II: Untergang 1939–1945. Würzburg 1973; Nachdruck, 2 Bde.; Leonberg 1988.

Dörner, Bernward, »Heimtücke«. Das Gesetz als Waffe, Kontrolle, Abschreckung und Verfolgung in Deutschland 1933–1945, Pader- born 1998.

Dörr, Margarete, »Wer die Zeit nicht miterlebt hat …«. Frauenerfahrungen im Zweiten Weltkrieg und in den Jahren danach, Bd. 2: Kriegsalltag, Frankfurt/Main 1998.

Ebermayer, Erich, »denn heute gehört uns Deutschland …«
Persönliches und politisches Tagebuch. Von der Machtergreifung bis
zum 31. Dezember 1935, Hamburg 1959.

–, »… und morgen die ganze Welt.« Erinnerungen an Deutschlands
dunkle Zeit, Bayreuth 1966.

Eiland, Karl, »Deutsche Frauenschönheit«. In: Neues Volk, Nr. 9,
1942.

Eitner, Hans-Jürgen, Hitlers Deutsche. Das Ende eines Tabus,
Gernsbach 1990.

Finkelnburg, Renate (Hrsg.), Nationalsozialismus und Schule.
Amtliche Erlasse und Richtlinien 1933–1945, Opladen 1989.

Fest, Joachim, Das Gesicht des Dritten Reichs. Profile einer
totalitären Herrschaft, München 1963.

Focke, Harald u. *Reimer, Uwe*, Alltag unterm Hakenkreuz. Wie die
Nazis das Leben der Deutschen veränderten, Bd. 1, Reinbek 1979.

Gaspar, Andreas (Hrsg.), Sittengeschichte des Zweiten Weltkrieges.
Die tausend Jahre von 1933–1945, Hanau/Main 1968.

Gerson, Adolf, »Die Ursachen der Prostitution«. In: Sexual-
Probleme, September 1908.

Goebbels, Joseph, Tagebücher 1924–1945. Bd. 1–5. Hrsg. v. Ralf
Georg Reuth, München 2000.

Grau, Günter, »Terror gegen Homosexuelle«. In: Dimension der
Verfolgung. Hrsg. v. Sibylle Quack, München 2003.

Gruber, Max von, Die Hygiene des Sexuallebens. Für Männer
dargestellt, Stuttgart 1911.

Grunberger, Richard, Das zwölfjährige Reich. Der deutsche Alltag
unter Hitler, Wien und München 1972.

Günther, Hans, Kleine Rassenkunde des deutschen Volkes,
München 1925.

Hahn, Fred, Lieber Stürmer! Leserbriefe an das NS-Kampfblatt
1924–1945. Eine Dokumentation aus dem Leo-Baeck-Institut, New
York. Deutsche Bearbeitung v. Günther Wagenlehner, Stuttgart 1978.

Hattingberg, Hans von, Über die Liebe. Eine ärztliche Wegweisung, München 1936.

Haustedt, Birgit, Die wilden Jahre in Berlin. Eine Klatsch- und Kulturgeschichte der Frauen, Dortmund 1999.

Heiber, Helmut u. *von Kotze, Hildegard* (Hrsg.), Facsimile Querschnitt durch das Schwarze Korps, München–Bern–Wien 1968.

Hermannsen, Walter u. *Blome, Karl*, Warum hat man uns das nicht früher gesagt? Ein Bekenntnis deutscher Jugend zu geschlechtlicher Sauberkeit, München 1943.

Herzog, Dagmar, Die Politisierung der Lust. Sexualität in der deutschen Geschichte des 20. Jahrhunderts, München 2005.

Hertwig, Hugo, Das Liebesleben der Menschen, Berlin 1940.

Himmler, Heinrich, Geheimreden 1933 bis 1945 und andere Ansprachen. Hrsg. v. Bradley Smith u. Agnes Peterson, Frankfurt/Main, Berlin, Wien 1974.

Hinz, Berthold, Die Malerei im deutschen Faschismus, München 1974.

Hirschfeld, Magnus (Hrsg.), Sittengeschichte des Ersten Weltkrieges, Hanau 1966.

Hitler Adolf, Mein Kampf, 291./295. Auflage, München 1938.

–, Monologe im Führerhauptquartier 1941–1944. Die Aufzeichnungen Heinrich Heims hrsg. v. Werner Jochmann, Hamburg 1980.

Hoffmann, Ferdinand, Sittliche Entartung und Geburtenschwund, München 1938.

Hoffmann, Peter, Die Sicherheit des Diktators. Hitlers Leibwachen, Schutzmaßnahmen, Residenzen, Hauptquartiere, München 1975.

–, Hitler's Personal security, Montreal 2000.

Höhne, Heinz, Der Orden unter dem Totenkopf. Die Geschichte der SS, Hamburg 1966.

Jacobsen, Hans-Adolf, »Hitlers Gedanken zur Kriegsführung im Westen«. In: Wehrwissenschaftliche Rundschau 5, Frankfurt/Main 1955, S. 433 ff.

Jäckel, Eberhard, Hitlers Weltanschauung. Entwurf einer Herrschaft, Tübingen 1969.

Jellonnek, Burkhard u. *Lautmann, Rüdiger* (Hrsg.), Nationalsozialistischer Terror gegen Homosexuelle: Verdrängt und ungesühnt, Paderborn 2002.

Kater, Michael, »Die deutsche Elternschaft im national-sozialistischen Erziehungssystem«. In: Vierteljahresschrift für Wirtschafts- und Sozialgeschichte 67, Nr. 4, 1980.

Kempowski, Walter, Haben Sie Hitler gesehen? Deutsche Antworten, München 1973.

Kershaw, Ian, Hitler. 1889–1936: Hubris, London 1908.

–, Hitler, 1936–45: Nemesis, London 2001.

Kersten, Felix, Totenkopf und Treue. Heinrich Himmler ohne Uniform. Aus den Tagebüchern des finnischen Medizinalrates, Hamburg 1952.

Klaus, Martin, Mädchen im Dritten Reich. Der Bund Deutscher Mädel (BDM), Köln 1983.

Klee, Ernst, »Euthanasie« im NS-Staat. Die »Vernichtung lebens-unwerten Lebens«, Frankfurt/Main 1983.

Klemperer, Victor, Ich will Zeugnis ablegen bis zum letzten. Tagebücher 1933–1945, 8 Bde., Berlin 1995.

Laros, Matthias, Die Beziehungen der Geschlechter, Köln 1936.

Löpelmann, Martin (Hrsg.), Wege und Ziele der Kindererziehung unserer Zeit, Leipzig 1936.

Maser, Werner, Adolf Hitler. Legende, Mythos, Wirklichkeit, 12. Aufl., München 1989.

Mohr, Fritz, »Einige Betrachtungen über Wesen, Entstehung und Behandlung der Homosexualität«. In: Zentralblatt für Psycho-therapie 15, 1943.

Moll, Martin (Hrsg.), Führer-Erlasse 1939–1945, Stuttgart 1997.

Möller, Horst u. a. (Hrsg.), »Die tödliche Utopie. Bilder, Texte, Dokumente, Daten zum Dritten Reich«. In: Veröffentlichungen des Instituts für Zeitgeschichte, München 2001.

Mommsen, Hans, Beamtentum im Dritten Reich. Mit ausgewählten Quellen zur nationalsozialistischen Beamtenpolitik, Stuttgart 1966.

Mommsen, Hans u. *Willems, Susanne* (Hrsg.), »Herrschaftsalltag im Dritten Reich«. In: Studien und Texte, Düsseldorf 1988.

Mosse, George L., Der nationalsozialistische Alltag. So lebte man unter Hitler, Königstein/Ts. 1978.

Nieden, Susanne zur (Hrsg.), Homosexualität und Staatsräson. Männlichkeit, Homophobie und Politik in Deutschland 1900–1945, Frankfurt/Main 2005.

Noller, Sonja u. *von Kotze, Hildegard*, Facsimile – Querschnitt durch den Völkischen Beobachter, München, Bern u. Wien 1967.

Paulsen, Rudolf, »Ein Kapitel über die Ehe«. In: Die deutsche Frau, 7. 6. 1933.

Petzina, Dietmar u. a. (Hrsg.), Sozialgeschichtliches Arbeitsbuch, III: Materialien zur Statistik des Deutschen Reiches 1914–1945, München 1978.

Pommerin, Reiner, Die Sterilisierung der Rheinlandbastarde, Düsseldorf 1979.

Pretzel, Andreas u. *Roßbach, Gabriele* (Hrsg.), Wegen der zu erwartenden hohen Strafe. Homosexuellenverfolgung in Berlin 1933–1945, Berlin 2000.

Rosenberg, Alfred, Der Mythus des 20. Jahrhunderts, München 1930.

Röhm, Ernst, Die Geschichte eines Hochverräters, München 1933.

Seelmann, Kurt, Kind, Sexualität und Erziehung. Zum Verständnis der geschlechtlichen Entwicklung und Fehlentwicklung, München 1941.

Seidler, Horst u. *Rett, Andreas*, Das Reichs-Sippenamt entscheidet. Rassenbiologie im Nationalsozialismus, Wien 1982.

Settel, Arthur (Hrsg.), This is Germany, New York 1950.

Soden, Kristine von (Hrsg.), Die Sexualberatungsstellen der Weimarer Republik 1919–1933, Berlin 1988.

Smelser, Ronald, Syring, Enrico u. *Zitelmann, Rainer* (Hrsg.),
Die braune Elite I und II, Darmstadt 1994.

Smith, Bradley F., »Die Überlieferung der Hoßbach-Niederschrift
im Licht neuer Quellen«. In: Vierteljahreshefte für Zeitgeschichte.
Hrsg. v. Institut für Zeitgeschichte München, 38, Stuttgart 1990,
S. 329 ff.

Schwarz, Michael, »Euthanasie-Debatten in Deutschland 1895–
1945«. In: Vierteljahreshefte für Zeitgeschichte, 46, Stuttgart 1998,
S. 617 ff.

Statistisches Reichsamt, Statistisches Jahrbuch für das Deutsche
Reich, Berlin 1907–1938.

Van de Velde, Theodoor Hendrik, Die Fruchtbarkeit in der Ehe und
ihre wunschmäßige Beeinflussung, Leipzig 1929.

–, Der Ehespiegel. Ein Bilderbuch mit textlichen Erläuterungen und
Betrachtungen. Leipzig 1929.

Wietog, Jutta, Volkszählungen unter dem Nationalsozialismus. Eine
Dokumentation. Hrsg. v. Wolfram Fischer, Berlin 2001.

Winkler, Dörte, Frauenarbeit im »Dritten Reich«, Hamburg 1977.

–, »Frauenarbeit versus Frauenideologie. Probleme der weiblichen
Erwerbstätigkeit in Deutschland 1930–1945«. In: Archiv für
Sozialgeschichte. Hrsg. v. d. Friedrich-Ebert-Stiftung, 17, Hannover
1977, S. 99 ff.

Wulf, Josef, Theater und Film im Dritten Reich, Berlin 1964.

Zeplin, Alfred, Sexualpädagogik als Grundlage des Familienglücks
und des Volkswohls, Rostock 1938.

Zweig, Stefan, Die Welt von Gestern. Erinnerungen eines Europäers,
Stockholm 1942, Frankfurt/Main 1986.

Danksagung

Herrn Johann Lankes und Frau Anke Drescher, die das Buch fachkundig lektoriert und begleitet haben, gilt mein herzlicher Dank.

All jenen, die mich bei diesem Projekt unterstützt und gefördert haben, danke ich herzlich, wobei ich ihre Namen aus Datenschutzgründen leider nicht nennen kann.

Sach- und Personenregister

Bildnachweis

Trotz intensiver Bemühungen gelang es dem Verlag in einigen Fällen nicht, den Rechteinhaber des jeweiligen Fotos festzustellen. Der Verlag bittet diesen oder eventuelle Rechtsnachfolger, sich mit ihm in Verbindung zu setzen. Er verpflichtet sich, rechtmäßige Ansprüche nach den üblichen Honorarsätzen zu vergüten.

S. 14/15: © Walter Frentz Collection, Berlin

S. 58: © bpk/Heinrich Hoffmann

S. 61: Quelle: *Der Stürmer*

S. 62: © ullsteinbild – ullsteinbild

S. 65: © Institut für Zeitgeschichte, München – Berlin

S. 70: © ullsteinbild – ullsteinbild

S. 84: © SV-Bilderdienst/Scherl

S. 96 oben: © SV-Bilderdienst/S. M.

S. 96 unten: © SV-Bilderdienst/Scherl

S. 99: © SV-Bilderdienst

S. 105: © Hulton Collection/getty Images

S. 106: Quelle: Privatbesitz

S. 109: Quelle: Privatbesitz

S. 110: © Institut für Zeitgeschichte, München – Berlin, Archiv, Z 1012

S. 115: © bpk

S. 116: © Blanel/quamm/ARTOTHEK

S. 117: © Bayer2Mitko/ARTOTHEK

S. 119: © bpk/Sobotta

S. 122: © bpk

S. 129: Quelle: Das Statistische Bundesamt, Festschrift 1956

S. 131: © bpk

S. 134: © bpk/SBB

S. 137: © bpk/Eberhard Schrammen

S. 141: Quelle: Helmut Heiber, Hildegard von Kotze (Hrsg.), *Facsimile – Querschnitt durch »Das Schwarze Korps«*, München – Bern – Wien 1968

S. 147: © akg-images

S. 157: © bpk

S. 160: © ullsteinbild – ullsteinbild

S. 162: © akg-images

S. 168: © SV-Bilderdienst/Scherl

S. 186: © Hulton-Deutsch Collection/Corbis

S. 249: Quelle: Auszug aus den *Werksnachrichten Österr. Saurer Werke*, 2. Jahrgang, Folge 2, März 1942, und Folge 3, April – Juni 1942

S. 253: Quelle: Andreas Gaspar u. a. (Hrsg.), *Sittengeschichte des 2. Weltkriegs*, Hanau a. M. 1968